Dr. Michael T. Murray

Das neue Saftbuch

Ihr Leitfaden, um gesund zu leben

Dr. Michael T. Murray

Das neue Saftbuch

Ihr Leitfaden, um gesund zu leben

Waldthausen

Titel der in den USA erschienenen Originalausgabe
»The Complete Book of Juicing«

1. Auflage 1995

Satz, Gestaltung und Druck:
Buchdruckwerkstätten Hannover GmbH
Dieses Buch wurde auf chlorfrei gebleichtem Papier gedruckt.
ISBN 3-926453-99-0
Printed in Germany

In Erinnerung an meine Großmutter
Pauline Meade Shier (1903–1991)

Inhaltsverzeichnis

Vorwort

von Mr. »Juiceman«-*Jay Kordich*

Seit mehr als vierzig Jahren erzähle ich den Menschen bei Vorführungen auf Messen, im Fernsehen und im Radio meine Geschichte über das Entsaften. Meine Botschaft handelt vom Zusammenhang zwischen Ernährung und Gesundheit. Wir können ernährungsbedingten Krankheiten vorbeugen, wenn wir weniger Fleisch und Milchprodukte und mehr frische Früchte, Gemüse, Salate, Getreide und Hülsenfrüchte essen. Das Entsaften ist eine großartige Methode, um mehr frisches Obst und Gemüse zu sich zu nehmen. Entsaften ist einfach, und **Säfte** schmecken köstlich. Ich bin fast 70 Jahre alt und habe mich noch nie besser gefühlt.

Dr. Michael Murrays Buch geht über die einfache Feststellung hinaus, daß Säfte gesundheitliche Vorteile bieten; es befaßt sich gründlich mit den wissenschaftlichen Aspekten des Entsaftens. Dieses Buch ist ein Muß für jeden, der an Säften interessiert ist, um seine Lebensqualität zu verbessern oder zu fördern.

Als ich begann, meine Botschaft zu verbreiten, gehörte ich zu den ganz wenigen Leuten, die verkündeten, mehr frische Früchte und Gemüse könnten ernährungsbedingten Krankheiten und vorzeitigem Altern vorbeugen helfen. Heute akzeptieren und bestätigen auch Ärzte und Mediziner, was ich immer gesagt habe: Frisches Obst und Gemüse als Teil einer fettarmen, faserreichen Kost können dazu beitragen, die Gesundheit zu fördern und Krankheiten zu verhüten. Die Amerikanische Krebsgesellschaft, das Amerikanische Institut für Krebsforschung, das US-Gesundheitsamt, der Herzspezialist *Dr. Dean Ornish*, die Amerikanische Herzgesellschaft und viele andere stimmen darin überein, daß wir einigen ernährungsbedingten Krankheiten vorbeugen können, wenn wir unsere Ernährungsweise verbessern. Wissenschaftliche Studien zeigen, daß wir Krebs, Herzkrankheiten, Arthritis, Diabetes und Schlaganfälle verhindern oder mildern können, wenn wir regelmäßig gewisse Bestandteile einer pflanzlichen Kost (Obst, Salate, Gemüse, Getreide und Hülsenfrüchte) zu uns nehmen.

Dr. Michael Murray hat eine Fülle von Informationen aus anerkannten wissenschaftlichen Quellen zusammengetragen. Seine unermüdliche Forschung und seine praktische Erfahrung in der Arbeit mit Patienten beweisen, daß Vorbeugung auf der Grundlage der Ernährung der Weg zu einem optimalen Wohlbefinden ist. Seine Empfehlungen sind sowohl klinisch relevant wie auch wissenschaftlich begründet. Die Informationen, die er vermittelt und seine pädagogischen Bemühungen sind äußerst aufschlußreich und faszinierend, und sie stützen voll und ganz, was ich mein Leben lang empfohlen habe: Essen Sie mehr frisches Obst, mehr Salate und Gemüse. Das ist so ziemlich das Beste, was Sie für Ihren Körper tun können – und das Entsaften ist eine der einfachsten Methoden, um Ihr Ziel zu erreichen.

Ich glaube, es ist höchste Zeit, diese Informationen in jedes Haus zu tragen.

Gute Gesundheit!
Jay Kordich, Mr. »Juiceman« – der Säftemann

Vorwort

von *Dr. Michael T. Murray*

Gesundheit ist ein Wort, das schwer zu definieren ist. Mit jeder Definition laufen wir Gefahr, seine Bedeutung unnötig einzuschränken. Für die Weltgesundheitsorganisation ist Gesundheit *»ein Zustand völligen körperlichen, seelischen und gesellschaftlichen Wohlbefindens, nicht nur die Abwesenheit von Krankheiten oder Gebrechen«*. Diese Begriffsbestimmung geht ein gutes Stück über die »Krankheitslosigkeit« hinaus. Zu viele Menschen leben am unteren Ende des Spektrums. Mein Leben und dieses Buch wollen den Menschen helfen, ein höheres Gesundheitsniveau zu erreichen.

Viele unserer Gewohnheiten, die mit der Gesundheit und der Lebensweise zu tun haben, werden von der Werbung beeinflußt. Um Praktiken zu vermarkten, die der Gesundheit schaden, wird viel Zeit, Energie und Geld verschwendet. Die Massenmedien bombardieren uns ständig mit Slogans, die uns zu einer falschen Lebens- und Ernährungsweise auffordern. Außerdem übernehmen wir naturgemäß die Verhaltensweisen unserer Eltern.

Der erste Schritt zur Gesundheit ist die Übernahme der persönlichen Verantwortung. Das bedeutet, daß wir uns für eine gesündere Alternative entscheiden und die weniger gesunde ablehnen. Das hört sich vielleicht sehr vereinfacht an; aber wenn wir uns ansehen, wohin die übliche Einstellung, Ernährung und Lebensweise uns führt, ist es ziemlich offensichtlich, daß wir selbst darüber entscheiden, wie gesund wir sind. Die meisten Menschen, die eine positive Einstellung haben, gesund essen und sich regelmäßig bewegen, genießen ein Leben voller Energie, Freude, Vitalität und Mitgefühl für alle Geschöpfe auf Erden.

Es ist oft schwierig, den Menschen Gesundheit zu »verkaufen«. Erst wenn unser Körper in irgendeiner Hinsicht versagt, erkennen wir, wie sehr wir ihn vernachlässigt haben. *Ralph*

Waldo Emerson hat gesagt: »*Der wichtigste Reichtum ist Gesundheit.*« Ich beschwöre Sie, handeln Sie jetzt!

Dr. Michael T. Murray
Naturheilarzt

Dank

Mein besonderer Dank gilt allen Mitarbeitern von Trillium Health Products, vor allem *Rick* und *Steve Cesari*, dem »Heißen Draht Ernährung« und *Cindy Peterson* sowie allen bei Prima, besonders *Ben, Jennifer, Laura* und *Laurie*.

Herzlich danken möchte ich außerdem *Jay Kordich* (Mr. »Juiceman«) für seine Vision, seine unermüdliche Begeisterung und seine Leidenschaft sowie *Cherie Calbom* (der »Säftefrau«) für ihre Unterstützung, ihr Wissen und ihren Charme.

Und schließlich danke ich meiner Frau *Gina* – nicht nur weil sie eine so enorme Rolle in meinem Leben spielt, sondern auch dafür, daß sie ein wirklich wundervoller Mensch ist.

Kapitel 1
Warum Säfte?

Die Qualität Ihres Lebens beginnt mit der Qualität der Nahrung, die Ihr Leben erhält. Der sicherste Weg zu einem gesünderen, dynamischeren Leben ohne Krankheiten beginnt mit einer Kost, die reich an natürlichen Lebensmitteln ist: Vollkorngetreide, Hülsenfrüchte, Obst, Salate und Gemüse. Von besonderer Bedeutung auf diesem Weg zur Gesundheit sind frische Obst- und Gemüsesäfte. Frische Säfte liefern Ihnen die Proteine, Kohlenhydrate, essentiellen Fettsäuren, Vitamine, Mineralien und anderen Nährstoffe, die für Ihre Gesundheit unerläßlich sind.

Auch Sie können mehr Energie, ein stärkeres Immunsystem, geringere Anfälligkeit für Krankheiten, starke Knochen und reine Haut haben – die Anzeichen für eine gute Gesundheit –, wenn frische Obst- und Gemüsesäfte zu Ihrer täglichen Kost zählen. Es ist eine bekannte Tatsache, daß das amerikanische Gesundheitsministerium, das Nationale Krebsinstitut und viele weitere Experten aus Amerika und Europa uns auffordern, mehr Obst, Salate und Gemüse zu essen. Säfte haben einen großen Vorteil: Sie liefern Ihnen pflanzliche, leicht verwertbare Nährstoffe in konzentrierter Form. Entsaften macht Spaß, und es ist die wirksamste Methode, mehr lebensspendende Lebensmittel zu verzehren.

Was essen die meisten Amerikaner und Europäer?

Die heutige Zivilisationskost enthält nicht genügend Obst, Salate und Gemüse. Mehrere breitangelegte Untersuchungen belegen, daß weniger als 10 % der Menschen die Empfehlung befolgen, mindestens zwei Portionen Obst und drei Portionen

Gemüse am Tag zu essen. Nur 51 % essen ein Gartengemüse am Tag, und 41 % essen kein Obst und trinken keinen Obstsaft.[1]

Die zehn häufigsten Todesursachen in den USA im Jahre 1987 in absoluten Zahlen (geschätzt).

Rang	Todesursache	USA %	BRD %	USA 1987 Anzahl	BRD 1990 Anzahl
1	**Herzkrankheiten**	35,7	19	759 400	137 113
2	**Krebs**	22,4	24	476 700	171 552
3	**Schlaganfall**	7,0	12	148 700	84 242
3a	andere Kreislauferkrankungen	–	17,6	–	125 532
4	unbeabsichtigte Verletzungen	4,4	4,2	92 500	29 701
5	chronische obstruktive Lungenkrankheiten	3,7	0,8	78 000	5 549
6	Lungenentzündung und Grippe	3,2	2,3	68 600	16 272
7	**Diabetes mellitus**	1,8	2	37 800	13 975
8	Selbstmord	1,4	1,4	29 600	9 995
9	chronische Leberkrankheiten und Zirrhose	1,2	2	26 000	14 310
10	**Arteriosklerose**	1,1	–	23 100	–

Krankheitsursachen, bei denen die Ernährung eine Rolle spielt, sind fett gedruckt.
Aus dem Bericht des Gesundheitsministeriums über Ernährung und Gesundheit. Quelle: Nationales Zentrum für Gesundheitsstatistik, *Monthly Vital Statistics Report*, Bd. 37, Nr. 1, 25. April 1988. Deutsche Quelle: *Todesursachenstatistik des statistischen Bundesamtes der BRD* (Deutschland, alte Bundesländer 1990).

Statt nährstoffreiche Lebensmittel zu essen, bevorzugen die meisten Menschen raffinierte Speisen, die reich an Kalorien, Zucker, Fett und Cholesterin sind – Cheeseburger, Hamburger, Pommes frites, Kekse und so weiter –, und dieses Essen spülen sie mit künstlich gefärbten und aromatisierten Fruchtsäften oder Cola hinunter. Es ist eine traurige Tatsache, daß die drei häufigsten Todesursachen heute – Herzkrankheiten, Krebs und Schlaganfälle – ernährungsbedingt sind und daß mehr als ein Drittel unserer erwachsenen Bevölkerung übergewichtig ist.

Man schätzt, daß der Durchschnittsamerikaner in einem Jahr 90 Pfund raffinierten Zucker und 49,5 Pfund Fett und Öl konsumiert, und zwar in Form von

300 Dosen Limonade
200 Stück Kaugummi
18 Pfund Bonbons
5 Pfund Kartoffelchips
6 Pfund Mais-Chips, Popcorn und Brezeln
63 Dutzend Krapfen und Gebäck
50 Pfund Kuchen und Kekse
76 Liter Eiscreme

Die Zahlen im westlichen Europa liegen ähnlich.

Zu allem Überfluß rauchen fast ein Drittel der erwachsenen Bevölkerung, und mindestens 10 % haben Alkoholprobleme.

Und welche Wirkung auf die Gesundheit haben die Nahrungsergänzungsmittel, Pestizide und Herbizide, die jedes Jahr in unserem Essen enthalten sind? Ist es da noch ein Wunder, daß wir krank sind? Ist es da ein Wunder, daß die westlichen Industrienationen so schlecht dastehen, was die Lebenserwartung angeht – trotz der Tatsache, daß hier mehr Geld für die Gesundheit ausgegeben wird, als in anderen Ländern?

Die Rolle der Ernährung bei der Krankheitsvorbeugung

Umfangreiche Forschungen beweisen, daß zwischen heutiger Zivilisationskost (fett- und zuckerreich, ballaststoffarm) und der Entwicklung von »Zivilisationskrankheiten« (Herzkrankheiten, mehrere Krebsarten, Schlaganfälle, Bluthochdruck, Diabetes, Gallensteine, Arthritis usw.) ein Zusammenhang besteht.[2]

Die Daten, die diesen Zusammenhang belegen, sind fundiert. Es gibt zwei wichtige Tatsachen, die diese Beziehung untermauern:

1. Eine Kost, die reich an pflanzlichen Lebensmitteln ist (Vollkorngetreide, Hülsenfrüchte, Obst, Salate und Gemüse), schützt vor chronischen, degenerativen Krankheiten, die in der westlichen Gesellschaft so häufig vorkommen.
2. Eine Kost, die wenig pflanzliche Lebensmittel enthält, ist eine Mitursache für diese Krankheiten und verstärkt die Wirkung anderer Mitursachen.

Daß wir heute den Zusammenhang zwischen Ernährung und chronischen Krankheiten kennen, verdanken wir zu einem großen Teil der bahnbrechenden Arbeit zweier Ärzte: *Dr. Denis Burkitt* und *Dr. Hugh Trowell*, den Autoren des Buches »Dietary Fibre, Fibre-depleted Foods and Disease« (Ballaststoffe in der Nahrung, ballaststoffarme Nahrungsmittel und Krankheiten)[2].

Burkitt faßt den Ablauf der Ereignisse wie folgt zusammen, und er stützt sich dabei auf breitangelegte Studien über die Krankheitsrate in verschiedenen Bevölkerungsgruppen (epidemiologische Daten) sowie auf seine eigenen Beobachtungen an Naturvölkern:

Erstes Stadium: Die ursprüngliche Kost der Pflanzenesser enthält viele unverarbeitete, stärkereiche Grundnahrungsmittel. Chronische Krankheiten wie Osteoarthritis, Herzkrankheiten, Diabetes und Krebs sind selten.

Zweites Stadium: Die »Verwestlichung« der Ernährung beginnt. Bei privilegierten Gruppen sind Übergewicht und Diabetes allgemein verbreitet.

Drittes Stadium: Die westliche Ernährung führt dazu, daß Verstopfung, Hämorrhoiden, Krampfadern und Appendizitis häufig vorkommen.

Viertes Stadium: Wenn die westliche Ernährung sich völlig durchgesetzt hat, sind chronische Krankheiten wie Diabetes, Arthritis, Gicht, Herzkrankheiten und Krebs extrem häufig.

Gestützt auf die Arbeit von *Burkitt* und vieler anderer Forscher empfehlen immer mehr Ärzteorganisationen und Experten eine Kost, die überwiegend aus pflanzlichen Lebensmitteln besteht: Gemüse, Salate, Obst, Vollkorngetreide, Hülsenfrüchte,

Nüsse und Samen. Eine solche Kost ist reich an Fasern und komplexen Kohlenhydraten, aber arm an Fett und raffiniertem Zucker. Diese Ernährungsweise schützt nachweislich in erheblichem Umfang vor chronischen, degenerativen Krankheiten wie Krebs, Arthritis, Osteoporose und Herzkrankheiten.[2, 3]

Eine Kost, die hauptsächlich aus Pflanzen besteht, ist nicht nur gesünder, sondern auch umweltverträglicher. In seinem Buch »Diet for a New America« (Ernährung für ein neues Amerika) zeichnet *John Robbins* ein anschauliches Bild von den Folgen der typischen amerikanischen Eßgewohnheiten für Gesundheit, Umwelt, natürliche Ressourcen und unseren Planeten als Ganzes.[4] Jeder, der sich Sorgen um seine Gesundheit, die Umwelt und die Erde macht, sollte dieses Buch lesen.

Eine in »Diet for a New America« veröffentlichte Statistik zeigt deutlich, welche Folgen eine Ernährung hat, die sich auf die »vier neuen Lebensmittelgruppen« (Obst, Gemüse, Getreide und Hülsenfrüchte) stützt:[5] (Ähnliche Statistiken finden Sie auch in dem Buch »Gesundheit aktiv« von *Dr. John Yiamouyiannis).*

Wenn wir mehr Obst, Salate, Gemüse, Getreide und Hülsenfrüchte essen, verringern wir die Abhängigkeit von Fleisch- und Milchprodukten. Dadurch verbessern wir unsere Gesundheit, unsere Umwelt und unsere natürlichen Ressourcen.

Wir sollten zumindest die sieben Ernährungsempfehlungen der Amerikanischen Krebsgesellschaft befolgen, die eine deutliche Verringerung des Krebsrisikos zum Ziel haben:[6]

- Meiden Sie Übergewicht.
- Reduzieren Sie den Fettkonsum auf weniger als 30 % der gesamten Kalorienzufuhr.
- Essen Sie mehr ballaststoffreiche Lebensmittel wie Vollkorngetreide, Hülsenfrüchte, Obst und Gemüse.
- Essen Sie reichlich Obst, Salate und Gemüse. Sie enthalten Karotin und Vitamin C.
- Essen Sie auch Kohlgemüse wie Weißkohl, Brokkoli, Rosenkohl und Blumenkohl. Sie enthalten krebshemmende Wirkstoffe.
- Trinken Sie Alkohol nur mit Maßen.
- Essen Sie gesalzene, geräucherte und nitritreiche Nahrungsmittel nur in ganz geringen Mengen.

Wie passen die Säfte zu diesen Ratschlägen? Ganz einfach: Ohne Säfte ist es äußerst schwierig, die Nährstoffe zu bekommen, die wir brauchen, um Krebs, Herzkrankheiten und Schlaganfall vorzubeugen. Neuere Studien deuten beispielsweise darauf hin, daß wir das Krebsrisiko nur dann nennenswert verringern können, wenn wir täglich Karotin in einer Menge zu uns nehmen, die in etwa 2 bis 2,5 Pfund frischen Karotten (das sind ungefähr 6 große Karotten) enthalten ist.[7] Es dauert etwa 5 Minuten, um 1 Karotte gründlich zu kauen; für 6 Karotten würden wir also eine halbe Stunde am Tag benötigen. Die meisten Menschen haben aber einfach keine Lust oder nehmen sich nicht die Zeit dafür. Entsaften ist eine schnelle, einfache und wirksame Methode, um den täglichen Bedarf an Karotin (Näheres dazu im nächsten Kapitel) und anderen wertvollen krebshemmenden Wirkstoffen zu decken. 0,5 l Karottensaft liefern zum Beispiel soviel Karotin wie ungefähr 2 ½ Pfund Karotten.

Auswirkungen einer Kost, die reich an tierischen Produkten ist...

... auf Ihre Gesundheit

Risiko des durchschnittlichen Mannes, an einem Herzanfall zu sterben: 50 %

Fauen, die täglich Fleisch essen, erkranken 3,8mal häufiger an Brustkrebs als Frauen, die weniger als einmal wöchentlich Fleisch essen.

Risiko eines Mannes, der kein Fleisch ißt, an einem Herzanfall zu sterben: 15 %

Frauen, die dreimal in der Woche oder öfter Eier essen, erkranken dreimal sooft an tödlichem Eierstockkrebs wie Frauen, die weniger als einmal in der Woche Eier essen.

... auf die Umwelt

Der Fleischkonsum ist einer der Hauptgründe für die Zerstörung der tropischen Regenwälder.

Die Wasserverschmutzung durch die Landwirtschaft (u.a. durch Bodenerosion, Pestizide und Stallmist) ist größer als die der Industrie und der Städte zusammen.

... auf unsere natürlichen Ressourcen

Hunderte von Millionen Hektar Wald wurden weltweit abgeholzt, um Äcker, Weideland und Wiesen zu schaffen, die vor allem der Fleischproduktion dienen.

Hunderttausende Hektar Boden könnten wiederaufgeforstet werden, wenn die Menschen sich auf eine fleischlose Kost umstellen und kein Viehfutter mehr exportieren würden.

Mehr als die Hälfte des in den USA und Westeuropa verbrauchten Wassers wird für die Viehzucht verwendet.

Um 1 Pfund eßbare Lebensmittel zu erzeugen, werden in warmen Regionen wie Kalifornien folgende Mengen an Wasser verbraucht:

Tomaten	96 l	Milch	541 l
Kopfsalat	96 l	Eier	2265 l
Weizen	100 l	Geflügel	2491 l
Karotten	110 l	Schweinefleisch	6786 l
Äpfel	204 l	Rindfleisch	21 708 l

Quellen: *John Robbins*, »Diet for a New America« (Stillpoint Publishing, Walpole 1987)
Harvey Diamond »Unser Herz – Unsere Erde«

Säfte als Teil der Lebensweise

Es ist leicht, das Entsaften zu einem Teil des täglichen Lebens zu machen. Gewöhnen Sie sich einfach an, jeden Tag mindestens 500 Gramm (½ l) Saft zu trinken. Frische Säfte sind ein guter Start in den Tag und ein wohlschmeckender Ersatz für die gewohnte Tasse Kaffee. Wenn Sie außer Haus arbeiten, bereiten Sie soviel Saft zu, daß Sie eine Thermosflasche füllen und mitnehmen können. Ein Säfte-Imbiß am Vor- oder Nachmittag ist gesund und gibt Ihnen Energie. Beginnen Sie das Mittag- und das Abendessen mit einem »Salat im Glas«. Wenn Sie die positive Wirkung der Säfte erst einmal am eigenen Leibe verspürt haben, werden Sie immer daran denken, wie wichtig frische Obst- und Gemüsesäfte als Teil Ihres täglichen Lebens sind.

Frische Säfte oder ganzes Obst und Gemüse?

Vielleicht fragen Sie nun: *»Warum Säfte? Sollen wir nicht besser ganze Früchte und Gemüse essen wegen der Ballaststoffe?«* Die Antwort lautet: Selbstverständlich – aber Sie sollten auch Säfte trinken. Frische Obst- und Gemüsesäfte liefern ebenfalls einige Fasern, vor allem wasserlösliche. Und gerade die löslichen Fasern senken nachweislich den Cholesterinspiegel. Denken Sie daran: Ballaststoffe sind unverdauliche Pflanzenfasern. Sie sind sehr wichtig für eine gesunde Darmfunktion; aber es sind die Säfte, die uns mit Nährstoffen versorgen. Der Körper wandelt unsere Nahrung ohnehin in Säfte um, damit er es absorbieren kann. Das Entsaften erleichtert also den Verdauungsprozeß und ermöglicht die rasche Absorption wichtiger Nährstoffe. Die Folge ist, daß uns mehr Energie zur Verfügung steht. Säfte liefern uns rascher die leichtverdaulichen, konzentrierten Nährstoffe der Früchte und Gemüse.

Frische Säfte oder Säfte in Dosen oder Flaschen?

Frische Säfte sind Säften in Dosen oder Flaschen und gefrorenen Säften weit überlegen. Sie enthalten nicht nur mehr Nährstoffe, sondern sie enthalten Leben. Frische Säfte enthalten vor allem Enzyme und andere lebendige Bestandteile. Im Gegensatz dazu werden Säfte, die in Dosen oder Flaschen verpackt sind, und gefrorene Säfte pasteurisiert, damit sie auf den Regalen im Supermarkt länger halten. Dabei gehen Vitamine und Mineralien sowie andere, noch nicht genau erforschte Wirkstoffe verloren.

Um das zu belegen, untersuchte eine Gruppe von Wissenschaftlern die virushemmenden Eigenschaften von frischem Apfelsaft im Vergleich zu Apfelwein und kommerziellem Apfelsaft aus Konzentrat. Sie stellten fest, daß frischer Apfelsaft Viren am stärksten hemmt.[8] Warum? Weil der Apfelsaft vom Supermarkt pasteurisiert wird, so daß seine Enzyme zerstört werden, und dabei gehen seine antiviralen Eigenschaften zum größten Teil verloren.

Obwohl frischer Saft anderen Produkten weit überlegen ist, was die gesundheitsfördernde Wirkung angeht, dürfen wir nicht vergessen, daß er seine Kraft verliert, wenn wir ihn zu lange lagern. Um den größten Nutzen aus der virushemmenden Wirkung des Apfelsaftes zu ziehen, sollten Sie ihn daher so frisch wie möglich trinken.

Frische Säfte oder verarbeitete Produkte?

In unseren Geschäften werden viele verschiedene Nahrungsmittel angeboten – von frischen, ganzen bis zu stark verarbeiteten, raffinierten Produkten. Ein gutes Beispiel dafür ist die Orange (siehe Seite 29).

Das Schicksal einer modernen Orange

↓

Rohe, ganze Orangen oder frisch zubereiteter Orangensaft

↓

Raffinierter, verarbeiteter (pasteurisierter), ungesüßter Orangensaft

↓

Raffinierter, verarbeiteter, gesüßter Orangensaft oder Konzentrat

↓

Raffiniertes, stark verarbeitetes, gesüßtes, »Orangen«-Saftgetränk mit künstlichen Farb- und Aromastoffen

↓

Vollständig in der Fabrik hergestellte Produkte, die es zuvor nicht gegeben hat

Auf jeder Stufe gehen Nährstoffe verloren. Der Vitamin-C-Gehalt eines pasteurisierten Orangensafts ist beispielsweise extrem unzuverlässig. Der gesamte Nährwert verarbeiteter Säfte ist erheblich geringer als der frischer Säfte. Das gilt vor allem für Säfte, die in Pappbehältern aufbewahrt werden, deren Oberfläche aus Wachs oder Polyäthylen besteht. Diese Produkte verlieren innerhalb von drei Wochen bis zu 75 % ihres Vitamin-C-Gehaltes.[9] Gefrorene Saftkonzentrate sind nicht besser, und Orangensaftgetränke haben kein Vitamin C mehr (es sei denn, man reichert sie damit an). Das unterstreicht die Tatsache, daß mit dem Verarbeitungsgrad nicht nur der Nährwert abnimmt, sondern auch die Menge der künstlichen Zusatzstoffe zunimmt.

Immer mehr Zusatzstoffe (z. B. Konservierungsstoffe, künstliche Farb- und Aromastoffe und Säuerungsmittel) erweisen sich als äußerst gesundheitsschädlich. Obwohl viele Zusatzstoffe verboten wurden, weil sie sich als krebserregend herausstellten, sind viele synthetische Substanzen immer noch im Gebrauch, obwohl sie mit Depressionen, Asthma, Allergien, Hyperaktivität und

Lernschwäche bei Kindern sowie Migräne in Verbindung gebracht werden. Keine Frage: Es ist am besten, wenn Sie künstliche Zusatzstoffe in Nahrungsmitteln meiden.

Obwohl viele synthetische Nahrungsmittelzusätze verboten worden sind, dürfen wir daraus nicht schließen, daß die derzeit zulässigen Zusatzstoffe ungefährlich sind. Sulfite* galten beispielsweise bis 1986 noch als harmlos. Bestimmte Sulfitverbindungen, die frisches Obst, Salate und Gemüse am Braunwerden hindern, wurden an den Salattheken vieler Restaurants verwendet. Da die meisten Leute davon nichts wußten und den meisten auch nicht bekannt war, daß manche Menschen überempfindlich gegen Sulfite sind, kam es bei zahlreichen ahnungslosen Restaurantbesuchern zu schweren allergischen oder asthmatischen Reaktionen. Jahrelang weigerte sich die FDA (amerikanische Gesundheitsbehörde), Sulfite zu verbieten, obwohl sie einräumte, daß sie bei einer unbekannten Zahl von Menschen und bei 5 bis 10 % der Asthmatiker Anfälle auslösen. Erst 1985, als Überempfindlichkeit gegen Sulfite mit fünfzehn Todesfällen zwischen 1983 und 1985 in Verbindung gebracht wurde, war die FDA bereit, sich mit der Angelegenheit zu befassen, und 1986 wurden Sulfite als Zusatzstoffe schließlich verboten.

Der eindeutig beste Weg, den Bedarf an solchen Konservierungsstoffen und anderen Zusätzen zu senken, besteht darin, möglichst viele frische und natürliche Lebensmittel zu essen. Durch frische Obst- und Gemüsesäfte können Sie nicht nur Ihre Nährstoffaufnahme steigern, sondern Sie meiden auch die meisten schädlichen Zusatz- und Konservierungsstoffe. Das gilt erst recht, wenn Sie nur organisch angebautes Obst, Salat und Gemüse verwenden.

Je frischer der Saft, desto höher der Nährwert

Wie bei der industriellen Verarbeitung gehen auch beim häuslichen Zubereiten und Kochen Nährstoffe verloren. Zum

* Sulfite werden auch in Deutschland nach wie vor reichlich als Konservierungsmittel verwendet. (Sulfite sind Salze der schwefligen Säure H_2SO_3; die Sulfite werden unter der Bezeichnung »Salze der schwefligen Säure« deklariert). Stand 1992.

Beispiel verlieren Blattgemüse durch Kochen bis zu 87 % ihres Vitamin-C-Gehaltes. Karotten, Kartoffeln und andere Wurzelgemüse verlieren bis zu 33 % ihres Vitamin-B_1-Gehaltes, 45 % ihres Vitamin-B_2-Gehaltes, 61 % ihres Vitamin-B_3-Gehaltes und 76 % ihres Vitamin-C-Gehaltes. Allerdings verlieren Früchte, Salate und Gemüse ihre Nährstoffe nicht nur durch Kochen, sondern auch durch Kontakt mit der Luft. Wenn Sie eine Honigmelone in Scheiben schneiden und die Scheiben nicht abgedeckt in den Kühlschrank legen, verliert sie in 24 Stunden 35 % ihres Gehaltes an Vitamin C. Wenn Sie frisch geschnittene Gurkenscheiben stehenlassen, büßen sie innerhalb der ersten drei Stunden zwischen 41 % und 49 % ihres Vitamin-C-Gehaltes ein.[10] Daraus können Sie schließen, daß es am besten ist, frischen Saft gleich nach der Zubereitung zu trinken. Wenn das nicht möglich ist, sollten Sie Säfte in einer Thermosflasche oder in einem luftdichten Behälter aufbewahren und in den Kühlschrank stellen.

Säfte, Übergewicht und Bluthochdruck

Viele Menschen sind überfüttert, aber unterernährt. Man schätzt, daß bis zu 50 % der Erwachsenen Übergewicht haben. Säfte helfen dem Körper, den Appetit zu zügeln, indem sie ihm die hochwertigen Nährstoffe liefern, die er braucht. Das ist immer wichtig, besonders aber wenn man abnimmt. Erhält der Körper nicht genügend Nährstoffe, glaubt er zu hungern, und die Folge ist ein nachlassender Stoffwechsel. Das bedeutet, daß weniger Fett verbrannt wird. Frische, rohe Säfte führen dem Körper lebenswichtige Nährstoffe in natürlicher Form zu.

Wenn eine Kost einen hohen Anteil (bis zu 60 % der Kalorien) ungekochter Lebensmittel enthält, fördert sie bei Übergewichtigen die Gewichtsabnahme und senkt den Blutdruck.[11] Auf der Suche nach den Gründen für diese Auswirkungen haben Forscher folgendes festgestellt:

– **Rohkost sättigt viel besser**. Beim Kochen gehen bis zu 97 % der wasserlöslichen Vitamine (B-Vitamine und Vitamin C) und bis zu 40 % der fettlöslichen Vitamine (A, D, E, K) verloren. Da ungekochte Lebensmittel, wie Säfte, mehr Vitamine und andere Nährstoffe enthalten, sättigen sie besser. Die Folge ist eine geringere Kalorienaufnahme und somit ein Gewichtsverlust bei Übergewichtigen.

- **Die blutdrucksenkende Wirkung der Rohkost ist wahrscheinlich auf gesündere Lebensmittel, Ballaststoffe und Kalium zurückzuführen.** Allerdings kann Rohkost die Folgen des Kochens nicht beseitigen. Wenn Patienten sich von Rohkost auf Kochkost umstellen (bei gleichem Kalorien- und Kaliumgehalt), steigt der Blutdruck rasch wieder auf den ursprünglichen Wert.
- **Die Belastung des Körpers ist geringer, wenn etwa 60% Kalorien in Form von Rohkost aufgenommen werden.** Vor allem die in der Rohkost enthaltenen Enzyme, die geringe allergisierende Wirkung der Rohkost und ihr Einfluß auf das bakterielle Ökosystem im Darm sind der Gesundheit zuträglicher als gekochte Nahrung.

Das Ziel, 60% aller Kalorien in Form von Rohkost aufzunehmen, läßt sich durch Säfte leicht erreichen. Immer mehr Experten empfehlen Säfte, damit die Menschen den Nährwert ihrer Nahrung verbessern. Überdies unterstützen Säfte den Verdauungsprozeß und ermöglichen die rasche Absorption hochwertiger Nährstoffe, so daß der Körper über größere Energie verfügt. Das ist einer der größten Vorteile frischer Säfte in einem Diätplan für Übergewichtige.

Einige Säfte sind besser als andere geeignet, die Gewichtsabnahme zu fördern. Am wirksamsten sind Säfte, die viele Nährstoffe, aber wenig Kalorien enthalten. Hier sind in abnehmender Reihenfolge die nährstoffreichsten Früchte und Gemüse, aus denen Sie Säfte bereiten können:

1. Paprikaschoten
2. Petersilie
3. Grünkohl
4. Brokkoli
5. Spinat
6. Sellerie
7. Rosenkohl
8. Blumenkohl
9. Karotten
10. Kohl
11. Rüben
12. Ananas
13. Honigmelonen
14. Wassermelonen
15. Tomaten
16. Äpfel

17. Erdbeeren
18. Birnen
19. Orangen
20. Weintrauben

Die ersten acht der obengenannten Gemüse sind nicht nur reich an Nährstoffen, sondern sie schmecken auch ziemlich streng. Sie werden wesentlich genießbarer, wenn Sie sie mit Karotten-, Apfel- oder Tomatensaft mischen. Beachten Sie, daß Früchte in der Tabelle hinter den Gemüsen rangieren. Früchte enthalten zwar viele wertvolle Nährstoffe, aber auch mehr natürlichen Zucker als Gemüse. Das bedeutet, daß sie kalorienreicher sind. Wer abnehmen möchte, sollte sie daher nur mit Maßen trinken.

Gesundheit, langes Leben und strahlende Schönheit durch Säfte

In diesem Buch weise ich immer wieder auf die großen Vorteile des Säftetrinkens hin. Der größte Nutzen besteht wohl darin, daß Säfte natürliche pflanzliche Verbindungen, die man Antioxidantien nennt, in großen Mengen enthalten. Diese Substanzen schützen den Körper vor frühzeitigem Altern, Krebs, Herzkrankheiten und vielen anderen chronischen Krankheiten.

Die Zellen des menschlichen Körpers werden ständig attackiert. Die Angreifer sind freie Radikale und Oxidanzien. Ein freies Radikal ist ein Molekül, das ein hochreaktives einzelnes Elektron enthält, das oxidative Schäden hervorrufen kann. Diese hochreaktiven Moleküle können sich mit Zellbestandteilen verbinden und sie zerstören. Schäden durch freie Radikale sind eine Ursache des Alterns, und sie werden auch mit Krebs, Herzkrankheiten, grauem Star, der Alzheimerschen Krankheit, Arthritis und fast allen anderen chronischen Krankheiten in Verbindung gebracht.[2, 12] Ausführliche Informationen über freie Radikale finden Sie auch in dem deutschsprachigen Buch von *Dr. Zane R. Kime* mit dem Titel »Sonnenlicht und Gesundheit«.

Woher kommen diese Unholde? Ob Sie es glauben oder nicht, die meisten freien Radikalen, die durch den Körper rasen, entstehen bei normalen Stoffwechselprozessen, zum Beispiel bei der Energiegewinnung, bei Entgiftungsreaktionen und bei Abwehrmaßnahmen des Immunsystems. Ironischerweise ist das Sauerstoffmolekül die Hauptquelle für Schäden durch freie Radikale. Das Molekül, das uns Leben schenkt, ist zugleich das schädlichste Molekül! Sauerstoff kann nicht nur Eisen zum Rosten bringen. Wenn giftige Sauerstoffmoleküle die Zellen angreifen können, sind Schäden durch freie Radikale oder durch Oxidation die Folge.

Obwohl der Körper selbst freie Radikale in beträchtlicher Menge herstellt, trägt doch die Umwelt in hohem Maße zur Belastung des Körpers mit diesen Molekülbruchstücken bei. Das gilt besonders für den Zigarettenrauch. Viele schädliche Folgen des Rauchens hängen mit der extrem großen Menge an freien Radikalen zusammen, die der Raucher inhaliert. Die freien Radikalen vernichten lebenswichtige Antioxidatien wie Vitamin C und Beta-Karotin. Andere äußere Quellen für freie Radikale sind beispielsweise ionisierende Strahlen, chemotherapeutische Medikamente, Luftschadstoffe, Pestizide, Anästhetika, aromatische Kohlenwasserstoffe, gebratene Speisen, Lösemittel, Alkohol und Formaldehyd. Diese Verbindungen belasten die antioxidativen Körpermechanismen schwer. Wer diesen Substanzen oder Strahlen ausgesetzt ist, braucht zusätzliche Nährstoffe zur Unterstützung.[12]

Unsere Zellen schützen sich vor freien Radikalen und Schäden durch Oxidation mit Hilfe von Antioxidantien und Enzymen, die in pflanzlicher Nahrung enthalten sind. Antioxidantien sind unter anderem Karotine, Flavonoide, Vitamin C, Vitamin E und schwefelhaltige Verbindungen. Freie Radikale müssen erst durch Enzyme abgebaut oder chemisch neutralisiert werden, bevor sie mit Zellmolekülen reagieren. Körpereigene Enzyme, die freie Radikale abbauen, sind zum Beispiel Superoxiddismutase und Glutathionperoxidase. Es hat sich gezeigt, daß die Einnahme von Enzymen in Form von Ergänzungspräparaten den Enzymgehalt der Gewebe nicht erhöht. Dagegen ist nachgewiesen, daß die Zufuhr von Antioxidantien – z. B. Mangan, schwefelhaltige Aminosäuren, Karotine, Flavonoide und Vitamin C – den Enzymspiegel der Gewebe erhöht.[12, 13]

Eine Zelle kann sich auch durch chemische Neutralisierung vor Schäden durch freie Radikale und Oxidation schützen: Antioxidantien verbinden sich mit dem freien Radikal und machen es so unschädlich. Die in der Nahrung enthaltenen Antioxidantien (die Vitamine C und E, Beta-Karotin und Selen) verhindern Schäden, indem sie mit freien Radikalen reagieren und sie neutralisieren. Wenn wir diese Antioxidantien in reichlichen Mengen zu uns nehmen, reichern wir die Gewebe mit ihnen an. Dadurch unterstützen wir die normalen zellulären Abwehrreaktionen und beugen Schäden durch freie Radikale und Oxidation vor.

Zusammenfassung

Viele Mediziner und Regierungsbehörden der USA, darunter die Nationale Akademie der Wissenschaften, das Landwirtschafts- und das Gesundheitsministerium sowie der Nationale Forschungsrat und das Nationale Krebsinstitut, empfehlen uns, täglich zwei bis drei Portionen Obst und drei bis fünf Portionen Gemüse zu essen. Leider essen nicht einmal 10 % der Bevölkerung fünf Portionen Obst und Gemüse am Tag.

Mit nährstoffreichen Säften können Sie auf einfache und wirksame Weise Ihren täglichen Bedarf an frischem Obst und Gemüse decken. Frische Obst- und Gemüsesäfte sind aber nicht nur reich an Nährstoffen; sie versorgen uns auch mit Antioxidantien wie Vitamin C und Beta-Karotin. Da Schäden durch Oxidation eine Ursache des Alterns sind und auch an Krebs, Herzkrankheiten, grauem Star, der Alzheimerschen Krankheit, Arthritis und fast allen anderen chronischen Krankheiten ursächlich beteiligt sind, schützt uns der Verzehr frischer Früchte und Gemüse in erheblichem Ausmaß vor diesen Krankheiten.

Kapitel 2

Was ist in Säften enthalten? Nährstoffe

Säfte enthalten natürliches Wasser und versorgen den Körper mit leicht absorbierbaren Proteinen, Kohlenhydraten, essentiellen Fettsäuren, Vitaminen und Mineralien. Frische Säfte enthalten außerdem zahlreiche Nahrungsbestandteile, die man Wirkstoffe nennt, zum Beispiel Enzyme und Farbstoffe wie Karotine, Chlorophyll und Flavonoide, die wir im nächsten Kapitel behandeln. In diesem Kapitel sehen wir uns die Nährstoffe an, die frische Obst- und Gemüsesäfte enthalten, und untersuchen, warum sie für unsere Gesundheit so wichtig sind.

Wasser – Voraussetzung für eine optimale Leistung

Frische Säfte versorgen uns zunächst mit natürlichem Wasser. Wasser macht mehr als 60 % des Körpergewichts aus. Über zwei Drittel des Körperwassers befinden sich im Inneren der Zellen; der Rest zirkuliert durch den Körper und trägt lebenswichtige Nährstoffe und Blutkörperchen mit sich. Wasser ist außerdem an chemischen Reaktionen beteiligt, dient in Gelenken als Schmiermittel, trägt zur Aufrechterhaltung der Körpertemperatur bei und dient dem Körper als Isoliermittel und Stoßdämpfer.

Der Körper benötigt jeden Tag mehr als zwei Liter Wasser, um optimal arbeiten zu können. Etwa ein Liter ist in der Nahrung enthalten, die wir zu uns nehmen. Das bedeutet, daß Sie täglich mindestens einen Liter Wasser trinken müssen, um den Bedarf des Körpers zu decken. In warmen Klimazonen und bei harter Arbeit benötigen Sie mehr Wasser.

Wenn Sie nicht genügend Wasser trinken oder wasserhaltige Lebensmittel essen, belasten Sie den Körper stark. Wahrscheinlich wird die Nierenfunktion beeinträchtigt, es bilden sich Gallen- und Nierensteine, und das Immunsystem wird geschwächt.

Heute machen sich viele Leute Sorgen über unser Trinkwasser. Es wird immer schwieriger, sauberes Wasser zu finden. Die meisten Trinkwasservorräte enthalten Chemikalien, und zwar nicht nur Chlor und Fluor, die man routinemäßig beigibt, sondern auch zahlreiche giftige organische Verbindungen und Chemikalien wie PCB, Pestizide, Nitrate und Schwermetalle wie Blei, Quecksilber und Cadmium.[1] Wenn Sie Wasser trinken, so trinken Sie durch Destillation* oder Umkehrosmose* gereinigtes Wasser, was Sie sich selbst mit entsprechenden Geräten zu Hause herstellen können. Frische Obst- und Gemüsesäfte (vor allem aus Früchten und Gemüsen, die organisch angebaut wurden) liefern Ihrem Körper allerdings das beste reine Wasser, das er braucht.

Destilliergerät* luftgkühlt
ohne festen Wasseranschluß
Leistung ca. 0,8 l per Std.

Osmosegerät*
mit festem Wasseranschluß

* Lieferantenhinweise erhalten Sie auf Anfrage bei dem »Fit-fürs-Leben«-Informationsdienst, Postfach 1261, 27718 Ritterhude.

Eiweiß – Voraussetzung für eine gute Gesundheit

Nach Wasser ist Eiweiß der Hauptbestandteil des Körpers. Der Organismus stellt Eiweiß her, um Muskeln, Sehnen, Bänder, Haare, Nägel und andere Strukturen aufzubauen. Eiweiß ist auch in Enzymen und Hormonen enthalten und ist ein wichtiger Bestandteil anderer Zellen, zum Beispiel der Gene. Eine ausreichende Eiweißaufnahme ist die Voraussetzung für eine gute Gesundheit. Die Fleisch- und Milchindustrie gibt eine Menge Geld für Werbung aus, die diesen Umstand herausstellt. Diese Propaganda war so erfolgreich, daß die meisten Menschen viel mehr Eiweiß zu sich nehmen, als der Körper tatsächlich benötigt. Die empfohlene Tagesmenge ist 44 Gramm Eiweiß für Frauen und 56 Gramm für Männer, das sind etwa 8 bis 9 % der täglichen Kalorienmenge. Die meisten Menschen verzehren aber fast doppelt soviel.[2] Nach der Lehre der »Natural Hygiene« (natürliche Gesundheitslehre*) sind nur 20 – 30 g Eiweiß pro Tag erforderlich.

Eiweiß besteht aus »Bausteinen«, die man Aminosäuren nennt. Der menschliche Körper kann die meisten Aminosäuren, die er benötigt, selbst herstellen. Allerdings gibt es neun »essentielle Aminosäuren«, die er nicht herstellen kann und die er der Nahrung entnehmen muß: Arginin, Histadin, Isoleucin, Lysin, Methionin, Phenylalanin, Threonin, Tryptophan und Valin. Die Qualität einer Eiweißquelle hängt davon ab, wieviel essentielle Aminosäuren sie enthält und wie gut der Körper sie verdauen und verwerten kann.

Als »vollständiges Eiweiß« bezeichnet man ein Eiweiß, das alle neun essentiellen Aminosäuren in angemessener Menge enthält. Tierische Produkte – Fleisch, Fisch, Geflügel und Milchprodukte – enthalten vollständiges Eiweiß.

Pflanzlichen Lebensmitteln, vor allem Getreide und Hülsenfrüchten, fehlen oft eine oder mehrere essentielle Aminosäuren; aber sie werden vollständig, wenn man sie kombiniert. Wenn Sie beispielsweise Getreide mit Hülsenfrüchten (Bohnen) kombinieren, erhalten Sie ein vollständiges Eiweiß, da sich beide

* Informationen über die natürliche Gesundheitslehre erhalten Sie auf Anfrage von der Gesellschaft für natürliche Lebenskunde e. V., Stendorfer Straße 3, 27718 Ritterhude.

Eiweißquellen ergänzen. Wenn Sie sich vielseitig ernähren, das heißt mit Getreide, Hülsenfrüchten, Obst, Salaten und Gemüse, können Sie sicher sein, daß Sie vollständiges Eiweiß zu sich nehmen, vorausgesetzt, die Kalorienzufuhr ist ausreichend.

Frische Früchte, Salate und Gemüse enthalten meistens alle Aminosäuren; da sie aber nur wenig Eiweiß enthalten, gelten sie im allgemeinen als schlechte Eiweißquellen. Wie bereits erwähnt, enthalten Säfte aber die Nährstoffe von Früchten, Salaten und Gemüse in konzentrierter Form, und daher sind sie eine hervorragende Quelle für leicht verwertbare Aminosäuren und Proteine. 500 Gramm Karottensaft (das Äquivalent von etwa zweieinhalb Pfund frischen, rohen Karotten) liefern fast fünf Gramm Eiweiß. Natürlich sollten Sie nicht versuchen, Ihren gesamten Eiweißbedarf durch Säfte zu decken. Sie sollten auch andere eiweißhaltige Lebensmittel essen, zum Beispiel Nüsse, Samen, Getreide und Hülsenfrüchte. Sie können aber auch Ihre Säfte mit Sojamehl ergänzen, um ausreichend mit Eiweiß versorgt zu sein.

Kohlenhydrate – Energiequellen des Körpers

Kohlenhydrate liefern uns die Energie, die wir für alle Körperfunktionen benötigen. Es gibt zwei Gruppen von Kohlenhydraten: einfache und komplexe. Einfache Kohlenhydrate oder Zucker kann der Körper schnell verwerten; sie sind also eine gute Energiequelle. Die natürlichen einfachen Zucker in Früchten und Gemüse sind dem Rohrzucker oder der Saccharose (weißer Fabrikzucker) und anderen raffinierten Zuckerarten überlegen, weil eine Fülle von Nährstoffen sie ergänzen und ihre Verwertung unterstützen. Kohlenhydrate werden problematisch, wenn man sie raffiniert und ihrer Nährstoffe beraubt. Weißer Zucker, Weißbrot, Gebäck und viele Frühstücksflocken enthalten praktisch keine Vitamine mehr. Wenn Sie sehr zuckerreiche Nahrungsmittel essen, steigt der Blutzuckerspiegel rasch an und belastet die Mechanismen, die ihn regulieren (siehe Tabelle auf Seite 41).

Einfache Zucker aller Art – einschließlich des Zuckers in Obst- und Gemüsesäften – können in zu großer Menge schädlich sein, vor allem bei Menschen mit Hypoglykämie, Diabetes oder

Eiweißgehalt in Prozent der Kalorien

Hülsenfrüchte		**Getreide**	
Sojabohnensprossen	54	Weizenkeime	31
Mungbohnensprossen	43	Roggen	20
Sojaquark (Tofu)	43	harter roter Weizen	17
Sojamehl	35	wilder Reis	16
Sojasoße	33	Buchweizen	15
Saubohnen	32	Hafermehl	15
Linsen	29	Hirse	12
getrocknete Erbsen	28	Gerste	11
Kidneybohnen	26	brauner Reis	8
weiße Bohnen	26	**Nüsse und Samen**	
Limabohnen	26	Kürbiskerne	21
Kichererbsen	23	Erdnüsse	18
Gemüse/Salate		Sonnenblumenkerne	17
Spinat	49	schwarze Walnüsse	13
Grünkohl	45	Sesamsamen	13
Brokkoli	45	Mandeln	12
Rosenkohl	44	Cashews	12
Rübenblätter	43	Haselnüsse	8
Grünkohl, winterhart	43	**Obst**	
Blumenkohl	40	Zitronen	16
Pilze	38	Honigmelonen	10
Petersilie	34	Kantaloupe-Melonen	9
Kopfsalat	34	Erdbeeren	8
grüne Erbsen	30	Orangen	8
Zucchini	28	Blaubeeren	8
grüne Bohnen	26	Kirschen	8
Gurken	24	Weintrauben	8
grüner Paprika	22	Wassermelonen	8
Artischocken	22	Mandarinen	7
Weißkohl	22	Papayas	6
Sellerie	21	Pfirsiche	6
Auberginen	21	Birnen	5
Tomaten	18	Bananen	5
Zwiebeln	16	Grapefruit (Pampelmuse)	5
Speiserüben	15	Ananas	3
Kürbis	12	Äpfel	1
Kartoffeln	11		

Quelle: Nutritive Value of American Foods in Common Units (Nährwert amerikanischer Nahrungsmittel in üblichen Einheiten), Handbuch Nr. 456 des US-Landwirtschaftsministeriums

Neigung zu Candidiasis. Da Obstsäfte mehr Zucker enthalten als Gemüsesäfte, sollten Sie sie daher nur in Maßen trinken. Mit raffiniertem Zucker sollten Sie noch vorsichtiger sein. Wenn Sie einkaufen, lesen Sie die Etiketten auf den Nahrungsmitteln sorgfältig, damit Sie Hinweise auf Zuckerzusätze entdecken. Wenn Sie die Worte Saccharose, Sukrose, Glukose, Maltose, Laktose, Fruktose, Maissirup, Zuckersirup, Sirup oder Konzentrat aus weißen Trauben lesen, enthält das Produkt raffinierten Zucker.

Komplexe Kohlenhydrate oder Stärken bestehen aus vielen Zuckern (Polysacchariden), die chemisch aneinander gebunden sind. Der Körper zerlegt komplexe Kohlenhydrate langsam in einfache Zucker, so daß er den Blutzuckerspiegel besser stabil halten kann. Immer mehr Forschungsergebnisse stützen die Empfehlung, komplexe Kohlenhydrate zum Hauptbestandteil der täglichen Kost zu machen. Gemüse, Hülsenfrüchte und Getreide sind daher hervorragende Quellen für komplexe Kohlenhydrate.

Fett und Öl – wichtige Zellbestandteile

Obst- und Gemüsesäfte enthalten sehr wenig Fett; dieses Fett, das sie enthalten, ist aber überaus wichtig für die Gesundheit. Die essentiellen Fettsäuren – darunter Linolsäure und Linolensäure –, die uns Früchte und Gemüse liefern, dienen dem Körper als Bestandteile der Nervenzellen, der Zellmembranen und der hormonähnlichen Substanzen. Außerdem erzeugt der Organismus Energie aus Fett.

Tierische Fette sind bei Zimmertemperatur meist fest und werden als gesättigte Fette bezeichnet. Pflanzenfett ist bei Zimmertemperatur flüssig und wird ungesättigtes Fett genannt. Zahlreiche wissenschaftliche Studien stellen einen Zusammenhang her zwischen einer Kost, die reich an gesättigtem Fett ist, und Krebs, Herzkrankheiten und Schlaganfällen. Sowohl die Amerikanische Krebsgesellschaft als auch die Amerikanische Herzgesellschaft empfiehlt eine Kost, die weniger als 30 % Fettkalorien enthält. Die Tabelle auf Seite 43 verdeutlicht, daß die meisten Menschen dieses Ziel am einfachsten dadurch erreichen können, daß sie weniger tierische und mehr pflanzliche Nahrung essen.

Fettgehalt in Prozent der Kalorien

Eier und Milchprodukte		**Obst**	
Butter	100	Weintrauben	11
Schlagsahne	92	Erdbeeren	11
Sahnekäse	90	Äpfel	8
Eigelb	80	Blaubeeren	7
Halbfettkäse	79	Zitronen	7
Cheddar-Käse	71	Birnen	5
Schweizer Käse	66	Aprikosen	4
Ei, ganz	65	Orangen	4
Kuhmilch	49	Bananen	4
Joghurt	49	Kantaloupe-Melonen	3
Eiscreme	48	Ananas	3
Hüttenkäse	35	Grapefruit	2
Milch/Joghurt, fettarm	31	Papayas	2
		Pfirsiche	2
Fleisch		Backpflaumen	1
Filetsteak, mager mit Fett	83		
Wurst aus Schweinefleisch	83	**Gemüse/Salate**	
Kotelett, mager mit Fett	82	Senfblätter	13
Steak, mager mit Fett	82	Grünkohl	13
Bologneser Wurst	81	Rübenblätter	12
Rippenstückchen	80	Kopfsalat	12
Frankfurter	80	Steckrübenblätter	11
Lammkotelett, mager mit Fett	79	Weißkohl	7
		Blumenkohl	7
Salami	76	grüne Bohnen	6
Rumpsteak, mager mit Fett	71	Sellerie	6
Schinken, mager mit Fett	69	Gurken	6
Rindfleisch, ziemlich mager	64	Steckrüben	6
Kalbsbrust, mager mit Fett	64	Zucchini	6
Lammhaxe	61	Karotten	4
Roundsteak*, mager mit Fett	61	grüne Erbsen	4
		Speiserüben	2
Huhn, dunkles Fleisch**	56	Kartoffeln	1
Rinderkamm-Steak, mager	50		
Truthahn, dunkles Fleisch	47		
Huhn, helles Fleisch**	44		

* Rindfleischstück direkt über dem Hinterschenkel
** mit Haut, geröstet

Quelle: Nutritive Value of American Foods in Common Units

Vitamine sind lebenswichtig

Vitamine sind unentbehrlich für die Gesundheit; ohne sie kämen lebenswichtige Körperprozesse zum Stillstand. Viele Menschen sind nicht optimal gesund, weil sie an Vitamin- und Mineralmangel leiden. Es gibt 15 bekannte Vitamine, und jedes hat seine besondere Aufgabe. Man teilt die Vitamine in zwei Gruppen ein: fettlösliche (A, D, E, K) und wasserlösliche (B, C).*

Vitamine sind zusammen mit Enzymen an wichtigen chemischen Reaktionen beteiligt, unter anderem an der Energiegewinnung. Vitamine und Enzyme sind auch Katalysatoren, die den Abbau und den Aufbau von chemischen Verbindungen beschleunigen. Vitamin C ist beispielsweise notwendig, damit Kollagen – das wichtigste Eiweiß des Körpers – aufgebaut werden kann. Genauer gesagt, Vitamin C trägt dazu bei, einen Teil des Sauerstoffmoleküls mit der Aminosäure Prolin zu verbinden. Das Ergebnis ist Hydroxyprolin, ein sehr fester Kollagenbestandteil. Da Kollagen ein überaus wichtiges Eiweiß für die Strukturen ist, die den Körper zusammenhalten (Grundgewebe, Knorpel, Sehnen), ist Vitamin C auch für die Wundheilung, für gesundes Zahnfleisch und zur Vorbeugung gegen Blutergüsse unentbehrlich.

Frischer Obst- und Gemüsesaft ist eine reiche Quelle für wasserlösliche und einige fettlösliche Vitamine (Karotine und Vitamin K), da die Nährstoffe in den Säften konzentriert sind. Säfte versorgen uns mit wichtigen Nährstoffen in ihrer natürlichsten Form. Kochen zerstört viele B-Vitamine und Vitamin C; daher sind frische Obst- und Gemüsesäfte nährstoffreicher als gekochtes Obst oder Gemüse.

Die meisten Leute halten Früchte für die besten Vitamin-C-Quellen; aber einige Gemüse enthalten ebenfalls viel Vitamin C, vor allem Brokkoli, Paprikaschoten, Kartoffeln und Rosenkohl (siehe Seite 45). Die besten Quellen für B-Vitamine (außer B_{12}) sind Getreide und grüne Blattgemüse wie Spinat, Grünkohl, Petersilie und Brokkoli.[3]

* Etliche Wissenschaftler zählen 16 Vitamine (s. Elmadfa/Gitzmann »Ernährung des Menschen«).

Vitamin-C-Gehalt ausgewählter Lebensmittel
Milligramm pro 100 Gramm eßbare Substanz

Acerolakirschen	1300	Kalbsleber	36
rote Paprikaschoten (Chili)	369	Steckrüben	36
Guaven	242	Mango	35
rote Paprika, süß	190	Spargel	33
Grünkohlblätter	186	Kantaloupe-Melonen	33
Petersilie	172	Mangold	32
winterharter Grünkohl	152	grüne Zwiebeln	32
Steckrübenblätter	139	Leber, Rind	31
süße grüne Paprikaschoten	128	Okra	31
Brokkoli	113	Mandarinen	31
Rosenkohl	102	Spinat	30
Senfblätter	97	Austern	30
Brunnenkresse	79	junge Limabohnen	29
Blumenkohl	78	Helmbohnen	29
Persimonen	66	Sojabohnen	29
Rotkohl	61	grüne Erbsen	27
Erdbeeren	59	Rettich	26
Papayas	56	Himbeeren	25
Spinat	51	Chinakohl	25
Orangen und Orangensaft	50	gelber Sommerkürbis	25
Weißkohl	47	Loganbeeren	24
Zitronensaft	46	Honigmelonen	23
Grapefruit u. Grapefruitsaft	38	Tomaten	23
Holunderbeeren	36	Schweineleber	23

Quelle: Nutritive Value of American Foods in Common Units

Ein oft vernachlässigtes Vitamin ist Vitamin K. Vitamin K_1, die Form, die in grünen Blattgemüsen vorkommt, spielt eine Rolle bei der Umwandlung von inaktivem Osteokalzin in seine aktive Form. Osteokalzin ist das wichtigste nichtkollagene Eiweiß in den Knochen. Vitamin K ist notwendig, damit sich das Osteokalzinmolekül mit Kalzium verbinden und es im Knochen festhalten kann.

Vitamin-K-Mangel führt zu Mineralverlusten der Knochen infolge eines zu niedrigen Osteokalzinspiegels. Ein sehr geringer Vitamin-K-Gehalt des Blutes wurde bei Patienten mit Osteoporose festgestellt, die Knochenbrüche erlitten hatten.[4] Die

Schwere der Brüche stand eindeutig im Zusammenhang mit der Menge des zirkulierenden Vitamins K. Je niedriger der Vitamin-K-Spiegel war, desto schwerer waren die Frakturen.

Vitamin K ist in grünem Blattgemüse enthalten und ist möglicherweise auch einer der Schutzfaktoren gegen Osteoporose in der vegetarischen Kost. Säfte sind eine ausgezeichnete Quelle für natürliches Vitamin K.

Mineralien – wichtig für Blut, Knochen und Zellfunktionen

Es gibt 22 Mineralien, die für den Menschen wichtig sind. Mineralien sind wie einige Vitamine Bestandteile von Körperenzymen. Sie sind außerdem notwendig für starke Knochen, gesundes Blut und normale Zellfunktionen. Zu den eigentlichen Mineralien zählt man Kalzium, Phosphor, Kalium, Natrium, Chlor, Magnesium und Schwefel. Spurenelemente sind Eisen, Jod, Zink, Chrom, Vanadium, Silizium, Selen, Kupfer, Fluor, Kobalt, Molybdän, Mangan, Zinn, Bor und Nickel.

Da die Pflanzen Mineralien aus dem Boden holen und in ihr Gewebe aufnehmen, sind Früchte, Salate und Gemüse hervorragende Quellen für viele Mineralien. Mineralien, die im Boden enthalten sind, sind anorganisch und leblos. Die Mineralien in den Pflanzen sind jedoch meist in organische Moleküle eingebunden, so daß der Organismus sie in der Regel besser verwerten kann. Man nimmt an, daß die in Säften enthaltenen Mineralien noch besser verwertbar sind als Mineralien in ganzen Früchten oder Gemüsen, weil das Entsaften sie »befreit« und in eine leicht zu absorbierende Form bringt. Grüne Blattgemüse sind die beste pflanzliche Quelle für viele Mineralien, besonders für Kalzium.[5]

Wie bereits erwähnt, erkranken Vegetarier seltener an Osteoporose. Dafür sind neben Vitamin K_1 möglicherweise auch Mineralien verantwortlich, die in Pflanzen enthalten sind, vor allem im Gemüse. Ein Spurenelement, das immer mehr als Schutzfaktor gegen Osteoporose gilt, ist Bor. Es erhöht bei Frauen – die am häufigsten an Osteoporose erkranken – nach der Menopause nachweislich den Gehalt des Blutes an Kalzium und aktivem Östrogen. Eine Studie belegt, daß der Zusatz von 3 Milligramm Bor zur täglichen Kost von Frauen nach der Menopause die Ausscheidung von Kalzium im Urin um 44 % verringert und den Gehalt des Blutes an 17-beta-Estradiol, dem biologisch aktivsten Östrogen, drastisch erhöht.[6]

Offenbar wird Bor benötigt, um bestimmte Hormone zu aktivieren, unter anderem Östrogen und Vitamin D. Da Früchte, Salate und Gemüse die wichtigsten Quellen für Bor sind, kann eine Kost, die wenig Obst, Salate und Gemüse enthält, zu Bormangel führen. Der hohe Borgehalt einer vegetarischen Kost dürfte ebenfalls vor Osteoporose schützen.

Kalium normalisiert den Blutdruck

Einer der größten Vorzüge frischer Obst- und Gemüsesäfte ist ihr hoher Kaliumgehalt und ihr sehr niedriger Natriumgehalt.[7] Das Kalium-Natrium-Gleichgewicht ist äußerst wichtig für die Gesundheit. Zuviel Natrium im Essen kann dieses Gleichgewicht stören. Zahlreiche Studien belegen, daß eine kaliumarme und natriumreiche Kost eine der Hauptursachen für Krebs und Herz-Kreislauf-Krankheiten (Bluthochdruck, Schlaganfall, Herzkrankheiten) ist.[8] Eine kaliumreiche und natriumarme Kost schützt vor diesen Krankheiten und kann bei Bluthochdruck eine therapeutische Wirkung haben.[9] Viele Studien zeigen, daß eine Verringerung der Natriumaufnahme allein bei den meisten Menschen den Blutdruck nicht senkt – sie muß einhergehen mit einer hohen Kaliumzufuhr.[10]

Bei den meisten Menschen liegt das Kalium-Natrium(K-Na)-Verhältnis unter 1:2. Das bedeutet, daß die meisten Leute doppelt soviel Natrium wie Kalium zu sich nehmen.

Wissenschaftler empfehlen ein K-Na-Verhältnis von über 5:1 als optimal für die Gesundheit. Das ist das Zehnfache der durchschnittlichen Zufuhr! Aber selbst das ist möglicherweise nicht optimal. Eine natürliche Kost, die reich an Obst, Salaten und Gemüse ist, kann zu einem K-Na-Verhältnis von über 100:1 führen, da die meisten Früchte, Salate und Gemüse ein K-Na-Verhältnis von mindestens 50:1 haben. Nehmen wir das K-Na-Verhältnis einiger frischer Früchte, Salate und Gemüse als Beispiel:

Karotten	75:1
Kartoffeln	110:1
Äpfel	90:1
Bananen	440:1
Orangen	260:1

Die Aufgaben des Kaliums im Körper

Kalium ist ein Elektrolyt – ein Mineralsalz, das Elektrizität leitet, wenn es in Wasser gelöst wird. Elektrolyte kommen immer in Paaren vor. Ein positives Molekül wie Natrium oder Kalium wird stets von einem negativen Molekül wie zum Beispiel Chlor begleitet. Kalium, eines der wichtigsten Elektrolyte, ist an folgenden Körperfunktionen beteiligt:

- Wasserhaushalt und Wasserverteilung
- Säure-Basen-Gleichgewicht
- Funktion der Muskel- und Nervenzellen
- Herzfunktion
- Nieren- und Nebennierenfunktion
  (siehe Tabelle auf Seite 49)

Mehr als 95 % des Körperkaliums ist in den Zellen enthalten. Im Gegensatz dazu befindet sich das Körpernatrium zum größten Teil außerhalb der Zellen im Blut und in anderen Flüssigkeiten. Wie kommt es dazu? Die Zellen pumpen geradezu Natrium hinaus und Kalium hinein. Die »Pumpe« befindet sich in den Membranen aller Körperzellen. Das ist besonders wichtig für die Muskel- und Nervenzellen. Wenn Nervensignale befördert werden und wenn Muskeln sich zusammenziehen, verläßt Kalium die Zellen und Natrium dringt ein. Die Folge ist eine Veränderung der elektrischen Ladung. Diese Veränderung ermöglicht Nervenimpulse und Muskelkontraktionen. Es ist somit nicht verwunderlich, daß Kaliummangel zuerst die Funktion der Nerven und Muskeln stört.

Kalium ist auch für die Umwandlung von Blutzucker in Glykogen notwendig. Glykogen ist in den Muskeln und in der Leber gespeicherter Blutzucker. Kaliummangel führt dazu, daß diese

Kaliumgehalt ausgewählter Lebensmittel
Milligramm pro 100 Gramm eßbare Substanz

Speiserotalge	8060	Blumenkohl	295
Kelp (Grünalge)	5273	Brunnenkresse	282
Sonnenblumenkerne	920	Spargel	278
Weizenkeime	827	Rotkohl	268
Mandeln	773	Kopfsalat	264
Rosinen	763	Kantaloupe-Melonen	251
Petersilie	727	Linsen, gekocht	249
Paranüsse	715	Tomaten	244
Erdnüsse	674	Süßkartoffeln	243
Datteln	648	Papayas	234
Feigen, getrocknet	640	Auberginen	214
Avocados	604	grüne Paprikaschoten	213
Pecannüsse	603	Speiserüben	208
Yamswurzeln	600	Pfirsiche	202
Mangold	550	Sommerkürbis	202
Sojabohnen, getrocknet	540	Orangen	200
Knoblauch	529	Himbeeren	199
Spinat	470	Kirschen	191
Walnüsse	450	Erdbeeren	164
Hirse	430	Grapefruitsaft	162
Bohnen, gekocht	416	(Pampelmusensaft)	
Pilze	414	Gurken	160
Kartoffeln mit Schale	407	Weintrauben	158
Brokkoli	382	Zwiebeln	157
Grünkohl	378	Ananas	146
Bananen	370	Vollmilch	144
Fleisch	370	Zitronensaft	141
Winterkürbis	369	Birnen	130
Huhn	366	Eier	129
Karotten	341	Äpfel	110
Sellerie	341	Wassermelonen	100
Rettiche	322	brauner Reis, gekocht	70

Quelle: Nutritive Value of American Foods in Common Units

Glykogenvorräte geringer werden. Da arbeitende Muskeln Glykogen als Energiequelle benutzen, löst Kaliummangel starke Müdigkeit und Muskelschwäche aus. Dies sind meist die ersten Anzeichen eines Kaliummangels.

Kaliummangel

Symptome von Kaliummangel sind geistige Verwirrtheit, Reizbarkeit, Schwäche, Herzstörungen sowie Probleme bei der Leitung von Nervenimpulsen und bei der Muskelkontraktion. Die Ursache von Kaliummangel ist in der Regel eine Kost, die wenig frisches Obst, Salate und Gemüse, aber viel Natrium enthält. Ältere Menschen leiden häufiger an Kaliummangel. Kaliummangel durch falsche Ernährung kommt allerdings seltener vor als Kaliummangel, der auf extreme Flüssigkeitsverluste (Schwitzen, Durchfall, Urin) zurückgeht oder auf die Anwendung von Diuretika, Abführmitteln, Aspirin und anderen Medikamenten zurückzuführen ist.

Der Kaliumverlust durch Schwitzen kann recht erheblich sein, vor allem bei körperlicher Tätigkeit in warmer Umgebung. Sportler oder Menschen, die regelmäßig trainieren, haben einen höheren Kaliumbedarf. Da man an einem Tag bis zu drei Gramm Kalium im Schweiß verlieren kann, ist diesen Menschen eine tägliche Zufuhr von mindestens vier Gramm zu empfehlen.

Wieviel Kalium brauchen wir?

Die empfohlene Tagesmenge liegt bei 1,9 bis 5,6 Gramm täglich. Wenn die Nahrung nicht genügend Kalium enthält, muß es ergänzt werden, damit der Betroffene gesund bleibt. Das gilt vor allem für ältere Menschen und Sportler. Ärzte verordnen Kaliumsalze meist in einer Dosis von 1,5 bis 3 Gramm am Tag. Kaliumsalze können allerdings zu Übelkeit, Erbrechen, Durchfall und Geschwüren führen. Diese Symptome treten nicht auf, wenn die Kaliumzufuhr durch eine Ernährungsumstellung erhöht wird. Das zeigt, wie vorteilhaft es ist, einen hohen Kaliumbedarf durch Säfte, Obst, Gemüse oder natürliche Ergänzungspräparate zu decken. Die meisten Obst- und Gemüsesäfte enthalten etwa 180 Milligramm Kalium pro 100 Gramm.

Können Sie zuviel Kalium aufnehmen? Selbstverständlich. Aber die meisten Menschen werden mit einem Kaliumüberschuß fertig. Ausnahmen sind Menschen mit Nierenkrankheiten;

sie können Kalium nicht normal verwerten und leiden wahrscheinlich an Herzstörungen und anderen Folgen einer Kaliumvergiftung. Wer nierenkrank ist, muß also seine Kaliumzufuhr einschränken und die Diätanweisungen seines Arztes befolgen.

Zusammenfassung

Frische Obst- und Gemüsesäfte sind hervorragende Nährstoffquellen. Sie liefern reines Wasser und Nährstoffe in leicht verwertbarer Form. Frische Säfte enthalten besonders viele hochwertige Nährstoffe pro Kalorie. Frischer Saft enthält Eiweiß, Kohlenhydrate, Vitamine und Mineralien in natürlicher Form. Eines der wichtigsten Mineralien, die frische Säfte uns liefern, ist Kalium. Kalium ist unentbehrlich für viele Körperfunktionen, und es ist besonders wichtig für Herz, Nerven und Muskelgewebe.

Kapitel 3

Was ist in Säften enthalten? Wirkstoffe

Frische Säfte enthalten zahlreiche Substanzen, die man Wirkstoffe nennen kann. Dazu gehören Enzyme, Farbstoffe (z. B. Karotin, Chlorophyll, Flavonoide) und andere Nahrungsbestandteile. Diese Wirkstoffe sind für bestimmte Körperfunktionen oder -strukturen wichtig; sie haben keinen Nährwert, aber großen Einfluß auf die Gesundheit. Viele bekannte und unbekannte Wirkungen der Lebensmittel sind auf diese Substanzen zurückzuführen (siehe Seite 54).

Dies ist wohl am deutlichsten in Bevölkerungs-Studien sichtbar, die sich mit dem Zusammenhang zwischen Ernährung und Krebs befassen. Dabei stellt sich immer wieder heraus, daß zwischen dem Verzehr von frischem Obst, Salaten und Gemüse einerseits und dem Krebsrisiko andererseits eine Beziehung besteht. Das gilt für die meisten Körperorgane.[1] Da dieser Zusammenhang heute nachgewiesen ist, versuchen Forscher herauszufinden, warum eine solche Ernährung vor Krebs schützt.

Wir wissen, daß Früchte, Salate und Gemüse eine Vielzahl von krebsverhütenden Substanzen enthalten, sowohl Nährstoffe wie auch Wirkstoffe. Diese Substanzen pflanzlichen Ursprungs ergänzen und überlagern sich gegenseitig in ihrer Wirkung, und sie sind zugleich Antioxidantien. Sie lösen die Produktion von Enzymen aus, die krebserregende Chemikalien unschädlich machen; sie blockieren die chemischen Wirkungen krebserregender Verbindungen; und sie stärken das Immunsystem.[2]

Ein Überblick über die Bedeutung von Obst, Salaten und Gemüse bei der Vorbeugung gegen Krebs, erschienen in der Ärztezeitschrift »Cancer Causes and Control«, kam zu der Schluß-

Ausgewählte Wirkstoffe und ihr Nutzen für die Gesundheit

Wirkstoff	gesundheitlicher Nutzen	Quellen
Allicin	senkt den Cholesterinspiegel, hemmt die Tumorbildung, außerdem bakterientötend (antibiotisch)	Knoblauch, Zwiebeln
Karotin	Antioxidans, kräftigt das Immunsystem, krebshemmend	Gemüse mit dunklen Farben, z. B. Karotten, Grünkohl, Spinat, Kürbis; auch Kantaloupe-Melonen, Aprikosen und Zitrusfrüchte
Cumarin	hemmt Tumore, stärkt das Immunsystem, stimuliert Antioxidantien	Karotten, Rüben, Sellerie, Zitrusfrüchte
Dithiolthione	hemmen die Wirkung von krebserregenden Verbindungen in den Zellen	Kohlarten
Flavonoide	Antioxidantien, virushemmend, entzündungshemmend	Früchte, besonders dunkle Früchte wie Kirschen und Blaubeeren; auch Tomaten, Paprika, Brokkoli u. a. Gemüse
Glukosinolate, Indole	stimulieren Enzyme, die krebserregende Verbindungen abbauen	Kohl, Rosenkohl, Grünkohl, Rettich, Senfblätter
Isothiocyanate, Thiocyanate	verhindern Schäden an der DNS	Kohlarten
Limonin	krebshemmend	Zitrusfrüchte
Phtalide	stimulieren entgiftende Enzyme	Petersilie, Karotten, Sellerie
Sterole	hemmen die Produktion von krebserregenden Verbindungen	Sojaprodukte, Vollgetreide, Gurken, Kürbis, Kohlarten

folgerung, daß Menschen offenbar eine Kost mit einem hohen Obst-, Salat- und Gemüseanteil brauchen. Diese pflanzlichen Lebensmittel liefern Substanzen, die für die Aufrechterhaltung der normalen Körperfunktionen unbedingt notwendig sind; doch nur einige dieser Substanzen gelten als »essentielle Nährstoffe«. Krebs gilt bei vielen Experten als »Fehlanpassung« an eine reduzierte Zufuhr von Nahrungsbestandteilen (Wirkstoffen), die der Stoffwechsel neben den Nährstoffen benötigt. Mit anderen Worten: Krebs entsteht, wenn wir nicht genügend pflanzliche Lebensmittel essen. Die Schlußsätze des Berichtes sind besonders deutlich: *»Gemüse und Früchte enthalten den krebshemmenden Cocktail, an den wir angepaßt sind. Wenn wir darauf verzichten, dann auf eigene Gefahr.«*[3]

Immer mehr Experten erkennen, daß nicht nur die »essentiellen« Nährstoffe wichtig sind. Wirkstoffe schützen uns vielleicht sogar besser vor Krebs. Obwohl einige der stärksten krebshemmenden Wirkungen der Früchte, Salate und Gemüse auf die darin enthaltenen Antioxidantien zurückzuführen sind, geht die Schutzwirkung weit darüber hinaus. Die Amerikanische Krebsgesellschaft empfiehlt zum Beispiel, Kohlgemüse – Weißkohl, Brokkoli, Rosenkohl, Blumenkohl – zu essen, um das Krebsrisiko zu verringern.[4] Diese Lebensmittel haben nachweislich eine Schutzwirkung gegen viele Krebsarten, die über die Schutzwirkung ihrer bekannten Nährstoffe hinausgeht. Krebshemmende Verbindungen im Kohlgemüse sind unter anderem Phenole, Indole, Isocyanate und verschiedene schwefelhaltige Substanzen. Diese Verbindungen haben keinen Nährwert; man kann sie daher allenfalls als Wirkstoffe bezeichnen. Aber sie stimulieren den Körper und veranlassen ihn, krebserregende Chemikalien abzubauen und auszuscheiden. Daher sind sie eine wichtige und effektive Waffe im Kampf gegen den Krebs.

Die Erforschung der Lebensmittel ist ein dynamisches und aufregendes Fachgebiet, vor allem hinsichtlich der Wirkstoffe. Jedes Jahr werden neue Wirkstoffe entdeckt, die beachtliche gesundheitsfördernde Wirkungen haben. Das ist ein Beweis dafür, daß wir uns nicht auf Vitamin- und Mineralpräparate verlassen dürfen, wenn wir unseren Bedarf an Nähr- und Wirkstoffen vollständig decken wollen. Solche Präparate können

Ernährungsfehler nicht vollständig ausgleichen. Eine gesunde Kost enthält nicht nur die bekannten Nährstoffe in ausreichenden Mengen, sondern auch reichlich frische Früchte, Salate und Gemüse samt ihren »unbekannten« Wirkstoffen.

Enzyme sind lebenswichtig

Frische Säfte gelten als »lebendige« Nahrung, weil sie aktive Enzyme enthalten. Wie bereits erwähnt, arbeiten Enzyme oft mit Vitaminen zusammen und beschleunigen chemische Reaktionen. Ohne Enzyme könnten unsere Zellen nicht leben. Rohkost – zum Beispiel frische Säfte – enthält viel mehr Enzyme als gekochte Speisen, weil Enzyme extrem hitzeempfindlich sind und durch Kochen und Pasteurisieren zerstört werden.

Es gibt zwei wichtige Gruppen von Enzymen: Synthetasen und Hydrolasen. Die ersteren helfen beim Aufbau von Körpergewebe, indem sie große Moleküle synthetisieren, also herstellen. Sie werden auch Stoffwechselenzyme genannt. Die Hydrolasen spalten große Moleküle in kleinere, indem sie ihnen Wasser hinzufügen. Dieser Vorgang heißt Hydrolyse. Hydrolasen nennt man auch die Verdauungsenzyme.

Kein anderer Prozeß im Körper beansprucht soviel Energie wie die Verdauung. Darum ist die leichte Verdaulichkeit der Säfte ein so großer Vorteil. Wenn Sie essen, muß der Körper hart arbeiten, um den Saft von den Fasern der Nahrung zu trennen. (Denken Sie daran, daß nur der Saft die Zellen ernährt.) Der Entsafter nimmt dem Körper diese Arbeit ab – doch das ist nicht der einzige Vorteil, den frische Säfte den Verdauungsorganen bieten. Säfte und andere lebendige Lebensmittel enthalten Verdauungsenzyme, die den Abbau der Nahrung im Verdauungstrakt unterstützen. Dabei spart der Körper wertvolle eigene Enzyme.

Dieser Spareffekt wird als »Gesetz der angepaßten Absonderung von Verdauungsenzymen« bezeichnet.[5] Nach diesem Gesetz sondert der Körper entsprechend weniger Verdauungsenzyme ab, wenn ein Teil der aufgenommenen Nahrung durch die darin enthaltenen Enzyme verdaut wird. Dem Körper steht dann mehr Lebenskraft zur Verfügung, die er für Reparaturen, zur Verjüngung und für andere wichtige Zwecke einsetzen kann. Die Verdauung frischer Säfte erfordert sehr wenig Energie. Säfte werden schon nach fünf Minuten allmählich absorbiert. Im Gegensatz dazu bleibt eine große Mahlzeit (Steak, Kartoffeln usw.) stundenlang im Magen. Wenn eine Mahlzeit ganz aus gekochten – also enzymlosen – Speisen besteht, benötigt der Körper den größten Teil seiner Energie für die Verdauung. Wieviel Energie hatten Sie nach Ihrer letzten großen Mahlzeit? Wenn es Ihnen so geht wie den meisten Leuten, fühlten Sie sich abgeschlafft. Welche Folgen hätte es, wenn Sie weniger Energie für die Verdauung und mehr für andere Körperfunktionen verbrauchen würden? Sie wären dynamischer, vitaler und gesünder!

Es wird oft empfohlen, daß rohe Früchte, Salate, Gemüse, Nüsse und Samen 50 bis 75 % der Nahrungsmenge ausmachen sollen, damit der Organismus stets über ausreichende Energie verfügt.[6] Wenn Sie Säfte trinken, können Sie diesen Anteil leicht erreichen.

Enzyme und Gesundheit

Das beste Beispiel für die günstigen Wirkungen der pflanzlichen Enzyme ist wohl das Bromelin, das Enzym der Ananas. Bromelin gibt es seit 1957 als Medikament, und seitdem sind in der medizinischen Literatur mehr als 200 wissenschaftliche Arbeiten über seine therapeutischen Anwendungsmöglichkeiten erschienen.* [7,8]

Diesen Studien zufolge hat Bromelin zahlreiche positive Wirkungen:

- es unterstützt die Verdauung
- es wirkt entzündungshemmend bei Arthritis, Sportverletzungen und Wunden
- es verhindert Schwellungen (Ödeme) nach Verletzungen und Operationen
- es hemmt die Verklumpung von Blutplättchen und fördert die Absorption von Antibiotika

* Es sind aber auch eine große Anzahl wissenschaftlicher Arbeiten erschienen, die nachweisen, daß Bromelin nutzlos sei, jedenfalls wenn man es als Medikament einnimmt. Die wissenschaftlichen Untersuchungsergebnisse sind widersprüchlich.

- es lindert Schnupfen
- es hemmt den Appetit
- es fördert die Wundheilung

Da bei den meisten Studien Bromelinpräparate verwendet wurden, dürfen wir annehmen, daß frischer Ananassaft noch wirksamer ist. Wenn es um Enzyme geht, wird oft die Frage gestellt, ob der Körper aktive Enzyme tatsächlich aufnimmt. Es gibt Beweise dafür, daß bis zu 40 % des verzehrten Bromelins bei Menschen und Tieren unverändert, also ohne chemischen Abbau, absorbiert werden.[9] Dies läßt darauf schließen, daß der Körper auch andere pflanzliche Enzyme unverändert aufnimmt und davon profitiert.

Bromelin ist nachweislich wirksam bei folgenden Krankheiten:

Angina
Arthritis
Bauchspeicheldrüsenunterfunktion
Bezoar (Ball aus verschluckten Haaren oder Fasern)
Bronchitis
Hautblutungen
Lungenentzündung
Menstruationsbeschwerden
Ödeme
Operationswunden
Schnupfen
Sinusitis
Skleroderm (Erkrankung des Kollagens)
Sportverletzungen
Staphylokokkeninfektion
Thrombophlebitis (Venenentzündung mit Blutpfropfen)
Verdauungsstörungen
Zellulitis

Karotin schützt vor Krebs und Herzkrankheiten

Karotine sind die am häufigsten vorkommenden natürlichen Farbstoffe. Es handelt sich um eine Gruppe von kräftig färbenden (rot bis gelb), fettlöslichen Verbindungen, die Pflanzen vor Schäden schützen, zu denen es während der Photosynthese kommen könnte.[10] Karotine kann der Körper in Vitamin A umwandeln; sie sind Antioxidantien und können die Lebenserwartung von Menschen, anderen Primaten und Säugetieren verlängern. Bisher sind mehr als 400 Karotine bekannt; aber nur etwa 30 bis 40 gelten als Provitamin-A-Karotine. Die biologische Wirkung der Karotine wurde bisher nach ihrer Vitamin-A-Aktivität beurteilt. Daher gilt Beta-Karotin wegen seiner größeren Vitamin-A-Aktivität als wirksamstes Karotin. Neuere Forschungen deuten jedoch darauf hin, daß diese Vitamin-A-Aktivität überbewertet wird – es gibt andere Karotine ohne Vitamin-A-Aktivität, die als Antioxidantien und Krebshemmer viel wirksamer sind.[11]

Die Umwandlung von Karotinen in Vitamin A hängt von mehreren Faktoren ab: vom Vitamin-A-Gehalt des Körpers, vom Eiweißstatus, von den Hormonen der Schilddrüse sowie von der Zink- und Vitamin-C-Aufnahme. Der Körper wandelt weniger Karotin in Vitamin A um, wenn der Vitamin-A-Gehalt des Serums ausreicht. Wenn der Organismus über genügend Vitamin A verfügt, wandelt er kein Karotin um, sondern speichert es im Gewebe.[12]

Im Gegensatz zum Vitamin A, das vor allem in der Leber gespeichert wird, verbleibt das nicht umgewandelte Karotin in Fettzellen, Epithelzellen und Organen (besonders in den Nebennieren, Hoden und Eierstöcken). Epithelzellen befinden sich in der Haut und in der Schleimhaut der inneren Organe (Atmungsorgane, Verdauungsorgane, Harn- und Geschlechtsorgane). Bevölkerungsstudien haben einen klaren Zusammenhang zwischen der Karotinzufuhr und einigen Krebsarten des Epithelgewebes (der Lungen, der Haut, des Gebärmutterhalses, des Verdauungstraktes usw.) nachgewiesen.[13] Je größer die Karotinzufuhr ist, desto geringer ist das Risiko, an Krebs zu erkranken. Wissenschaftliche Studien belegen außerdem, daß Karotine Tumore hemmen und das Immunsystem stärken.[14]

Krebs und Altern haben eine Reihe von Merkmalen gemeinsam, zum Beispiel Schäden durch freie Radikale. Dies hat zu der Annahme geführt, daß Krebsverhütung auch die Lebensdauer erhöht. Es gibt einige Indizien, die diese Vermutung stützen; denn das Gewebekarotin hat anscheinend einen größeren Einfluß auf die maximale Lebensdauer (MLD) von Säugetieren, einschließlich des Menschen, als jeder andere bisher erforschte Faktor.[15] Die MLD des Menschen von etwa 120 Jahren korreliert beispielsweise mit einem Serum-Karotinspiegel von 50 bis 300 mcg/dl (Mikrogramm pro Deziliter Blut), während die MLD des Rhesusaffen (etwa 34 Jahre) mit einem Serum-Karotinspiegel von 6 bis 12 mcg/dl korreliert. Die Tabelle auf Seite 61 zeigt den Zusammenhang zwischen der MLD mehrerer Arten und ihrem Karotinspiegel.

Da der Karotingehalt der Gewebe offenbar den größten Einfluß auf die maximale Lebensdauer einer Spezies hat, läßt sich daraus schließen, daß innerhalb einer Spezies jene Individuen mit dem höchsten Karotingehalt im Gewebe auch am längsten leben. Sie können den Karotingehalt des Gewebes am besten dadurch steigern, daß Sie durch feste Lebensmittel und Säfte viele verschiedene Karotine in großen Mengen zu sich nehmen.

Die Hauptquellen für Karotine sind dunkelgrüne Blattgemüse (Grünkohl, Spinat usw.) und gelb-orange Früchte und Gemüse (Aprikosen, Kantaloupe-Melonen, Karotten, Süßkartoffeln, Yams und Kürbis). Die Karotine in den grünen Pflanzen befinden sich in den Chloroplasten, die Chlorophyll enthalten, meist in Verbindung mit einem Eiweiß oder Fett. Beta-Karotin ist die vorherrschende Form in den meisten grünen Blättern, und im allgemeinen gilt: Je intensiver die grüne Farbe ist, desto mehr Beta-Karotin enthält die Pflanze.

Orangefarbene Früchte und Gemüse (Karotten, Aprikosen, Mangos, Yams, Kürbis) enthalten mehr Provitamin-A-Karotine. Je größer der Provitamin-A-Gehalt, desto intensiver ist die Farbe.

Orangefarbene und gelbe Früchte und Gemüse enthalten nicht nur reichlich Beta-Karotin, sondern auch andere Karotine, von denen viele stärkere Antioxidantien und Krebshemmer sind als Beta-Karotin. Rote und purpurrote Gemüse und Früchte (z.B. Tomaten, Rotkohl, Beeren und Pflaumen) enthalten große Mengen an Farbstoffen, die keine Provitamine sind, einschließlich Flavonoide und Karotine. Hülsenfrüchte, Getreide und Samen sind ebenfalls gute Karotinquellen.

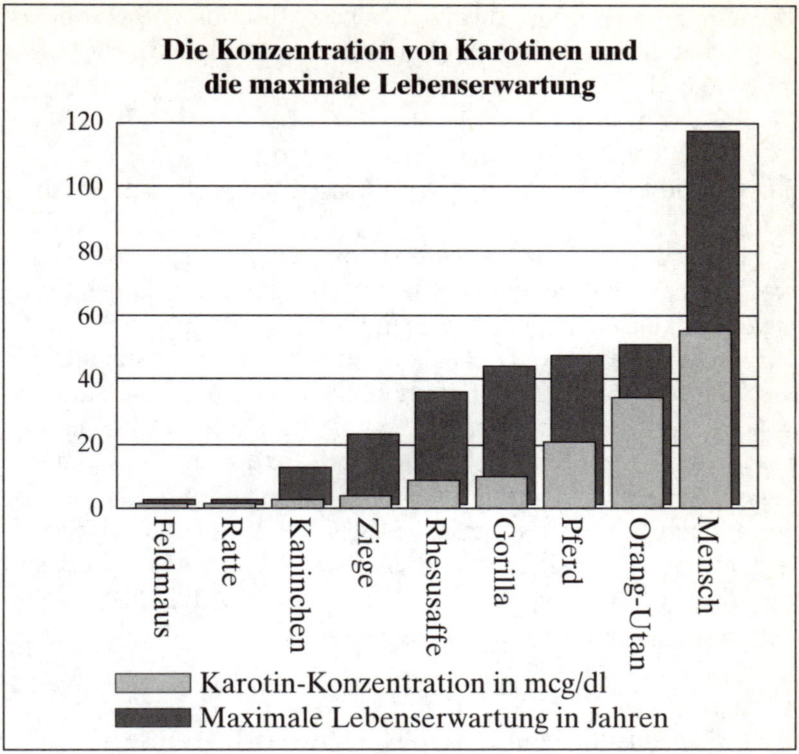

Quelle: *R. G. Cutler,* Carotenoids and retinol: their possible importance in determining longevity of primate species (Karotine und Retinol, ihr möglicher Einfluß auf die Lebenserwartung von Primaten), Proc Natl Acad Sci 81:7627-31, 1984

Säfte sind vorteilhafter als Karotinpräparate oder karotinreiche Lebensmittel, weil die Zellmembranen beim Entsaften zerreißen, so daß wichtige Wirkstoffe wie Karotine freigesetzt und leichter verwertbar werden. Beta-Karotin-Präparate sind zwar nützlich, aber sie enthalten nur einen Karotintyp, während Säfte eine breite Palette von Karotinen liefern, von denen viele wirksamer sind als das Beta-Karotin.[16]

Sie können nicht zu viele Karotine aufnehmen. Studien über Beta-Karotin belegen, daß es ungiftig ist, selbst wenn man es zur Behandlung zahlreicher Krankheiten in sehr hohen Dosen verabreicht.[17] Allerdings kann eine hohe Karotinzufuhr die Haut ein wenig gelb färben, weil Karotine sich in Epithelzellen anreichern.

Diese Karotinodermie ist kein Grund zur Beunruhigung, sondern wahrscheinlich ein sehr gutes Zeichen. Sie ist lediglich ein Zeichen dafür, daß der Körper gut mit Karotinen versorgt ist.

Flavonoide – die biologischen Modifikatoren der Natur

Flavonoide sind eine andere Grupppe von pflanzlichen Farbstoffen, die eine beachtliche Schutzwirkung gegen Schäden durch freie Radikale haben. Diese Verbindungen sind weitgehend für die Farben der Früchte und Gemüse verantwortlich. Sie haben jedoch nicht nur eine ästhetische Funktion. Den Pflanzen dienen die Flavonoide als Schutzstoffe gegen Umweltbelastungen. Bei Menschen modifizieren sie offenbar biologische Reaktionen; das heißt, sie verändern anscheinend die Reaktionen des Körpers auf andere Verbindungen, wie zum Beispiel Allergene, Viren und Karzinogene. Darauf deuten ihre antiallergischen, entzündungs-, virus- und krebshemmenden Eigenschaften hin. Flavonoidmoleküle sind einzigartige Schutzstoffe gegen viele Oxidanzien und freie Radikale.

Karotingehalt von rohem Obst und Gemüse
Ungefähre Menge des gesamten Karotins in mcg/100 g

Äpfel		Melonen	2100–6200
ungeschält	5500–12600	Orangen	2400–2700
geschält	100–500	(Apfelsinen)	
Aprikosen	3500	Papayas	1100–3000
Rübenblätter	10000	Pfirsiche	2700
Brombeeren	600	Paprika, grün	900–1100
Brokkoli	5200	Squash (Kürbisart)	
Rosenkohl	7000	Acorn	3900
Karotten	11100	Butternut	17700
Grünkohl	20000–75000	Zucchini, gelbe	1400
Weintrauben	200	Zucchini, grün	900
Spinat	37000	Tomaten	7200

Karotinanalyse von rohen und gekochten Lebensmitteln mit geringem Krebsrisiko.

Neuere Forschungen lassen darauf schließen, daß Flavonoide bei zahlreichen Krankheiten von Nutzen sein können. Wir wissen in der Tat, daß viele medizinische Wirkungen von Lebensmitteln, Säften, Kräutern, Pollen und Bienenharzen unmittelbar auf ihren Gehalt an Flavonoiden zurückzuführen sind. Bisher wurden mehr als 4000 Flavonoidverbindungen beschrieben und nach ihrer chemischen Struktur eingeordnet.

Verschiedene Säfte liefern verschiedene Flavonoide mit verschiedenen Wirkungen. Die Flavonoide, die Brombeeren, Blaubeeren, Kirschen, Weintrauben, Weißdornbeeren und viele Blumen rot bis blau färben, werden Anthocyanidine und Proanthocyanidine genannt. Diese Flavonoide sind im Fruchtfleisch und in der Haut enthalten und haben eine sehr starke »Vitamin-P-Wirkung«.[18] (Ursprünglich wurden die Flavonoide als Vitamin P bezeichnet, weil sie verhindern, daß Blutgefäße bei Skorbut durchlässig oder permeabel werden.) Unter anderem vergrößern sie den Vitamin-C-Gehalt der Zellen, verringern Schäden in kleinen Blutgefäßen, schützen vor freien Radikalen und stärken die Gelenke.[19]

Flavonoide haben außerdem eine sehr positive Wirkung auf das Kollagen. Kollagen ist das Eiweiß, das im Körper am häufigsten vorkommt; es hält das Bindegewebe und damit auch die Gewebe zusammen. Kollagen ist ferner in Bändern, Sehnen und Knorpeln enthalten. Es wird durch Entzündungen zerstört, die bei rheumatoider Arthritis, Zahnwurzelkrankheiten, Gicht und anderen Krankheiten vorkommen. Von diesen Krankheiten können Knochen, Gelenke, Knorpel und andere Bindegewebe betroffen sein. Anthocyanidine und andere Flavonoide beeinflussen den Kollagenstoffwechsel in vieler Hinsicht:

- Sie haben die einzigartige Fähigkeit, Querverbindungen zwischen Kollagenfasern herzustellen und dadurch die sogenannte Kollagenmatrix des Bindegewebes zu stärken.
- Als Antioxidantien verhindern sie Schäden durch freie Radikale.
- Sie verhindern die Zerstörung von Kollagenfasern durch Enzyme, welche die weißen Blutkörperchen während einer Entzündung absondern.
- Sie verhindern die Erzeugung und Freisetzung von Verbindungen, die Entzündungen fördern (z. B. Histamine).

Diese bemerkenswerte Wirkung auf Kollagenstrukturen und die starke antioxidative Wirkung machen die Flavonoidverbindungen der Beeren überaus wertvoll bei Arthritis und Arterienverhärtung. Kirschsaft ist nachweislich von großem Nutzen bei Gicht, und Proanthocyanidine aus Weintraubenkernen können bei Tieren mit Arteriosklerose den Plaque beseitigen und den Serumcholesterinspiegel senken.[20] Arteriosklerose ist nach wie vor die Haupttodesursache in den westlichen Ländern. Lebensmittel, die reich an Anthocyanidinen und Proanthocyanidinen sind, können helfen, diese Krankheit zu verhüten und bereits eingetretene Schäden zu beseitigen.

Bestimmte Flavonoide sind starke antiallergische Verbindungen. Sie lindern die allergische Reaktion in allen ihren Phasen. Vor allem verhindern sie die Bildung und Absonderung entzündungserregender Verbindungen, die Allergien auslösen. Mehrere Medikamente gegen allergische Zustände wie Asthma, Ekzeme und Nesselausschlag wurden nach dem Muster von Flavonoidmolekülen hergestellt. Quercetin ist eines der antiallergischen Flavonoide. Es ist in vielen Früchten und Gemüsen enthalten. Quercetin ist ein starkes Antioxidans, das die Freisetzung von Histaminen und anderen allergieauslösenden Verbindungen hemmt.[21]

Chlorophyll – ein natürlicher Reiniger

Chlorophyll ist der grüne Farbstoff der Pflanzen, der im Chloroplast der Pflanzenzellen enthalten ist. In diesen Chloroplasten wird elektromagnetische Energie (Licht) in chemische Energie umgewandelt. Dieser Prozeß heißt Photosynthese. Das Chlorophyllmolekül ist dafür unbedingt erforderlich.

Das natürliche Chlorophyll in grünen Pflanzen ist fettlöslich. Die meisten Chlorophyllprodukte in Reformhäusern enthalten dagegen wasserlösliches Chlorophyll. Da der Verdauungstrakt dieses Chlorophyll nicht absorbieren kann, ist sein Anwendungsbereich auf Geschwüre der Haut und des Verdauungssystems beschränkt.[22] Es ist vor allem deshalb nützlich, weil es ein Astringens ist und die Wundheilung fördert. Diese Eigenschaften macht man sich auch bei der Behandlung von Hautwunden zunutze. Wasserlösliches Chlorophyll wird in der Medizin auch angewandt, um unangenehme Gerüche des Körpers, des Urins und des Stuhls zu beseitigen (siehe Tabelle auf Seite 67).[23]

Um wasserlösliches Chlorophyll herzustellen, muß man das natürliche Chlorophyllmolekül chemisch verändern. Die fettlösliche Form, die in frischen Säften enthalten ist, hat gegenüber der wasserlöslichen mehrere Vorteile. Das gilt vor allem in bezug auf die Fähigkeit des Chlorophylls, das Hämoglobin und die Produktion roter Blutkörperchen zu stimulieren und zu starke Monatsblutungen zu lindern.[24] Das Chlorophyllmolekül ist dem Häm-Anteil des Hämoglobinmoleküls unserer roten Blutkörperchen sehr ähnlich.

Im Gegensatz zum wasserlöslichen Chlorophyll kann der Körper das fettlösliche sehr gut verwerten. Außerdem enthält das letztere noch andere Bestandteile des Chloroplastkomplexes (einschließlich Beta-Karotin und Vitamin K_1), die sich günstig auf die Gesundheit auswirken. Das wasserlösliche Chlorophyll kann diese zusätzlichen Vorteile nicht bieten.

Wie die anderen Pflanzenfarbstoffe hat auch das Chlorophyll beachtliche antioxidative und krebshemmende Eigenschaften.[25] Man hat vorgeschlagen, bestimmten Getränken und Lebensmitteln sowie dem Kautabak und dem Schnupftabak Chlorophyll beizugeben, um das Krebsrisiko zu senken. Besser wäre es allerdings, regelmäßig frische Säfte aus grünem Gemüse zu trinken. Grüngemüse wie Petersilie, Spinat, Grünkohl und Rübenblätter sind nicht nur reich an Chlorophyll, sondern auch an Karotinen und an Mineralien wie Kalzium. Sie sollten immer Petersilie oder ein anderes Grüngemüse essen, wenn Sie gebratene, geröstete oder gegrillte Speisen zu sich nehmen, denn Petersilie hemmt nachweislich ihre krebserregende Wirkung.[26] Es ist anzunehmen, daß andere Grüngemüse einen ähnlichen Schutz bieten.

Zusammenfassung

Frische Säfte enthalten eine breite Palette von Substanzen, die man als Wirkstoffe bezeichnen kann. Dazu gehören Enzyme,

Flavonoidgehalt ausgewählter Lebensmittel

In Milligramm pro 100 Gramm des eßbaren Teils

Lebensmittel	4-Oxo-flavonoide[1]	Antho-cyanine	Catechine[2]	Biflavane
Früchte				
Grapefruit (Pampelmuse)	50			
Grapefruitsaft (Pampelmusensaft)	20			
Orangen, (Apfelsinen) Valencia	50 – 100			
Orangensaft (Apfelsinensaft)	20 – 40			
Äpfel	3 – 16	1 – 2	20 – 75	50 – 90
Apfelsaft				15
Aprikosen	10 – 18		25	
Birnen	1 – 5		5 – 20	1 – 3
Pfirsiche		1 – 12	10 – 20	90 – 120
Tomaten	85 – 130			
Blaubeeren		130 – 250	10 – 20	
Sauerkirschen		45		25
Süßkirschen			6 – 7	15
Preiselbeeren	5	60 – 200	20	100
Rebhuhnbeeren		100	25	100 – 150
Johannisbeeren, schwarz	20 – 400	130 – 400	15	50
Johannisbeersaft		75 – 100		
Weintrauben, rot		65 – 140	5 – 30	50
Mirabellen		2 – 10		
Zwetschgen		10 – 25	200	
Brombeeren		300 – 400		
Himbeeren		30 – 35		
Erdbeeren	20 – 100	15 – 35	30 – 40	
Weißdornbeeren			200 – 800	
Gemüse				
Rotkohl		25		
Zwiebeln	100 – 2000	0 – 25		
Petersilie	1400			
Rhabarber		200		
Verschiedenes				
Bohnen, getrocknet		10 – 1000		
Salbei	1000 – 1500			
Tee	5 – 50		10 – 500	100 – 200
Rotwein	2 – 4	50 – 120	100 – 150	100 – 250

1. 4-Oxo-flavonoide: die Summe der Flavanone, Flavone und Flavanole (einschließlich Quercetin)
2. Einschließlich Proanthocyanidine

Quelle: *J. Kuhnau,* The flavonoids: a class of semi-essentiell food components: their role in human nutrition (Flavonoide – eine Gruppe von semi-essentiellen Nahrungsbestandteilen und ihre Bedeutung in der Ernährung des Menschen), Wld Rev Nutr Diet 24:117-191, 1976

Farbstoffe (z. B. Karotine, Chlorophyll und Flavonoide) und andere Substanzen, die zwar keine Nährstoffe sind, aber einen großen Einfluß auf die Gesundheit haben.

Immer mehr Experten erkennen, daß nicht nur die »essentiellen Nährstoffe« wichtig sind. Wir dürfen uns nicht allein auf Vitamin- und Mineralpräparate verlassen, um unseren Bedarf an Nähr- und Wirkstoffen zu decken. Eine gesunde Kost muß nicht nur alle bekannten Nährstoffe in ausreichender Menge enthalten, sondern auch die bekannten und unbekannten Wirkstoffe. Das ist nur gewährleistet, wenn wir reichlich frisches Obst und Gemüse sowie deren Säfte zu uns nehmen.

Teil des Hämoglobins

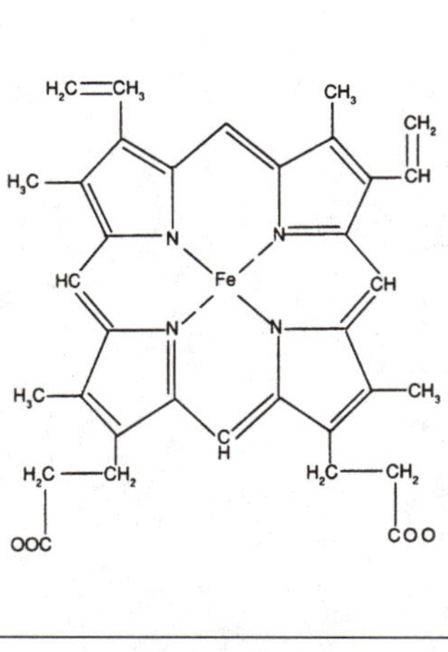

Chlorophyll

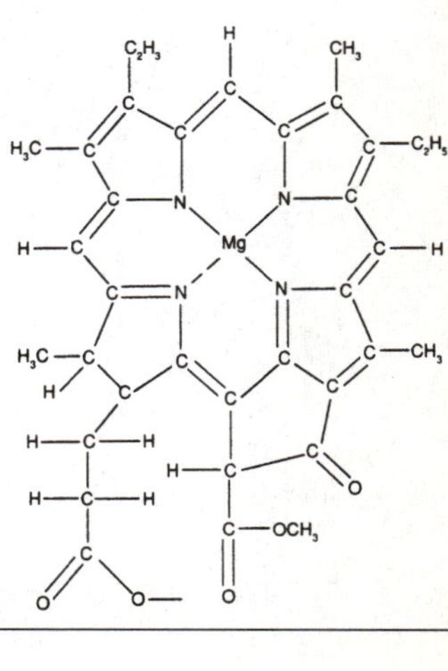

Kapitel 4
Wie Sie entsaften

Schon vor etwa 70 Jahren machte *Dr. Norman W. Walker* auf den Wert von frischen Säften aufmerksam. Besonders bekannt wurde er durch sein Buch »Frische Frucht- und Gemüsesäfte«. Heute hat Amerika ein regelrechtes »Säftefieber« erfaßt. Dies ist im wesentlichen der Hingabe, Beharrlichkeit und Vision eines Mannes zu verdanken: *Jay Kordich*, besser bekannt als der »Juiceman«. *Jays* Wunschtraum ist es, daß eines Tages jeder amerikanische Haushalt einen Entsafter besitzt. Was *Jay* antreibt, ist seine eigene Erfahrung mit dem Entsaften. Er ist davon überzeugt, daß er den Säften sein Leben verdankt, und darum informiert er die Menschen seit fast 50 Jahren darüber.

Als *Jay* Anfang zwanzig war, litt er an einem Krebs, den die Ärzte weder durch Chirurgie noch durch Chemotherapie wirksam behandeln konnten. *Jay* war entschlossen, alles in seiner Macht Stehende zu tun, um sein Leben zu retten. Mit Interesse las er Bücher über einen deutschen Arzt namens *Max Gerson*, der in New York seine Patienten mit frisch bereiteten Säften und natürlicher Kost behandelte. *Jay* packte seinen Koffer und fuhr zu *Dr. Gersons* Klinik, der mit Entsaftern von *Dr. Walker* und der von den *Diamonds* in ihrem Buch »Fit für's Leben« empfohlenen Bionika-Saftpresse nach dem Preßprinzip arbeitet, wodurch eine besonders hohe Wirkstoffausbeute erreicht wird, was mit den heute meist angebotenen Entsaftern, die nach dem Zentrifugalprinzip arbeiten, oft nicht der Fall ist. *Jay Kordich* begann mit einer Diät, die aus 13 Gläsern Karotten-Apfel-Saft am Tag bestand. Von sechs Uhr morgens bis zum frühen Abend trank er stündlich ein Glas. Nach zweieinhalb Jahren war *Jay* gesund. Nach seiner Genesung beschloß er, seinem Leben ein neues Ziel zu geben: Er wollte die Menschen über die Kraft der Säfte informieren.

Nachdem er im Laufe der Jahre viele Entsafter benutzt hatte, half *Jay* im Jahre 1961 ein preiswertes Gerät zu entwerfen, das später als »Entsafter des Säftemannes« bekannt wurde. Fast 30 Jahre lang hat *Jay* hart gearbeitet, und heute scheint seine Vision Wirklichkeit zu werden.

Der Kauf eines Entsafters

Wenn Sie vom Entsaften wirklich profitieren wollen, brauchen Sie selbstverständlich einen Entsafter. Es gibt viele verschiedene Geräte zu kaufen. Bevor wir über die Eigenschaften eines guten Entsafters sprechen, müssen wir auf den Unterschied zwischen Entsafter und Mixer eingehen.

Ein Entsafter trennt die Flüssigkeit vom Fruchtfleisch. Denken Sie daran, daß Fasern zwar wichtig sind, daß aber der Saft die Zellen ernährt. Der Körper absorbiert den Saft. Ein Mixer verflüssigt seinen Inhalt, indem er ihn bei hoher Geschwindigkeit zerkleinert. Er trennt jedoch nicht den Saft vom Fruchtfleisch, und daher produziert er einen Brei, der meist nicht besonders gut schmeckt.

Ein Mixer kann recht nützlich sein, wenn Sie ihn zusammen mit einem Entsafter verwenden. Bananen enthalten zum Beispiel sehr wenig Saft, aber sie schmecken köstlich in Getränken. Sie können frischen Saft, beispielsweise Ananassaft, zusammen mit Bananen oder ungesüßten gefrorenen Früchten mixen und so ein wohlschmeckendes Dessert herstellen.

Entsafter, die nach dem Zentrifugalprinzip arbeiten, können Sie heute überall kaufen. Allerdings führen die meisten Kaufhäuser nur Geräte der unteren Preisklasse. Wenn Sie wirklich etwas für Ihre Gesundheit tun wollen, sollten Sie sich ein gutes Gerät anschaffen. Die besten Entsafter finden Sie in der Regel in Reformhäusern, Naturkostläden oder Spezialversandhäusern für Gesundheitsprodukte. Informationen über Lieferanschriften erhalten Sie auf Anfrage beim »Fit-fürs-Leben«-Informationsdienst, Postfach 1261, 27718 Ritterhude.

Der Entsafter des »Säftemannes«

Der »Trillium Juiceman«-Entsafter ist ein guter Haushaltsentsafter für den amerikanischen Markt. Diese Entsafter arbeiten mit Zentrifugalkraft und drücken den Brei aus dem hinteren Teil des Gerätes in den Auffangbehälter, während der Saft vorn herausläuft.

Die Preis- und Qualitätsunterschiede bei Entsaftern sind vor allem auf die Größe des Motors zurückzuführen. Schwache Geräte mit geringer Leistung benötigen eine extrem hohe Drehgeschwindigkeit und sind daher sehr laut. Die Geschwindigkeit ist aber für die Effektivität des Entsafters nicht unbedingt ausschlaggebend, da sie im Leerlauf gemessen wird. Wenn Sie ein schwaches Gerät füllen, sinkt die Drehzahl drastisch, oder sie geht gegen null. Die meisten billigen Geräte haben schon mit einer großen Karotte Probleme. In der Gebrauchsanleitung eines billigen Entsafters heißt es, das Gerät solle nicht länger als vier Minuten ohne Pause laufen!

In Deutschland ist die Bionika-Saftpresse am bekanntesten, die nach dem Preßprinzip arbeitet und einen sehr starken Motor hat. Sie wird vom Versandhaus Bionika, 27718 Ritterhude, hergestellt.

Dieser Entsafter bewältigt auch zähe und harte Früchte wie Ananas, Wassermelonen, Karotten und Rüben samt Schale und auch zartes Grüngemüse wie Petersilie, Weizengras und Kopfsalat. Mit der Bionika-Saftpresse können Sie auch Fruchtmus, geraspeltes Gemüse (z. B. Karotten und Rüben), Fruchteis und mit einem Vorsatzgerät Getreidemehl herstellen.

Trillium Juiceman II

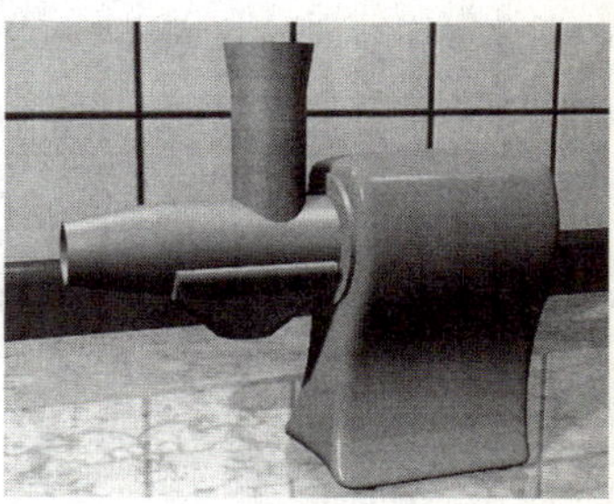

Die Bionika-Saftpresse, der neue Champion

Das Entsaften

Es ist wichtig, daß Sie sich an die Gebrauchsanleitung für Ihr Gerät halten. Auch wenn Sie das Entsaften für eine Kleinigkeit halten, sollten Sie sich Zeit nehmen und die Anleitung durchlesen. Was Sie bei bestimmten Früchten und Gemüsen beachten müssen, erfahren Sie in den Kapiteln 5 und 6.

Kaufen Sie organisch angebaute Produkte

Jedes Jahr werden Milliarden von Kilo Pestizide und Herbizide versprüht. Zwar sollen die Pestizide Insekten und andere Schädlinge bekämpfen, aber Experten schätzen, daß nur 2 % aller Pestizide diesen Zweck tatsächlich erfüllen, während 98 % in die Luft, ins Wasser, in den Boden oder in die Nahrung gelangen. Die meisten Pestizide sind synthetische Chemikalien, deren Ungefährlichkeit fraglich ist. Zu den möglichen langfristigen Folgen gehören Krebs und Geburtsfehler; akute Vergiftungen können Erbrechen, Durchfall, Sehstörungen, Tremor, Krämpfe und Nervenschäden hervorrufen.[1]

Um eine Vorstellung vom Umfang des Problems zu bekommen, wollen wir uns näher mit der Situation des Bauern befassen. Die Lebensweise des Bauern ist im allgemeinen gesund, wenn er, was man annehmen sollte, frische Nahrung ißt, saubere Luft atmet, hart arbeitet und Rauchen und Alkoholmißbrauch meidet. Dennoch belegen mehrere Studien, daß Bauern häufiger an bestimmten Krebsarten erkranken (u. a. Lymphom, Leukämie sowie Magen-, Prostata-, Gehirn- und Hautkrebs).

Das wirft die Frage auf, ob Pestizide, Herbizide und andere synthetische Chemikalien für dieses höhere Krebsrisiko verantwortlich sind. Umfangreiche Studien in Kanada, Australien, Europa, Neuseeland und den USA beweisen, daß Bauern um so häufiger an Nicht-Hodgkins-Lymphomen erkranken, je intensiver sie mit diesen Chemikalien in Berührung kommen.[2]

Da es nicht genügend Beweise dafür gibt, daß Pestizide bei Tieren Krebs auslösen, sind viele »Experten« der Meinung, sie stellten für die Bauern und für die Bevölkerung kein nennenswertes Risiko dar. Dieser Standpunkt spiegelt ein wissenschaftliches Dilemma wider: Was ist verläßlicher – Studien mit Labortieren oder Bevölkerungsstudien an Menschen? Es gibt immer mehr Beweise dafür, daß Pestizide nicht so ungefährlich sind, wie die »Fachleute« uns glauben machen wollen – denn Menschen, die Pestiziden ausgesetzt sind, erkranken häufiger an Krebs und haben öfter Kinder mit Geburtsfehlern.[3]

Viele Chemikalien, die zunächst ausgiebig angewandt wurden, sind heute verboten, weil sie die Gesundheit gefährden. Das bekannteste Beispiel ist wohl das DDT. Es wurde zwischen 1940 und 1973 in großem Umfang verwendet und hat dazu beigetragen, daß die Produktivität der Bauernhöfe sich erhöhte. Aber um welchen Preis? Im Jahre 1962 zählte *Rachel Carsons* Klassiker »Silent Spring« (Stummer Frühling) sämtliche Gefahren des DDT im Detail auf und erwähnte auch, daß es sich nur schwer aus der Nahrungsmittelkette entfernen läßt und sogar zu Todesfällen führt. Dennoch dauerte es noch zehn Jahre, bis die Regierung den Gebrauch dieser tödlichen Verbindung untersagte. Obwohl DDT nunmehr seit mehr als 20 Jahren verboten ist, ist es leider immer noch im Boden und in Wurzelgemüsen wie Karotten und Kartoffeln nachweisbar. Studien des Nationalen Rates zum Schutze der Ressourcen (einer Bürgerinitiative, die sich dem Umweltschutz widmet) belegen, daß 17 % der analysierten gelben Rüben immer noch DDT enthalten.[4]

Pestizide, die heute angewandt werden

Die meisten Pestizide, die heute angewandt werden, sind wahrscheinlich weniger giftig als DDT und andere verbotene Chemikalien wie zum Beispiel Aldrin, Dieldrin, Endrin und Heptachlor. Allerdings werden viele in den USA und Europa verbotenen Pestizide nach Mexiko und anderen Ländern exportiert, die dann ihre Lebensmittel in die USA und nach Europa exportieren. Obwohl derzeit mehr als 600 Pestizide angewandt werden, machen sich die meisten Experten nur über einige wenige von ihnen Gedanken. Die Umweltschutzbehörde in USA hat

64 Pestizide als »potentiell krebserregend« eingestuft, während der Nationale Forschungsrat der Meinung ist, das Krebsrisiko durch Pestizide sei zu 80 % auf 13 Pestizide zurückzuführen, mit denen man 15 wichtige Feldfrüchte besprüht. Diese Pestizide sind Linuron, Permethrin, Chlordimeform, Zineb, Captafol, Captan, Maneb, Mancozeb, Folpet, Chlorothalonil, Metiram, Benomyl und O-Phenylphenol. Diese Pestizide sind in vielen Erntepflanzen nachweisbar; aber zu den größten Sorgen (in abnehmender Reihenfolge) geben folgende Lebensmittel Anlaß: Tomaten, Rindfleisch, Kartoffeln, Orangen, Kopfsalat, Äpfel, Pfirsiche, Schweinefleisch, Weizen, Sojabohnen, Bohnen, Karotten, Huhn, Mais und Weintrauben.[5]

Folgende Pestizide hält die US-Umweltschutzbehörde für potentiell krebserregend:

Acephat, Acifluorfen, Alachlor, Amitraz, Arsensäure, Asulam, Äthylenoxid, Azinphos-methyl, Benomyl, Bleiarsenat, Kalziumarsenat, Captafol, Captan, Chlordimeform, Chlorobenzilat, Chlorothalonil, Cypermethrin, Cyromazin, Daminozid, Diallat, Diclofopmethyl, Dicofol, Ethalfluralin, Folpet, Fosetyl, Glyphosat, Kupferarsenat, Lindan, Linuron, Malinhydrazin, Mancozeb, Maneb, Methanarsensäure, Methomyl, Metiram, Metolachlor, Natriumarsenat, Natriumarsenit, O-Phenylphenol, Oryzalin, Oxadiazon, Paraquat, Parathion, PCNB, Permethrin, Pronamid, Terbutryn, Tetrachlorvinphos, Thiodicarb, Thiophanatmethyl, Toxaphen, Trifluralin, Zineb.

Verschiedene Behörden überwachen die Pestizidrückstände in den Lebensmitteln und legen »zulässige Höchstmengen« fest. Allerdings steigt die Skepsis der Öffentlichkeit gegenüber diesen Kontrollen. Theoretisch sollen diese wie folgt arbeiten: Die Umweltschutzbehörden legen eine zulässige Höchstmenge für Pestizide in rohen oder unverarbeiteten Lebensmitteln fest, indem sie eine Reihe von Schlüsseldaten heranzieht:

1. die chemische Struktur des Pestizids
2. die nach Feldstudien zu erwartende Menge der Rückstände in Lebensmitteln
3. Laboranalysen, die Daten über die Rückstände liefern
4. Rückstände im Tierfutter, das aus Nebenprodukten von Erntepflanzen oder Futtermitteln besteht, und

etwaige Rückstände in Fleisch, Milch, Geflügel, Fisch und Eiern

5. Daten über die Giftigkeit von verwandten Chemikalien, Abbauprodukten und Metaboliten

Die Food and Drug Agency (FDA) in USA ist z. B. dann dafür verantwortlich, daß die Grenzwerte der EPA durchgesetzt werden. Auch andere Behörden, zum Beispiel das Gesundheits- und Landwirtschaftsministerium, beteiligen sich an der Überwachung von Lebensmitteln. Dieses System scheitert schon an der Festlegung von Toleranzwerten; aber noch wichtiger sind folgende Tatsachen:

1. Die FDA überwacht wahrscheinlich weniger als 1 % einheimischer Lebensmittel.
2. Die FDA untersucht die Lebensmittel nicht auf alle Pestizide.
3. Die FDA verhindert nicht den Verkauf von Produkten, die nach ihrer Feststellung unzulässig hohe Rückstände enthalten.

In Europa sind die Verhältnisse ähnlich gelagert.

Im Laufe der Jahre hat es eine Reihe von Vergiftungsepidemien gegeben, die bisher größte gab es im Jahre 1985. Dabei ging es um die illegale Anwendung von Aldicarb, eines extrem giftigen Pestizids, auf Wassermelonen. Aldicarb dringt in die gesamte Frucht ein. Mehr als tausend Menschen im Westen der USA und in Kanada waren betroffen. Die Symptome reichten von milden Verdauungsstörungen bis zu schweren Vergiftungen mit Erbrechen, Durchfall, Sehstörungen, Tremor, Krämpfen und Nervenschäden.

Während EPA und FDA schätzen, daß etwa 3 % der einheimischen und 6 % der importierten Lebensmittel unzulässige Pestizidrückstände enthalten und daß 13 % der einheimischen Ware zulässige Mengen enthalten, berichten andere Organisationen von viel größeren Rückständen. Der Nationale Rat für den Schutz der Ressourcen untersuchte zum Beispiel frische landwirtschaftliche Produkte, die in San Francisco verkauft wurden, nach Pestizidrückständen und stellte fest, daß 44 % von 72 Früchten und Gemüsen 19 verschiedene Pestizide enthielten. 42 % der getesteten Produkte enthielten mehr als ein Pestizid.

Schon die Zahl und die Menge der Pestizide, die auf bestimmte Lebensmittel gesprüht werden, ist erstaunlich. Zum Beispiel werden über 50 verschiedene Pestizide auf Brokkoli, 110 auf Äpfeln und 70 auf Paprika benutzt. Viele dieser Chemikalien dringen in die gesamte Frucht ein und lassen sich nicht abwaschen. Darum ist es am besten, organisch angebaute Produkte zu kaufen. *Udo Pollmer* zeigt in seinem Buch »Prost Mahlzeit« auf, daß die Verhältnisse in europäischen Ländern fast gleich sind.

Viele Supermarktketten und Großhändler für landwirtschaftliche Produkte verwenden ihre eigenen Testmethoden, um den Pestizidgehalt ihrer Ware zu bestimmen, und weigern sich, Nahrungsmittel anzunehmen, die mit besonders gefährlichen Pestiziden (z.B. Alachlor, Captan und EBDC) behandelt wurden. Außerdem verlangen viele Lebensmittelhändler von den Produzenten, alle Pestizide anzugeben, die sie verwenden, und auf jene 64 Pestizide zu verzichten, die verdächtigt werden, Krebs zu erregen. Letztlich lassen sich die Nahrungsmittelproduzenten am ehesten beeinflussen, wenn die Verbraucher Druck ausüben. Studien über Ernteerträge stützen die Landwirtschaft, die nach bio-organischen Anbaumethoden arbeitet, wenn man den Nutzen für unsere Gesundheit in die Rechnung einbezieht.

Wachse

Der Verbraucher muß nicht nur auf Pestizide achten, sondern auch auf Wachse, die bei vielen Früchten und Gemüsen angewandt werden, damit sie kein Wasser verlieren und frisch aussehen. Die FDA schreibt vor, daß Lebensmittelhändler einen Hinweis anbringen müssen, wenn ein Produkt gewachst oder nach der Ernte mit Pestiziden behandelt wurde. Leider halten sich die meisten Geschäfte nicht an das Gesetz, und die FDA hat keine Möglichkeit, es durchzusetzen. Zur Zeit sind mehrere Wachse für die Anwendung auf Lebensmitteln zugelassen. Zu den erlaubten Verbindungen gehören Schellack, Paraffin, Palmölderivate und synthetische Lacke. Die gleichen Substanzen verwendet man auch in Bohnerwachs, Autowachs und Möbelwachs! Zu den Lebensmitteln, die damit behandelt werden dürfen, gehören

Ananas, Äpfel, Auberginen, Avocados, Grapefruits, Gurken, Kantaloupe-Melonen, Kürbisse, Limonen, Melonen, Orangen, Paprika, Passionsfrüchte, Pastinaken, Pfirsiche, Steckrüben, Süßkartoffeln, Tomaten und Zitronen.

Einer der Hauptgründe für das Wachsen ist der Wunsch, die Ware vor dem Verderb zu schützen, während sie sich auf dem oft langen Weg vom Feld zum Supermarktregal befindet. Wenn die Lebensmittelketten mehr auf dem örtlichen Markt kaufen würden, bräuchte man keine Chemikalien, um der Ware ein frisches Aussehen zu geben. Statt dessen schließen die großen Ketten Verträge mit großen Lieferanten, ohne sonderlich darauf zu achten, wo sie sich befinden.

Die Wachse selbst sind wahrscheinlich nicht so gefährlich; aber den meisten Wachsen werden Pestizide und Fungizide beigegeben. Da man das Wachs nicht mit Wasser abwaschen kann, kleben die Chemikalien buchstäblich an dem Produkt.

Wenn Sie ein wirkungsvolles Mittel zum Entwachsen und Reinigen von Obst und Gemüse suchen, können Sie ein entsprechendes Naturprodukt »Bionika-Obst- und Gemüsereiniger« beim Versandhaus Bionika, 27718 Ritterhude, bestellen.

Wie Sie sich vor Pestiziden schützen können

Hier sind einige Tips, wie Sie den Kontakt mit Pestiziden einschränken und Pestizide, Fungizide, Wachse und Düngemittel von den Oberflächen der Früchte und Gemüse entfernen können:

1. Kaufen Sie bio-organisch angebaute Produkte. Im Zusammenhang mit Nahrung und Landwirtschaft bezieht sich dieser Ausdruck auf Lebensmittel, die ohne synthetische Chemikalien, einschließlich Pestizide und Kunstdünger, angebaut wurden. Organisch angebaute Produkte sind heute fast überall in Reformhäusern und Naturkostläden erhältlich.
2. Wenn Sie Schwierigkeiten haben, sich organisch angebaute Produkte zu besorgen, sollten Sie gute Kontakte zu ihrem örtlichen Lebensmittelhändler pflegen. Erklären Sie ihm, daß Sie Wachse und Pestizide meiden möchten. Fragen Sie ihn, was er unternimmt um sicherzustellen, daß die Pestizidrückstände in

seiner Ware die zulässigen Werte nicht übersteigen. Fragen Sie, woher er seine Ware bezieht. Bei ausländischen Produkten ist die Wahrscheinlichkeit größer, daß sie zu große Pestizidrückstände enthalten und daß sie mit Chemikalien behandelt wurden. Versuchen Sie, Produkte Ihrer Umgebung zu kaufen, die gerade erntereif sind.

3. Am besten ist es nachweislich, wenn Sie sich Ihre Salate, Ihr Gemüse und Obst im eigenen Garten ziehen. Auch auf kleinen Flächen können Sie schon sehr viel ernten. Lesen Sie hierzu das Buch »Zurück aufs Land« von *Dr. Walker*.
4. Entfernen Sie Pestizidrückstände, Wachse, Fungizide und Düngemittel von der Oberfläche der Produkte, indem Sie sie in einer milden Lösung aus reiner Seife (z. B. Olivenölseife) einweichen und dann sanft schrubben und abspülen.
5. Schälen Sie Obst und Gemüse, oder entfernen Sie die äußeren Blätter. Der Nachteil dieser Methode besteht darin, daß viele Nährstoffe und Wirkstoffe gerade in der Haut und in den äußeren Blättern enthalten sind.

Zusammenfassung

Um frische Obst- und Gemüsesäfte zu bereiten, brauchen Sie einen guten Entsafter. Es sind viele verschiedene Geräte auf dem Markt. Am besten kaufen Sie nur organisch angebautes Obst und Gemüse. Es gibt immer mehr Beweise dafür, daß Pestizide der Gesundheit schaden. Wenn Sie herkömmliche Produkte kaufen, sollten Sie so viele Rückstände wie möglich entfernen.

Wenn Sie Gefäße zum Auffangen von Säften und Tresterrückständen benötigten, erhalten Sie Lieferhinweise vom Fit-fürs-Leben-Informationsdienst, Postfach 12 61, 27718 Ritterhude.

Kapitel 5
Das Entsaften von Früchten

Genau genommen ist eine Frucht die reife Eizelle einer weiblichen Blume. Diese Definiton gilt sowohl für Gebilde, die der Laie als Früchte bezeichnet, wie auch für Nüsse und manche Gemüse (z. B. Kürbisse und Tomaten). In diesem Kapitel befassen wir uns jedoch nur mit den weichen, saftigen, fleischigen Früchten, die zum Entsaften geeignet sind.

Da Früchte natürlichen Fruchtzucker in reichlicher Menge enthalten, empfiehlt es sich, täglich nicht mehr als zwei Viertelliter gläser frischen Obstsaft zu trinken. Der Körper nimmt den Fruchtzucker rasch auf. Das ist ausgezeichnet, wenn Sie schnell Energie brauchen; aber wenn Sie an Hypoglykämie, Diabetes, Candidiasis (Erkrankung durch Hefepilze, dazu gehört Soor, auch Monila genannt) oder Gicht leiden, kann sich Ihr Zustand verschlimmern. Wenn Sie eine dieser Krankheiten haben, sollten Sie erst mit Ihrem Arzt sprechen, bevor Sie Obstsäfte trinken. Er wird Ihnen wahrscheinlich empfehlen, Ihren Konsum auf einen Achtel- oder Viertelliter am Tag zu beschränken. Verdünnen Sie den Saft am besten mit reinem Wasser.

Die folgenden Abschnitte behandeln die beliebtesten Früchte, ihre Herkunft, ihre Sorten und ihren Nährwert sowie die richtige Auswahl und die Vorbereitung des Entsaftens. Moderne Transportmethoden machen es möglich, daß den meisten Menschen eine große Auswahl frischer Früchte zur Verfügung steht. Wenn Sie Mischgetränke bereiten, sollten Sie in der Regel die weicheren Früchte zuerst und anschließend die härteren (z. B. Äpfel und Birnen) entsaften. Achten Sie bitte darauf, die Früchte nach den folgenden Richtlinien vorzubereiten, und befolgen Sie die Gebrauchsanleitung für Ihren Entsafter.

ANANAS

Die Ananas stammt aus Südamerika. Die USA sind einer der Hauptproduzenten, obwohl Hawaii der einzige Bundesstaat ist, der sie anbaut. Das eßbare Fleisch der Ananas hat einen typischen Geschmack, der oft als Mischung zwischen Apfel, Erdbeere und Pfirsich beschrieben wird.

Die wichtigsten Vorzüge

Über die nützlichen Eigenschaften des Bromelins, des eiweißverdauenden Enzyms der Ananas, haben wir bereits im Abschnitt »Enzyme und Gesundheit« (Seite 57) gesprochen. Das Bromelin ist nachweislich wirksam bei zahlreichen Beschwerden, einschließlich Angina, Arthritis, Verdauungsstörungen, Infektionen der oberen Atemwege und Verletzungen.

In einer Studie am Krebsforschungszentrum der Universität von Hawaii stellte sich heraus, daß Ananasextrakt das Wachstum von Tumorzellen in Zellkulturen deutlich hemmt.[14] Die Wissenschaftler schreiben dies hauptsächlich dem Enzym Peroxidase zu. Das deutet darauf hin, daß frischer Ananassaft vielleicht noch besser wirkt als Bromelin allein. Er ist reich an Enzymen, Vitamin C und Kalium.

Nährwertanalyse

1 Tasse Ananasscheiben ohne Haut (150 g) enthält folgende Nährstoffe und Einheiten:

Wasser	135	g
Kalorien	77	kcal
Eiweiß	0,6	g
Fett	0,66	g
Kohlenhydrate	19,21	g
Vitamine		
Vitamin A	4	RE*
Vitamin C	23,9	mg
Thiamin	0,143	mg
Riboflavin	0,056	mg
Niacin	0,651	mg
Mineralien		
Kalium	175	mg

Kalzium	11	mg
Eisen	0,57	mg
Magnesium	21	mg
Phosphor	11	mg
Natrium	1	mg

Auswahl

Am wichtigsten ist es, daß Sie auf faule und schimmelige Stellen achten. Prüfen Sie die Stielnarbe unten an der Frucht. Reife Ananas haben ein gutes, fruchtiges Aroma; sie sind eher gelb als grün und für ihre Größe schwer.

Vorbereitung

Drehen oder schneiden Sie die Spitze ab. Waschen und schrubben Sie organische Ananas. Weichen Sie herkömmliche Früchte in einem biologisch abbaubaren Reinigungsmittel** ein, schrubben Sie sie (mit einer Gemüsebürste**), und spülen Sie sie ab. Wenn Ihr Entsafter es aushält, schneiden Sie die Ananas samt Schale in Stücke, die in den Entsafter passen.

Ananassaftrezepte

Ananas haben wenig Kalorien und sind eine ausgezeichnete Grundlage für Fruchsäfte, vor allem wenn man sie mit Beeren mischt. Siehe Beeren-Ananas, Kirschen-Ananas, Weintrauben-

* 1 RE = 1 Retinolequivalent
Retinol = Vitamin A
Karotine = verschiedene Vorstufen von Vitamin A (es gibt auch Karotine, die nicht in Vitamin A umgewandelt werden, dennoch biologische Wirkung entfalten). Der besseren Vergleichbarkeit wegen werden Karotine genau wie Vitamin A bei Nahrungsmittelanalysen in RE gemessen, d. h. es wird für Karotin die Menge Vitamin A, die es bilden kann, als Menge in RE angegeben.
Wissenschaftliche Einheit für Vitamin A ist
1 IE (Internationale Einheit)
1 IE = 1 U.S.P.E. (US-Pharmakopea-Einheit)
1 IE entspricht der Wirkung von
0,3 g Retinol
0,344 µg reinstem kristallinen Vitamin A-Acetat
1 RE = 3,3 IE Retinol = 1 µg Retinol
1 RE = 6 µg β-Karotin
1 RE = 12 µg andere Provitamin A-Karotinoide (siehe *Elmadfa/Leitzmann*: Ernährung…, S. 238 f.

** Lieferhinweise erhalten Sie vom Fit-fürs-Leben-Informationsdienst, Postfach 1261, 27718 Ritterhude.

Zitrone-Ananas, Grapefruit-Ananas, Mango-Ananas und Papaya-Ananas sowie folgende Rezepte im Kapitel 7: Verdauungstrunk, Don Juan, Enzymcocktail, Saft und Kraft fürs Immunsystem, Mikes Liebling, Orangenmix und Ananas-Ginger Ale.

ÄPFEL

Der Apfel war ursprünglich im Kaukasus Westasiens und Osteuropas zu Hause. Er wird oft als König der Früchte bezeichnet. In den USA sind mehr als 25 verschiedene Apfelsorten erhältlich. Die beliebteste ist Golden Delicious. Rote und gelbe Delicious, Granny Smith und Winesap (ein dunkelroter Winterapfel) sind besonders gut zum Entsaften geeignet.

Die wichtigsten Vorzüge

Äpfel – vor allem ungeschälte – sind eine gute, wenn auch nicht überragende Quelle für viele Vitamine und Mineralien. Ungeschälte Äpfel enthalten besonders viel Pektin und Karotin ohne Vitamin-A-Aktivität. Pektin ist ein bemerkenswerter Fasertyp, der nachweislich eine ganze Reihe von positiven Wirkungen hat. Da es sich um eine gelbildende Faser handelt, kann das Pektin die Darmmuskeln stärken, so daß Abfälle schneller ausgeschieden werden. Pektin kann auch Gifte im Darm binden und beseitigen, und es kann den Cholesterinspiegel senken. Da das Pektin wasserlöslich ist, enthält frischer Saft noch einen Teil dieser nützlichen Fasern. Apfelsaft hat sich zudem als virushemmend erwiesen.

Äpfel und andere weiche Früchte und Gemüse enthalten Säuren, die eine beachtliche krebshemmende Wirkung haben.[1]

Frische ganze Äpfel und frischer Apfelsaft enthalten etwa 100 bis 130 Milligramm pro 100 Gramm von diesen wertvollen Verbindungen. Im Apfelsaft aus Dosen und Flaschen sowie in gefrorenem Apfelsaft ist der Gehalt fast gleich null – ein weiterer guter Grund, frischen Apfelsaft zu trinken.

Über die im Apfel enthaltene Ellagsäure – sie wird mitunter als »neues Krebsmittel« bezeichnet – gibt es einige bemerkenswerte Studien. Diese Säure schützt hauptsächlich vor Chromosomenschäden und hemmt die krebserregende Wirkung vieler Umweltgifte.[2] Ellagsäure macht insbesondere mehrere krebserregende

Verbindungen unwirksam, die im Zigarettenrauch enthalten sind und die Sammelbezeichnung polyzyklische aromatische Kohlenwasserstoffe tragen. Ellagsäure ist ein starkes Antioxidans, und es ist nachgewiesen, daß sie auch die Produktion von körpereigenen Antioxidantien, einschließlich des Glutathions, fördert.[3] Ellagsäure ist nur ein Beispiel für einen Wirkstoff mit starken krebshemmenden Eigenschaften – und ein Grund mehr, frische Lebensmittel zu essen.

Es ist somit offensichtlich, daß frischer Apfelsaft seine eigenen Vorzüge hat; aber er eignet sich auch sehr gut als Beigabe zu einem Mixgetränk, da er ein süßes, aber nicht durchdringendes Aroma hat.

Nährwertanalyse

1 mittelgroßer Apfel mit Schale (140 g) enthält folgende Nährstoffe und Einheiten:

Wasser	115,83	g
Kalorien	81	kcal
Eiweiß	0,27	g
Fett	0,49	g
Kohlenhydrate	21,05	g
Vitamine		
Vitamin A	7	RE
Vitamin C	7,8	mg
Thiamin	0,023	mg
Riboflavin	0,019	mg
Niacin	0,1	mg
Mineralien		
Kalium	159	mg
Kalzium	10	mg
Eisen	0,25	mg
Magnesium	6	mg
Phosphor	10	mg
Natrium	1	mg

Auswahl

Kaufen Sie unbedingt organisch angebaute Äpfel, wenn Sie können. Die öffentliche Diskussion über eine gefährliche Chemikalie namens Alar, die man auf Äpfel sprüht, hat zu einer sinkenden Nachfrage geführt. Aber Äpfel werden auch mit vielen anderen Chemikalien behandelt. Außerdem werden Äpfel oft gewachst, damit sie länger frisch bleiben. Beachten Sie aber, daß selbst organische Äpfel »wächsern« aussehen können, da Äpfel einen natürlichen, wachsähnlichen Überzug haben.

Frische Äpfel sollten fest, knackig und gut gefärbt sein. Ein Apfel, dem es an Farbe mangelt, ist wahrscheinlich gepflückt worden, ehe er völlig reif war, und man hat ihn künstlich nachreifen lassen. Äpfel, die bei der Ernte reif waren, haben eine kräftigere Farbe und einen besseren Geschmack, und sie halten sich länger als zu früh gepflückte Früchte. Prüfen Sie die Härte des Apfels. Ein frischer Apfel knackt, wenn Sie mit dem Finger darauf drücken. Überreife Äpfel fühlen sich weicher an und lassen das knackige Geräusch vermissen.

Vorbereitung

Waschen Sie organische Äpfel. Weichen Sie andere Äpfel in einem biologisch abbaubaren Reinigungsmittel (Lieferhinweis s. Seite 81) ein, und spülen Sie sie dann ab. Da Apfelkerne eine Spur Cyanid enthalten, empfehlen viele Leute, das Kerngehäuse zu entfernen. Schneiden Sie die Äpfel in Stücke, die bequem in den Entsafter passen.

Apfelsaftrezepte

Apfelsaft pur schmeckt köstlich. Sie können ihn aber auch mit anderen Früchten oder mit Gemüse mischen. Rezepte dafür finden Sie im Kapitel 7.

Apfel-Aprikose

2 Äpfel, in Stücke geschnitten
2 Aprikosen, entkernt

Apfel-Aprikose-Pfirsich

1 Apfel, in Stücke geschnitten
1 Aprikose, entkernt
1 Pfirsich, entkernt

Apfel-Beeren
2 Äpfel, in Stücke geschnitten
1 Tasse Beeren (z. B. Erdbeeren, Blaubeeren oder Himbeeren)

Apfel-Kirsche
1 Apfel, in Stücke geschnitten
1 Tasse entkernte Kirschen

Apfel-Weintrauben-Zitrone
2 Äpfel, in Stücke geschnitten
1 Tasse Weintrauben
½ Zitrone mit Schale

Apfel-Grapefruit
1 Apfel, in Stücke geschnitten
1 geschälte Grapefruit

Apfel-Kiwi
1 Golden Delicious, in Stücke geschnitten
4 Kiwis

Apfel-Minze
4 Äpfel, in Stücke geschnitten
½ Handvoll frische Minze

Apfel-Orange
2 Äpfel, in Stücke geschnitten
1 Orange, geschält

Apfel-Papaya
2 Äpfel, in Stücke geschnitten
½ Papaya, entkernt und in Streifen geschnitten

Apfel-Pfirsich
2 Äpfel, in Stücke geschnitten
2 Pfirsiche, entkernt und in Scheiben geschnitten

Apfel-Birne-Ingwer

3 Äpfel, in Stücke geschnitten
1 Birne, in Scheiben geschnitten
½ Zentimeter frischer Ingwer

APRIKOSEN

Die Aprikose ist botanisch gesehen eine fleischige Steinfrucht. Sie enthält einen Samen, der in einem harten Kern eingeschlossen ist. Die Aprikose gehört zur selben Familie wie Mandeln, Kirschen, Pfirsiche und Pflaumen. Ihre Urheimat ist China. *Alexander der Große* hat die Aprikose angeblich nach Griechenland gebracht, und schließlich hat sie den Rest des Okzidents erobert.

Die wichtigsten Vorzüge

Aprikosen sind eine gute Quelle für Kalium, Magnesium, Eisen und Karotin. Getrocknete Aprikosen sind recht beliebt; aber sie enthalten meist große Mengen Schwefeldioxid, das während des Trocknens beigegeben wird, um Enzyme zu inaktivieren, die zum Verderb der Frucht führen würden. Alternative Konservierungsmethoden, zum Beispiel das Blanchieren, machen den Schwefel entbehrlich.

Nährwertanalyse

3 rohe Aprikosen, entkernt (ca. 100 g) enthalten folgende Nährstoffe und Einheiten:

Wasser	88	g
Kalorien	55	kcal
Eiweiß	2	g
Fett	Spur	
Kohlenhydrate	12,8	g
Vitamine		
Vitamin A	90	RE
Vitamin C	10	mg
Thiamin	0,03	mg
Riboflavin	0,04	mg
Niacin	0,6	mg

Mineralien

Kalium	115	mg
Kalzium	20	mg
Eisen	0,6	mg
Magnesium	7	mg
Phosphor	23	mg
Natrium	1	mg

Auswahl

Frische, reife Aprikosen sollten einheitlich goldorange gefärbt und rund sein. Der Durchmesser sollte etwa fünf Zentimeter betragen. Reife Aprikosen geben nach, wenn man sanft auf die Haut drückt. Ist die Frucht ziemlich hart oder noch gelb, ist sie unreif. Wenn sie ziemlich weich oder matschig ist, ist sie überreif. Frische Aprikosen sind von Juni bis August erhältlich.

Vorbereitung

Waschen Sie organische Aprikosen. Weichen Sie herkömmliche Aprikosen in einem biologisch abbaubaren Reinigungsmittel (Lieferhinweise s. Seite 81) ein, und spülen Sie sie dann. Schneiden Sie die Früchte in Hälften, und entfernen Sie die Steine.

Aprikosensaftrezepte

Aprikosen sind trockener als die meisten anderen fleischigen Früchte (sie enthalten 85 % Wasser) und sind daher nicht sehr gut als einziger Bestandteil eines Saftes geeignet. Sie schmecken aber köstlich zusammen mit anderen Früchten, vor allem mit Äpfeln, Orangen und Pfirsichen. Im Kapitel 7 finden Sie ein Aprikosen-Mango-Rezept.

Aprikose-Orange

4 Aprikosen, entkernt
2 Orangen, geschält

Aprikose-Birne

4 Aprikosen, entkernt
1 Birne, in Scheiben geschnitten

BANANEN

Bananen wachsen an einer Staude, die wie ein Baum aussieht. Die Pflanze ist kein Baum, weil der Stamm über dem Boden kein Holz enthält. Man glaubt, daß die Banane ursprünglich aus Malaysia kommt und sich dann nach Indien, den Philippinen und Neuguinea ausgebreitet hat. Die beliebteste Bananenart ist die große, gelbe, glatthäutige Sorte, die auch bei uns bekannt ist. Es gibt auch kleinere, rotschalige und größere grüne Bananen. Letztere heißen Plantain-Bananen; sie werden wie Gemüse verwendet und gewöhnlich gebraten oder gekocht. Bananen sind nach den Weintrauben die wichtigsten kultivierten Früchte der Welt.

Die wichtigsten Vorzüge

Bananen sind mit Nährstoffen vollgepackt, vor allem mit Kalium. Eine Banane mittlerer Größe enthält sage und schreibe 450 mg Kalium und nur 1 mg Natrium. Es gibt recht vielversprechende Berichte über die Behandlung von Magengeschwüren mit Bananen.[4]

Nährwertanalyse

1 Banane (115 g) enthält

Nährstoffe und Einheiten		
Wasser	85	g
Kalorien	105	kcal
Eiweiß	1,18	g
Fett	0,55	g
Kohlenhydrate	26,71	g
Vitamine		
Vitamin A	9	RE
Vitamin C	10,3	mg
Thiamin	0,051	mg
Riboflavin	0,014	mg
Niacin	0,616	mg
Mineralien		
Kalium	451	mg
Kalzium	7	mg
Eisen	0,35	mg
Magnesium	33	mg

Phosphor	22	mg
Natrium	1	mg

Auswahl

Bananen sind am besten, wenn sie gelb, ohne grüne Stellen und braun gesprenkelt sind. Bananen mit grünen Spitzen sind nicht ganz reif, aber sie reifen nach, wenn man sie bei Zimmertemperatur liegen läßt. Reife Bananen können Sie im Kühlschrank aufbewahren. Die Haut wird dann zwar braun, aber sie bleiben drei bis fünf Tage lang frisch. Beschädigte, verfärbte oder weiche Bananen sind minderwertig, und Sie sollten sie nicht essen.

Vorbereitung

Bananen sind zum Entsaften weniger geeignet; aber Sie können frischen Saft aus anderen Früchten bereiten und ihn zusammen mit einer Banane mixen. Im Sommer sollten Sie einmal eine Banane einfrieren und sie dann mit frischem Apfel-Erdbeer-Saft mixen. Das Ergebnis ist ein köstliches Getränk.

Bananenrezepte

Im Kapitel 7 finden Sie folgende Rezepte mit Bananen: Enzymcocktail, Mikes Liebling, Affen-Shake und Kalium-Bowle. Hier ist noch ein Rezept:

Bananen-Kantaloupe-Melonen-Saft

1 Banane, geschält

½ Kantaloupe-Melone mit Schale, in Scheiben geschnitten

Entsaften Sie die Kantaloupe-Melone, leeren Sie den Saft in den Mixer, geben Sie die Banane hinzu, und mixen Sie das Ganze.

BEEREN

Brombeeren, Blaubeeren, Himbeeren, Erdbeeren, Johannisbeeren und andere Beeren werden hier als Gruppe behandelt. Beeren gibt es in vielen Teilen der Welt, vor allem in der nördlichen Hemisphäre. Als Folge zufälliger oder absichtlicher Kreuzungen sind heute Hunderte von Beerenarten erhältlich.

Die wichtigsten Vorzüge

Beeren sind reich an wichtigen Nährstoffen, aber arm an Kalorien. Daher sind sie ein ausgezeichnetes Lebensmittel für Leute, die gern Süßes essen und ihre Ernährung verbessern möchten, ohne viele Kalorien zu sich zu nehmen. Säfte aus frischen Beeren enthalten meist weniger als 40 Kalorien je 100 Gramm und sind eine gute Quelle für Kalium, reines Wasser, wasserlösliche Fasern und Flavonoide. Die Flavonoide, vor allem die Anthocyanidine, geben den Beeren ihre Farbe. Brombeeren verdanken ihr Purpur dem Cyanidin, und für das Rot der Erbeeren ist Pelargonidin verantwortlich. Über die Vorzüge der Flavonoide haben wir bereits im Kapitel 3 gesprochen.

Beeren werden seit langem für medizinische Zwecke verwendet, und die moderne Forschung hat manches bestätigt, was unsere Großmütter noch wußten. Während des zweiten Weltkrieges aßen die Piloten der Royal Air Force Blaubeeren vor ihren Nachtflügen, weil diese Beeren nach dem Volksglauben das Sehvermögen bei Nacht verbessern. Nach dem Krieg bewiesen zahlreiche Studien, daß Blaubeerenextrakte in der Tat die Anpassung an die Dunkelheit fördern und das Sehvermögen nach einem Blick in grelles Licht schneller wiederherstellen.

Blaubeerenextrakte werden von europäischen Ärzten seit 1945 für medizinische Zwecke verwendet, meist bei Augenbeschwerden. Die Ergebnisse sind äußerst beeindruckend bei Menschen mit Netzhautentzündung, Überempfindlichkeit gegen helles Licht, Retinopathia diabetica (eine Netzhauterkrankung bei Diabetikern) und Entartung des »gelben Flecks« im Auge. Andere Studien belegen, daß Blaubeeren auch vor grauem Star und Glaukomen schützen und bei der Behandlung von Krampfadern, Hämorrhoiden und Magen- und Darmgeschwüren recht hilfreich sind.[5]

Bei den meisten klinischen Studien wurden verschiedene Beerenextrakte verwendet, vor allem aber Blaubeeren (Heidelbeeren) und schwarze Johannisbeeren, die man konzentrierte, um mehr Anthocyanoside zu gewinnen. Wenn Sie eine ähnliche Wirkung mit frischen Beeren erzielen wollen, müssen Sie am Tag mindestens 0,5 l frischen Saft trinken.

Beeren, besonders Erdbeeren, sind gute Quellen für die krebshemmende Verbindung Ellagsäure (siehe den Abschnitt über

Äpfel). In einer Studie führten Erdbeeren eine Liste von acht Lebensmitteln an, die mit größter Wahrscheinlichkeit die Zahl der Krebstodesfälle bei 1271 älteren Menschen in New Jersey senkten. Diejenigen, die reichlich Erdbeeren aßen, erkrankten dreimal seltener an Krebs als jene, die wenig oder keine Erdbeeren aßen.

Nährwertanalyse

1 Tasse Brombeeren (150 g) enthalten

Nährstoffe und Einheiten		
Wasser	123	g
Kalorien	74	kcal
Eiweiß	1,04	g
Fett	0,65	g
Kohlenhydrate	18,38	g
Vitamine		
Vitamin A	24	RE
Vitamin C	30,2	mg
Thiamin	0,043	mg
Riboflavin	0,058	mg
Niacin	0,576	mg
Mineralien		
Kalium	282	mg
Kalzium	46	mg
Eisen	0,83	mg
Magnesium	29	mg
Phosphor	30	mg
Natrium	–	

Auswahl

Kaufen Sie Beeren so frisch wie möglich. Außerhalb der Saison können Sie tiefgefrorene, nicht gesüßte Beeren kaufen und zusammen mit frischem Saft mixen.

Vorbereitung

Waschen Sie organische Beeren. Weichen Sie herkömmliche Beeren in einem biologisch abbaubaren Reinigungsmittel (Lieferhinweis s. Seite 81) ein, und spülen Sie sie dann ab.

Beerensaftrezepte

Wenn Sie eine Tasse Beeren mit zwei Äpfeln entsaften, können Sie den strengen Geschmack der Beeren etwas mildern, wenn Sie es wünschen. Im Kapitel 7 finden Sie folgende Beerenrezepte: Färb mich rosa, Saft und Kraft fürs Immunsystem, Liebling der Kinder und Mikes Liebling.

Beeren-Orange
1 Tasse Erdbeeren oder andere Beeren
2 Orangen, geschält

Beeren-Birne
1 Tasse Beeren
2 Birnen, in Scheiben geschnitten

Beeren-Ananas
1 Tasse Beeren
½ Ananas mit Schale, in Scheiben geschnitten

Beerendreierlei
½ Tasse Brombeeren
½ Tasse Erdbeeren
½ Tasse andere Beeren
1 Apfel oder 1 Birne, in Scheiben geschnitten

BIRNEN

Die Heimat der Birne ist Westasien; aber heute wird sie fast überall auf der Welt angebaut. Es gibt zahlreiche Birnenarten.

Die wichtigsten Vorzüge

Birnen sind eine ausgezeichnete Quelle für wasserlösliche Fasern, einschließlich Pektin. Birnen enthalten sogar mehr Pektin als Äpfel. Birnensaft können Sie ebenso wie Apfelsaft Gemüsesäften beigeben, um ihren Geschmack zu verbessern.

Nährwertanalyse

1 Birne (ca. 165 g) enthält
Nährstoffe und Einheiten

Wasser	139	g
Kalorien	98	kcal
Eiweiß	0,65	g
Fett	0,66	g
Kohlenhydrate	25	g
Vitamine		
Vitamin A	3	RE
Vitamin C	6,6	mg
Thiamin	0,033	mg
Riboflavin	0,066	mg
Niacin	0,166	mg
Mineralien		
Kalium	208	mg
Kalzium	19	mg
Eisen	0,41	mg
Magnesium	9	mg
Phosphor	18	mg
Natrium	1	mg

Auswahl

Wenn Birnen reifen, verändert sich die Farbe ihrer Schale und nimmt den Farbton an, der für die jeweilige Sorte typisch ist: gelb, braun oder grün. Frische Birnen sind am besten, wenn sie wie Avocados auf Druck nachgeben. Unreife Birnen reifen nach, wenn Sie sie bei Zimmertemperatur lagern. Sobald sie reif sind, legen Sie sie in den Kühlschrank. Feste Birnen sind viel leichter zu entsaften als weiche.

Vorbereitung

Waschen Sie organische Birnen. Weichen Sie herkömmliche Früchte in einem biologisch abbaubaren Reinigungsmittel (Lieferhinweis s. Seite 81) ein, und spülen Sie sie dann ab. Schneiden Sie die Birnen in Scheiben oder Stücke.

Birnensaftrezepte

Reiner Birnensaft ist köstlich, und er läßt sich auch gut mit vielen Früchten und Gemüse mischen. Siehe die Rezepte Apfel-Birne-Ingwer, Aprikose-Birne, Beeren-Birne, Kirschen-Birne,

Preiselbeeren-Birne, Mango-Birne, Papaya-Birne und Pfirsich-Birne.

Birne-Pflaumen
2 Birnen, in Scheiben geschnitten
2 Pflaumen, entkernt

ERDBEEREN
Siehe unter Beeren.

GRAPEFRUIT (PAMPELMUSE)
Die Grapefruit wurde auf Barbados im Jahre 1750 entdeckt. 1880 war sie in Florida eine wichtige Kulturpflanze. Die besten Grapefruits wachsen in Florida und Texas. Zum Entsaften sind Früchte mit rosa Fruchtfleisch am besten geeignet.

Die wichtigsten Vorzüge
Frische Grapefruits haben wenig Kalorien und sind eine gute Quelle für Flavonoide, wasserlösliche Fasern, Kalium, Vitamin C und Folsäure. Grapefruits haben wie andere Früchte nachweislich eine krebshemmende Wirkung bei Menschen und Tieren. Das Pektin der Grapefruit kann den Cholesterinspiegel senken, ähnlich wie das Pektin in anderen Früchten.

In einer neueren Studie stellte sich heraus, daß der Verzehr von Grapefruits den Hämatokritspiegel normalisiert. Hämatokrit nennt man den Prozentsatz der roten Blutkörperchen pro Volumeneinheit Blut. Der normale Hämatokritwert beträgt bei Männern 40 – 54 %, bei Frauen 37 – 47 %. Ein niedriger Hämatokritspiegel deutet meist auf Anämie hin. Austrocknung oder zu viele rote Blutkörperchen können die Ursache hoher Werte sein. Ein hoher Hämatokritspiegel ist außerdem ein Indiz für Herzkrankheiten; denn er bedeutet, daß das Blut zu dick ist.

Naringin, ein aus Grapefruits isoliertes Flavonoid, fördert nachweislich die Beseitigung alter roter Blutkörperchen. Forscher haben untersucht, wie sich der Verzehr einer halben oder ganzen Grapefruit pro Tag auf den Hämatokritspiegel auswirkt. Wie erwartet, sanken die hohen Werte. Die Wissenschaftler waren jedoch erstaunt darüber, daß Grapefruits keinen Einfluß auf einen normalen Hämatokritspiegel haben und sogar niedrige Werte erhöhen.[10]

Dieser »Balanceakt« verblüfft die meisten Pharmazeuten, nicht aber erfahrene Naturheilkundler, die diese Wirkung schon seit langem beschreiben. Viele Lebensmittel und Kräuter haben offenbar Wirkungen, die der modernen Wissenschaft unerklärlich sind. Zum Beispiel scheinen zahlreiche natürliche Verbindungen in Kräutern zahlreiche Körperprozesse zu normalisieren. Wenn ein Blutwert zu hoch ist, kann das Lebensmittel oder das Kraut ihn senken, und wenn er zu niedrig ist, kann es ihn erhöhen. Grapefruits haben offenbar diesen Einfluß auf den Hämatokritspiegel.

Nährwertanalyse

1 Grapefruit (230 g) enthält folgende Nährstoffe und Einheiten:

Wasser	209	g
Kalorien	74	kcal
Eiweiß	1,5	g
Fett	0,24	g
Kohlenhydrate	18,58	g
Vitamine		
Vitamin A	29	RE
Vitamin C	79	mg
Thiamin	0,083	mg
Riboflavin	0,046	mg
Niacin	0,575	mg
Mineralien		
Kalium	321	mg
Kalzium	27	mg
Eisen	0,2	mg
Magnesium	19	mg
Phosphor	20	mg
Natrium	1	mg

Auswahl

Frische Grapefruits von guter Qualität sind fest, aber elastisch, gut geformt und für ihre Größe schwer. Grapefruits, die weich, welk oder schwamming sind oder grüne Flecken auf der Schale haben, sollten Sie nicht essen.

Vorbereitung

Manche Menschen sind allergisch gegen die Schalen von Zitrusfrüchten. Wenn Sie einen entsprechenden Verdacht haben, müssen Sie vorsichtig sein. Grapefruits sollten Sie ohnehin immer schälen. Zitrusschalen enthalten einige nützliche Öle; doch diese Öle können einige Körperfunktionen stören, und darum dürfen Sie sie nicht in größeren Mengen essen. Zitrusschalen enthalten beispielsweise eine Verbindung namens Zitral, die einige Wirkungen des Vitamins A aufhebt. Nachdem Sie die Grapefruit geschält haben, schneiden Sie sie in Stückchen, die gut in Ihren Entsafter passen.

Grapefruitsaftrezepte

Siehe Apfel-Grapefruit und Trauben-Grapefruit oben sowie Färb mich rosa in Kapitel 7.

Grapefruit-Orange
½ Grapefruit, geschält
2 Orangen, geschält

Grapefruit-Papaya
1 Grapefruit, geschält
½ Papaya, entkernt, in Scheiben geschnitten

Grapefruit-Ananas
1 Grapefruit, geschält
½ Ananas mit Schale, in Scheiben geschnitten

HIMBEEREN

Siehe unter Beeren.

KANTALOUPE-MELONE

Die Kantaloupe-Melone ist eine Honig- oder Buttermelonenart. Man glaubt, daß ihr Ursprung entweder in Afrika oder in Mittelasien liegt. Heute wird sie überall auf der Welt angebaut, wo es warm genug ist.

Die wichtigsten Vorzüge

Kantaloupe-Melonen sind ungemein nährstoffreich, wenn man die Nährstoffe pro Kalorie mißt. Ein Pfund Kantaloupe-Melonen hat etwa 140 Kalorien, aber sie enthält Karotine, Kalium und andere wichtige Nährstoffe in großen Mengen, vor allem wenn man die Haut mit entsaftet. Die Frucht enthält auch Adenosin, eine Verbindung, die man Herzkranken verabreicht, damit das Blut dünn bleibt. Adenosin kann auch Angina pectoris lindern.[6]

Nährwertanalyse

½ Kantaloupe-Melone ohne Haut (265 g) enthält folgende Nährstoffe und Einheiten:

Wasser	240	g
Kalorien	94	kcal
Eiweiß	2,34	g
Fett	0,74	g
Kohlenhydrate	22,33	g
Vitamine		
Vitamin A	861	RE
Vitamin C	112,7	mg
Thiamin	0,096	mg
Riboflavin	0,056	mg
Niacin	1,53	mg
Mineralien		
Kalium	825	mg
Kalzium	28	mg
Eisen	0,57	mg
Magnesium	28	mg
Phosphor	45	mg
Natrium	23	mg

Auswahl

Eine reife Kantaloupe-Melone erkennen Sie hauptsächlich an drei Merkmalen:

1. Sie hat keinen Stiel, sondern dort, wo einst der Stiel war, eine kleine, flache Delle.
2. Sie hat dicke, rauhe und korkartige »Venen« auf der Schale.

3. Sie ist unter dem Venennetz gelbbraun.
   Überreife Früchte sind ausgeprägt gelb und haben ein weiches, wässeriges und fades Fleisch. Kleine Schäden sind harmlos; aber größere schadhafte Flächen sollten Sie herausschneiden. Prüfen Sie die Delle am Stielende, und achten Sie darauf, daß sie nicht schimmelig ist. Bewahren Sie Kantaloupe-Melonen bei Zimmertemperatur auf, wenn sie ein wenig hart sind. Vollreife Früchte legen Sie in den Kühlschrank.

Vorbereitung

Waschen Sie organische Kantaloupe-Melonen. Weichen Sie herkömmliche Früchte in einem biologisch abbaubaren Reinigungsmittel (Lieferhinweis s. S. 81) ein, und spülen Sie sie dann ab. Schneiden Sie die Kantaloupe-Melone in der Mitte durch, entfernen Sie die Kerne, und schneiden Sie sie dann in Streifen, die in den Entsafter passen. Die Haut brauchen Sie nicht zu entfernen, wenn Ihr Entsafter damit zurechtkommt.

Kantaloupe-Melonen-Rezepte

Kantaloupe-Melonen-Saft »pur« schmeckt ausgezeichnet. Rezepte finden Sie oben im Abschnitt »Bananen« und im Kapitel 7 unter Liebling der Kinder. Hier ist noch ein köstliches Rezept:

Kantaloupe-Melone-Wassermelone

½ Kantaloupe-Melone mit Schale, in Scheiben geschnitten
Geben Sie soviel Wassermelone dazu, wie Sie wünschen.

KIRSCHEN

Kirschen werden fast überall auf der Welt angebaut. Die Urheimat der Kirsche kennen wir nicht. Es gibt im wesentlichen zwei Arten von Kirschen: süße (500 Sorten) und saure (270 Sorten). Süßkirschen sind am besten zum Entsaften geeignet. Im allgemeinen gilt, daß eine Kirsche um so besser ist, je dunkler sie ist.

Die wichtigsten Vorzüge

Der Verzehr von 500 Gramm Kirschen am Tag hat sich als sehr wirksam erwiesen, wenn es darum geht, den Harnsäurespiegel zu senken und Gichtanfällen vorzubeugen. Die Anthocyanidine und die Proanthocyanidine, die diesen Früchten ihre tiefrote Farbe geben, sind hervorragend geeignet, die Zerstörung des Kollagens zu verhindern (siehe Kapitel 3).

Nährwertanalyse

1 Tasse Kirschen, entsteint (145 g), enthalten folgende Nährstoffe und Einheiten:

Wasser	117,09	g
Kalorien	104	kcal
Eiweiß	1,74	g
Fett	1,39	g
Kohlenhydrate	24	g
Vitamine		
Vitamin A	31	RE
Vitamin C	10,2	mg
Thiamin	0,073	mg
Riboflavin	0,087	mg
Niacin	0,58	mg
Mineralien		
Kalium	325	mg
Kalzium	21	mg
Eisen	0,56	mg
Magnesium	16	mg
Phosphor	28	mg
Natrium	1	mg

Auswahl

Gute Kirschen haben eine glänzende, straffe Haut und frisch aussehende Stiele. Sie sollten fest, aber nicht hart sein. Überreife Kirschen sind meist leicht zu erkennen. Weiches, nässendes Fleisch, braune Flecken und Schimmelbildung sind Zeichen des Verfalls.

Vorbereitung

Waschen Sie organische Kirschen. Weichen Sie herkömmliche Kirschen in einem biologisch abbaubaren Reinigungsmittel (Lieferhinweis s. Seite 81) ein, und spülen Sie sie dann ab. Entfernen

Sie die Stiele, und entsteinen Sie die Früchte mit einer speziellen Zange, oder schneiden Sie sie in Hälften, und nehmen Sie die Steine heraus.

Kirschsaftrezepte

Frischer Kirschsaft ist köstlich; aber Sie können ihn auch mit Apfelsaft und anderen Fruchtsäften mischen. Siehe Apfel-Kirsche oben und Kirschlimonade im Kapitel 7.

Kirsch-Pfirsich

1 Tasse entsteinte Kirschen
1 Pfirsich, entsteint
1 Apfel oder 1 Birne, in Scheiben geschnitten

Kirsch-Birne

1 Tasse entsteinte Kirschen
2 Birnen, in Scheiben geschnitten

Kirsch-Ananas

1 Tasse entsteinte Kirschen
½ Ananas mit Schale, in Scheiben geschnitten

KIWIS

Die Kiwi wurde in Neuseeland aus der chinesischen Stachelbeere, einer kleineren, weniger schmackhaften Frucht gezüchtet. Sie wird heute auch in anderen Ländern angebaut. Die Kiwi ist klein, oval, braun und außen kraus behaart. Ihr Fruchtfleisch ist sorbetgrün; es enthält kleine, eßbare schwarze Kerne.

Die wichtigsten Vorzüge

Kiwis sind reich an Enzymen, wenn man sie ungeschält und mit den Samen entsaftet. Sie enthalten außerdem viel Vitamin C und Kalium.

Nährwertanalyse

1 große Kiwi (90 g) enthält folgende Nährstoffe und Einheiten:

Wasser	75,58	g

Kalorien	55	kcal
Eiweiß	0,9	g
Fett	0,4	g
Kohlenhydrate	13,54	g
Vitamine		
Vitamin A	16	RE
Vitamin C	89	mg
Thiamin	0,018	mg
Riboflavin	0,046	mg
Niacin	0,455	mg
Mineralien		
Kalium	302	mg
Kalzium	24	mg
Eisen	0,37	mg
Magnesium	27	mg
Phosphor	37	mg
Natrium	4	mg

Auswahl

Kiwis sollten fest, aber nicht steinhart sein und auf Druck nachgeben.

Vorbereitung

Schneiden Sie sie geschält oder ungeschält auf.

Kiwisaftrezepte

Kiwis schmecken zusammen mit anderen Früchten am besten, vor allem mit Weintrauben und Orangen. Siehe das Apfel-Kiwi-Rezept oben sowie Verdauungstrunk und Minzenschaum im Kapitel 7.

Kiwi-Orange

3 Kiwis
2 Orangen, geschält

Kiwi-Papaya

3 Kiwis
½ Papaya, entkernt, in Scheiben geschnitten

LIMONEN

Die Limone gleicht der Zitrone; sie ist jedoch kleiner und grüner. Wie die Zitrone hat auch die Limone ihre Heimat in Südostasien, und sie wurde ebenfalls von Seeleuten auf lange Schiffsreisen mitgenommen, um der Skorbut vorzubeugen (vor allem von britischen Seeleuten – daher der Spitzname »Limeys«).

Die wichtigsten Vorzüge

Limonen unterscheiden sich im Nährwert kaum von Zitronen.

Auswahl

Limonen sollten grün und für ihre Größe schwer sein. Wenn die Früchte purpurne oder braune Flecke haben, hat der Zerfall begonnen.

Vorbereitung

Waschen Sie organische Limonen. Schälen Sie herkömmliche Früchte, weichen Sie sie in einem biologisch abbaubaren Reinigungsmittel (Lieferhinweis s. Seite 81) ein, und spülen Sie sie dann ab. Die Schale können Sie verwenden, wenn Sie weniger als eine halbe Limone entsaften; andernfalls sollten Sie die Schale entfernen (siehe »Grapefruits«). Reiner Limonensaft ist meist zu sauer; man muß ihn mit anderen Säften mischen. Ein Schuß Limonensaft in anderen Säften hat eine »kühlende« Wirkung.

Limonensaftrezepte

Limonen können Sie in allen Rezepten anstelle von Zitronen verwenden.

MANDARINEN

Siehe unter Orangen

MANGOS

Mangos kommen ursprünglich aus Indien. Heute werden sie in vielen tropischen Ländern angebaut, auch in Kalifornien, Hawaii und Florida. Mangos gehören zu den wichtigsten Erntefrüchten der Welt; sie werden von mehr Menschen regelmäßig gegessen als Äpfel.

Die wichtigsten Vorzüge

Mangos sind eine gute Quelle für Kalium, Vitamin C, Karotine und Flavonoide. Sie enthalten zudem reichlich Antioxidantien und schmecken in reifem Zustand köstlich.

Auswahl

Eine reife Mango gibt auf Druck nach, ähnlich wie eine Avocado. Mangos sollten grünlichgelb sein, eine glatte Haut haben und süß duften. Meiden Sie zu harte oder zu weiche, schadhafte und nach Gärung riechende Früchte. Mangos gibt es in verschiedenen Größen; aber die größten sind am besten zum Entsaften geeignet.

Vorbereitung

Waschen Sie organische Mangos. Weichen Sie herkömmliche Früchte in einem organisch abbaubaren Reinigungsmittel (Lieferhinweis s. Seite 81) ein, und spülen Sie sie dann ab. Mangos haben in der Mitte einen Stein. Schneiden Sie ihn heraus, und schneiden Sie die Frucht in Stücke oder Streifen.

Mangosaftrezepte

Mangos liefern einen dicken Saft. Wenn Sie wollen, können Sie ihn mit Apfel-, Birnen- oder Orangensaft mischen. Diese Säfte enthalten mehr Wasser. Siehe Aprikosen-Mango-Ambrosia und Enzymcocktail im Kapitel 7.

Mango-Orange

1 Mango, entkernt, in Scheiben geschnitten
2 Orangen, geschält

Mango-Papaya

1 Mango, entkernt, in Scheiben geschnitten
½ Papaya, entkernt, in Scheiben geschnitten

Mango-Birne

1 Mango, entkernt, in Scheiben geschnitten
1 Birne, in Scheiben geschnitten

Mango-Ananas

1 Mango, entkernt, in Scheiben geschnitten

½ Ananas mit Schale, in Scheiben geschnitten

NEKTARINEN

Siehe »Pfirsiche und Nektarinen«

ORANGEN (APFELSINEN)

Die heutige Orange wurde aus Sorten gezüchtet, deren Heimat Südchina und Südostasien ist. Orangen sind bei weitem die am häufigsten angebauten Früchte in den USA. Die Florida-Orange liefert mehr Saft als die kalifornische Sorte.

Die wichtigsten Vorzüge

Jedermann weiß, daß Orangen eine ausgezeichnete Vitamin-C-Quelle sind. Ebensowichtig ist ihr Gehalt an Flavonoiden. Die Kombination von Vitamin C und Flavonoiden macht den Orangensaft zu einem sehr wertvollen Getränk, das die allgemeine Gesundheit fördert, das Immunsystem stärkt und das Bindegewebe (z.B. Gelenke und Zahnfleisch) kräftigt.

Es ist nachgewiesen, daß der Verzehr von Orangen und Orangensaft vor Krebs schützt, das Immunsystem unterstützt und Viren hemmt.[12] Außer Vitamin C und Flavonoiden enthalten Orangen noch Karotine, Pektin, Kalium und Folsäure in reichlichen Mengen. Mandarinen haben einen ähnlichen Nährstoffgehalt.

Nährwertanalyse

1 rohe kalifornische Orange (120 g) enthält folgende Nährstoffe und Einheiten:

Wasser	104,5	g
Kalorien	59	kcal
Eiweiß	1,26	g
Fett	0,36	g
Kohlenhydrate	14,49	g
Vitamine		
Vitamin A	28	RE
Vitamin C	58,7	mg
Thiamin	0,205	mg

Riboflavin	0,048	mg
Niacin	0,332	mg
Mineralien		
Kalium	217	mg
Kalzium	48	mg
Eisen	0,11	mg
Magnesium	12	mg
Phosphor	21	mg
Natrium	0	mg

Auswahl

Frische Orangen sind von bester Qualität, wenn sie gut gefärbt, schwer und fest sind und eine Haut mit feiner Textur haben. Meiden Sie schimmelige, beschädigte und weiche, gequollene Früchte. Orangen halten sich im Kühlschrank länger als eine Woche.

Vorbereitung

Schälen Sie die Orangen, aber versuchen Sie, möglichst viel vom weißen »Pelz« übrigzulassen. Schneiden Sie die Früchte in Stücke, und geben Sie sie in den Entsafter.

Orangensaftrezepte

Orangensaft »pur« schmeckt köstlich. Drei Orangen liefern in der Regel mehr als 200 Gramm Saft. Siehe Apfel-Orange, Aprikose-Orange, Beeren-Orange, Kiwi-Orange und Mango-Orange sowie im Kapitel 7 Aprikosen-Mango-Ambrosia, Preiselbeerdrink, Enzymcocktail, Ginas süßer Sonnenschein, Saft und Kraft fürs Immunsystem, Affen-Shake, Orangenmix und Kalium-Bowle.

Orange-Papaya

2 Orangen, geschält
½ Papaya, entkernt, in Scheiben geschnitten

Orange-Pfirsich

2 Orangen, geschält
1 Pfirsich, ohne Stein

PAPAYAS

Die Papaya stammt aus Mittelamerika. Aus der grünen, unreifen Papaya gewinnt man das Papain, ein eiweißverdauendes Enzym, das dem Bromelin ähnlich ist. Papain wird auch benutzt, um Fleisch zart zu machen.

Die wichtigsten Vorzüge

Papayas sind reich an Antioxidantien wie Karotin, Vitamin C und Flavonoide. Sie enthalten außerdem Mineralien in reichlichen Mengen, besonders Kalium und Magnesium. Obwohl die reife Frucht nicht soviel Papain enthält wie die unreife, ist doch noch ein Rest dieser Substanz in ihr enthalten. Papain wird bei einer ganzen Reihe von Beschwerden angewandt, zum Beispiel bei Verdauungsstörungen, chronischem Durchfall, Heuschnupfen, Sportverletzungen und Allergien. Im wesentlichen hat Papain eine ähnliche Wirkung wie Bromelin.[13]

Nährwertanalyse

1 geschälte Papaya (300 g) enthält folgende Nährstoffe und Einheiten:

Wasser	270	g
Kalorien	117	kcal
Eiweiß	1,86	g
Fett	0,43	g
Kohlenhydrate	29,82	g
Vitamine		
Vitamin A	612	RE
Vitamin C	187,8	mg
Thiamin	0,082	mg
Riboflavin	0,097	mg
Niacin	1,028	mg
Mineralien		
Kalium	780	mg
Kalzium	72	mg
Eisen	0,3	mg
Magnesium	31	mg
Phosphor	16	mg
Natrium	8	mg

Auswahl

Papayas sollten grüngelb und fest, aber nicht steinhart sein. Überreife Papayas sind weich und weisen meist Verfallserscheinungen auf.

Vorbereitung

Waschen Sie organische Papayas. Weichen Sie herkömmliche Früchte in einem biologisch abbaubaren Reinigungsmittel (Lieferhinweis s. Seite 81) ein, und spülen Sie sie dann ab. Papayas enthalten kleine schwarze Samen, die zwar eßbar sind, aber ziemlich bitter schmecken. Ich rate Ihnen, die Papaya in der Mitte durchzuschneiden, die Samenkerne zu entfernen und die Frucht in Scheiben zu schneiden.

Papayasaftrezepte

Reiner Papayasaft schmeckt gut. Siehe Apfel-Papaya, Grapefruit-Papaya und Orange-Papaya sowie Enzymcocktail, Affen-Shake und Kalium-Bowle im Kapitel 7.

Papaya-Birne

½ Papaya, entkernt, in Scheiben geschnitten
2 Birnen, in Scheiben geschnitten

Papaya-Ananas

½ Papaya, entkernt, in Scheiben geschnitten
½ Ananas mit Schale, in Scheiben geschnitten

PFIRSICHE UND NEKTARINEN

Der Pfirsich stammt wie viele andere Früchte aus China. Es gibt zahlreiche Pfirsicharten; im wesentlichen unterscheiden sie sich dadurch, wie leicht der Kern sich vom Fruchtfleisch löst.

Die wichtigsten Vorzüge

250 Gramm reiner Pfirsich- oder Nektarinensaft enthält weniger als 100 Kalorien, aber er liefert wichtige Nährstoffe wie Kalium, Karotine, Flavonoide und natürlichen Zucker.

Nährwertanalyse

1 Pfirsich (87 g) enthält folgende Nährstoffe und Einheiten:

Wasser	76,26	g
Kalorien	37	kcal
Eiweiß	0,61	g
Fett	0,08	g
Kohlenhydrate	9,65	g
Vitamine		
Vitamin A	47	RE
Vitamin C	5,7	mg
Thiamin	0,025	mg
Riboflavin	0,036	mg
Niacin	0,861	mg
Mineralien		
Kalium	171	mg
Kalzium	5	mg
Eisen	0,1	mg
Magnesium	6	mg
Phosphor	11	mg
Natrium	0	

Auswahl

Frische Pfirsiche und Nektarinen sind ziemlich fest. Sie reifen zu Hause bei Zimmertemperatur nach, wenn sie nicht ganz reif sind. Die Farbe deutet eher auf die Sorte hin als auf die Reife. Meiden Sie beschädigte und verdorbene Pfirsiche, und bewahren Sie reife Früchte im Kühlschrank auf.

Vorbereitung

Waschen Sie organische Pfirsiche. Weichen Sie herkömmliche Früchte in einem biologisch abbaubaren Reinigungsmittel (Lieferhinweis s. Seite 81) ein, und spülen Sie sie dann ab. Schneiden Sie die Früchte in Hälften, entfernen Sie den Kern (auch abgebrochene Teile), und schneiden Sie das Fruchtfleisch in Stücke.

Pfirsichsaftrezepte

Pfirsichsaft ist dick. Sie können ihn mit Apfel- oder Birnensaft mischen. Siehe Apfel-Aprikose-Pfirsich, Kirsch-

Pfirsich und Orange-Pfirsich sowie im Kapitel 7 Kalium-Bowle.

Pfirsich-Birne

1 Pfirsich, ohne Kern, in Scheiben geschnitten
2 Birnen, in Scheiben geschnitten.

PFLAUMEN UND BACKPFLAUMEN

Pflaumen sind Steinfrüchte wie Pfirsiche und Aprikosen, da sie einen harten Kern oder Stein enthalten, der von weichem Fruchtfleisch unter einer dünnen Haut umhüllt ist. Die Urheimat der Pflaumen sind Asien und Europa. Backpflaumen sind getrocknete Pflaumen, so wie Rosinen getrocknete Weintrauben sind.

Die wichtigsten Vorzüge

Pflaumen und Backpflaumen werden oft wegen ihrer abführenden Wirkung verzehrt. Insofern sind Backpflaumen besser geeignet. Pflaumen sind reich an Karotinen, Flavonoiden, Kalium und Eisen.

Nährwertanalyse

1 Pflaume (65 g) enthält folgende Nährstoffe und Einheiten:

Wasser	56,23	g
Kalorien	36	kcal
Eiweiß	0,52	g
Fett	0,41	g
Kohlenhydrate	8,6	g
Vitamine		
Vitamin A	21	RE
Vitamin C	6,3	mg
Thiamin	0,028	mg
Riboflavin	0,063	mg
Niacin	0,33	mg
Mineralien		
Kalium	113	mg
Kalzium	2	mg
Eisen	0,07	mg
Magnesium	4	mg

Phosphor	7	mg
Natrium	0	

Auswahl

Pflaumen gibt es in verschiedenen Größen und Farben. Sie können klein wie eine Kirsche oder groß wie ein Pfirsich sein und eine grüne, gelbe, blaue oder purpurne Haut haben. Wählen Sie frische Pflaumen nach der typischen Farbe der Sorte aus. Reife Pflaumen sind fest bis leicht weich. Meiden Sie Pflaumen mit braunen Rissen oder bräunlichen Verfärbungen, und kaufen Sie keine zu weichen Pflaumen.

Vorbereitung

Waschen Sie organische Pflaumen. Weichen Sie herkömmliche Früchte in einem biologisch abbaubaren Reinigungsmittel (Lieferhinweis s. Seite 81) ein, und spülen Sie sie dann ab. Backpflaumen weichen Sie 24 Stunden in Wasser ein (2–4 Backpflaumen auf 1 Tasse Wasser) und geben sie dann zusammen mit dem Einweichwasser in den Mixer.

Pflaumensaftrezepte

Siehe die Rezepte Birne-Pflaumen oben und Darmbesen im Kapitel 7.

PREISELBEEREN

Preiselbeeren wachsen wild in Europa, Nordamerika und Asien. Fast die gesamte Preiselbeer-Ernte der Welt kommt jedoch aus den USA. Die meisten Amerikaner assoziieren Preiselbeeren mit dem Erntedankfest und mit dem Festmahl zu Weihnachten; aber immer mehr Leute essen diese Beeren das ganze Jahr über.

Die wichtigsten Vorzüge

Preiselbeeren schmecken ziemlich bitter und werden eher wegen ihres medizinischen Nutzens als wegen ihrer Nährstoffe gegessen. Mehrere klinische Studien belegen, daß Preiselbeeren und ihr Saft recht wirksam bei Blasenentzündungen sind. In einer Studie hatten 0,5 l Preiselbeersaft am Tag eine positive

Wirkung bei 73 % der Versuchspersonen (44 Frauen und 16 Männer) mit akuten Infektionen der Harnwege. Entzog man diesen Patienten den Saft, verschlimmerte sich die Infektion in 61 % der Fälle wieder.[7]

Viele Leute glauben, der Saft der Preiselbeere sei nützlich, weil er den Urin sauer mache und weil einer seiner Bestandteile, die Hippursäure, eine antibakterielle Wirkung habe. Aber das ist wahrscheinlich nicht der Hauptgrund. Um den Urin sauer zu machen, müßte man mindestens einen Liter Preiselbeersaft trinken. Und die Hippursäure im Urin nach dem Trinken des Saftes reicht nicht aus, um Bakterien zu hemmen. Da man eine positive Wirkung feststellte, wenn die Patienten nur 0,5 l Preiselbeersaft am Tag tranken, ist eine andere Erklärung wahrscheinlich.

Neuere Studien belegen, daß bestimmte Verbindungen im Preiselbeersaft die verbreiteten Bakterien E. coli daran hindern, sich in der Blasen- und Harnröhrenschleimhaut festzusetzen. Damit Bakterien eine Entzündung auslösen können, müssen sie erst in die Schleimhaut eindringen. Preiselbeersaft verringert das Infektionsrisiko beträchtlich und hilft dem Körper, die Infektion zu bekämpfen. Das ist die wahrscheinlichste Erklärung für die günstige Wirkung des Preiselbeersaftes bei Blasenentzündung.

Als man sieben Säfte (Preiselbeere, Blaubeere, Grapefruit, Guave, Mango, Orange und Ananas) untersuchte, stellte sich heraus, daß nur Preiselbeer- und Blaubeersaft diese entzündungshemmende Substanz enthalten.[8] Blaubeersaft ist bei Blasenentzündung eine brauchbare Alternative für Preiselbeersaft.

Beachten Sie aber, daß die meisten Preiselbeergetränke auf dem Markt ein Drittel Preiselbeersaft vermischt mit Wasser und Zucker enthalten. Frischer Preiselbeersaft, mit Apfel- oder Traubensaft gesüßt, ist vorzuziehen.

Nährwertanalyse

1 Tasse Preiselbeeren (145 g) enthalten folgende Nährstoffe und Einheiten:

Wasser	122,68	g
Kalorien	82	kcal
Eiweiß	1	g
Fett	0,55	g

Kohlenhydrate	20,49	g
Vitamine		
Vitamin A	15	RE
Vitamin C	18,9	mg
Thiamin	0,07	mg
Riboflavin	0,073	mg
Niacin	0,521	mg
Mineralien		
Kalium	129	mg
Kalzium	9	mg
Eisen	0,24	mg
Magnesium	7	mg
Phosphor	15	mg
Natrium	9	mg

Auswahl

Reife Preiselbeeren sind rundlich, rot, glänzend und fest. Schlechte Beeren sind verschrumpelt, von dumpfer Farbe und weich. Frische Preiselbeeren können Sie mehrere Monate lang im Kühlschrank aufbewahren, ohne daß sie sonderlich Wasser und Nährstoffe verlieren.

Vorbereitung

Waschen Sie organische Preiselbeeren. Weichen Sie herkömmliche Beeren in einem biologisch abbaubaren Reinigungsmittel (Lieferhinweis s. Seite 81) ein, und spülen Sie sie dann ab.

Preiselbeersaftrezepte

Da Preiselbeeren, wie bereits erwähnt, recht bitter sind, ist es am besten, sie mit einer süßeren Frucht zu mischen, zum Beispiel mit Äpfeln oder Weintrauben. Versuchen Sie den Preiselbeer-Drink und den Preiselbeer-Apfel-Saft im Kapitel 7 sowie das folgende Rezept:

Preiselbeer-Birne

1 Tasse Preiselbeeren
2 Birnen, in Scheiben geschnitten

WASSERMELONEN

Wassermelonen stammen aus Afrika, aber sie werden seit alter Zeit auch in Europa und Asien kultiviert. Heute baut man sie in allen Ländern mit tropischem, subtropischem oder gemäßigtem Klima an. Das Fleisch kann rosa, orange, gelb oder weiß sein.

Die wichtigsten Vorzüge

Wassermelonen sind, wie ihr Name verrät, ausgezeichnete Lieferanten von reinem Wasser. Sie sind sehr kalorienarm. Wenn Sie Wassermelonen samt Schale und Kernen entsaften, steigt ihr Nährwert erheblich, da beide Teile besonders reich an Nährstoffen sind. Wassermelonen sind ein hervorragendes Diuretikum (harntreibendes Mittel).

Nährwertanalyse

1 Tasse Wassermelonenwürfel ohne Schale (160 g) enthalten folgende Nährstoffe und Einheiten:

Wasser	146,42	g
Kalorien	50	kcal
Eiweiß	0,99	g
Fett	0,68	g
Kohlenhydrate	11,5	g
Vitamine		
Vitamin A	58	RE
Vitamin C	15,4	mg
Thiamin	0,128	mg
Riboflavin	0,032	mg
Niacin	0,32	mg
Mineralien		
Kalium	186	mg
Kalzium	13	mg
Eisen	0,28	mg
Magnesium	17	mg
Phosphor	14	mg
Natrium	3	mg

Auswahl

Manche Leute klopfen auf Wassermelonen, um festzustellen, ob sie hohl klingen und darum reif sind. Aber diese Methode verspricht keinen Erfolg. Halten Sie nach Melonen Ausschau, die eine glatte Schale haben und am »Bauch« sahnefarben sind. Doch trotz größter Umsicht ist es schwierig, die Qualität einer Wassermelone zu beurteilen, ohne sie aufzuschneiden. Bei geschnittenen Melonen ist festes, saftiges rotes Fleisch mit dunkelbraunen bis schwarzen Kernen ein Indiz für gute Qualität. Weiße Streifen im Fruchtfleisch oder weiße Samen deuten in der Regel auf Unreife hin.

Vorbereitung

Waschen, schrubben und spülen Sie organische Wassermelonen. Weichen Sie herkömmliche Früchte in einem biologisch abbaubaren Reinigungsmittel (Lieferhinweis s. Seite 81) ein, schrubben Sie sie, und spülen Sie sie ab. Schneiden Sie die Melone samt Schale in lange Streifen, die in den Entsafter passen.

Melonensaftrezepte

Den Saft der Wassermelone trinken Sie am besten »pur« oder gemischt mit anderen Melonensäften (siehe Kantaloupe-Melone-Wassermelone).

WEINTRAUBEN

Weintrauben werden seit prähistorischen Zeiten gegessen und seit etwa 7000 Jahren angebaut. Die Weintraube ist die wichtigste kultivierte Frucht auf der Welt. Es gibt drei Hauptsorten: »Alte Welt«, »Nordamerika« und eine Hybride. Die vielseitig verwendbare Sorte »Alte Welt« macht 95 % aller in der Welt angebauten Weintrauben aus und wird für Tafelobst, Rosinen und Wein verwendet. Nordamerikanische Trauben, einschließlich »Concord« und »Niagara« sind auch als kernlose Sorte erhältlich und gut geeignet für Säfte und zum Verzehr, aber nicht als Rosinen. Die Hybride, eine Kreuzung zwischen den beiden anderen, wird vor allem zu Wein verarbeitet.

Die wichtigsten Vorzüge

Weintrauben haben einen ähnlichen Nährwert wie andere Beeren. Wenn Sie Weintrauben mit Kernen entsaften, ist der Nährstoffgehalt noch größer. In Europa wird ein Traubensaft, der reich an Flavonoiden ist, zur Behandlung von Krampfadern und anderen Venenkrankheiten angewandt. Diese Flavonoide sind extrem starke Antioxidantien und können nachweislich Arteriosklerose bessern.[9]

Nährwertanalyse

1 Tasse Weintrauben, »Nordamerika« (90 g), enthalten folgende Nährstoffe und Einheiten:

Wasser	75	g
Kalorien	58	kcal
Eiweiß	0,58	g
Fett	0,32	g
Kohlenhydrate	15,78	g
Vitamine		
Vitamin A	9	RE
Vitamin C	3,7	mg
Thiamin	0,085	mg
Riboflavin	0,052	mg
Niacin	0,276	mg
Mineralien		
Kalium	176	mg
Kalzium	13	mg
Eisen	0,27	mg
Magnesium	5	mg
Phosphor	9	mg
Natrium	2	mg

Auswahl

Weintrauben reifen nach der Ernte nicht nach. Kaufen Sie also Trauben, die eine kräftige Farbe haben, gut am Stiel haften und fest und nicht verschrumpelt sind. Grüne Trauben sind in der Regel am süßesten. Nach dem Kauf sollten Sie die Trauben im Kühlschrank aufbewahren, wo sie mehrere Tage lang frisch bleiben.

Vorbereitung

Waschen Sie organische Weintrauben. Weichen Sie herkömmliche Trauben in einem biologisch abbaubaren Reinigungsmittel (Lieferhinweis s. Seite 81) ein, und spülen Sie sie dann ab.

Weintraubenrezepte

Reiner Traubensaft ist ziemlich süß. Sie können ihn mit Wasser verdünnen oder als Grundlage für eine Limonade oder für Preiselbeersaft verwenden. Siehe das Apfel-Trauben-Zitronen-Rezept oben sowie Ginas süßer Sonnenschein und Preiselbeerdrink im Kapitel 7.

Weintrauben-Grapefruit

1 Tasse Weintrauben
1 Grapefruit, geschält

Weintrauben-Zitronen-Ananas

1 Tasse Weintrauben
½ Zitrone mit Schale
½ Ananas mit Schale, in Scheiben geschnitten

ZITRONEN

Die Heimat der Zitrone liegt irgendwo in Südostasien. Da der Zitronenbaum empfindlicher gegen Frost ist als andere Zitrusfrüchte, ist er am schwersten anzubauen. Dafür trägt er im Gegensatz zu anderen Zitrusbäumen ständig Früchte.

Die wichtigsten Vorzüge

Zitronen sind reich an Vitamin C und Kalium. Der Vitamin-C-Gehalt machte Zitronen einst zu wichtigen Helfern der Seeleute im Kampf gegen Skorbut. Zitronen enthalten zudem eine Substanz namens Limonin, die man verwendet, um Gallensteine aufzulösen, und die sich als sehr vielversprechende krebshemmende Substanz erwiesen hat.[11] Die Kerne und die weißen, schwammigen inneren Teile enthalten am meisten Limonin.

Nährwertanalyse

1 mittelgroße Zitrone ohne Schale (60 g) enthält folgende Nährstoffe und Einheiten:

Wasser	51,61	g
Kalorien	17	kcal
Eiweiß	0,64	g
Fett	0,17	g
Kohlenhydrate	5,41	g
Vitamine		
Vitamin A	2	RE
Vitamin C	30,7	mg
Thiamin	0,023	mg
Riboflavin	0,012	mg
Niacin	0,058	mg
Mineralien		
Kalium	80	mg
Kalzium	15	mg
Eisen	0,35	mg
Magnesium	4	mg
Phosphor	9	mg
Natrium	1	mg

Auswahl

Eine reife Zitrone ist tiefgelb und gibt nicht nach, wenn man sie drückt. Tiefgelbe Zitronen sind meist weniger sauer als hellere oder grüngelbe Sorten; außerdem haben sie gewöhnlich eine dünnere Schale und liefern mehr Saft. Meiden Sie ausgetrocknete, verschrumpelte oder hartschalige Früchte.

Vorbereitung

Waschen Sie organische Zitronen. Weichen Sie herkömmliche Früchte in einem biologisch abbaubaren Reinigungsmittel (Lieferhinweis s. Seite 81) ein, und spülen Sie sie dann ab. Die Schale können Sie verwenden, wenn Sie weniger als eine halbe Zitrone entsaften; andernfalls ist es besser, sie zu schälen (siehe »Grapefruits«).

Zitronensaftrezepte

Reiner Zitronensaft ist in der Regel zu sauer; man muß ihn mit anderen Säften mischen. *Jay Kordich* hat ein hervorragendes Limonadenrezept: Entsaften Sie 4 Äpfel und ¼ Zitrone mit Haut, und gießen Sie das Getränk über Eissplitter. Weitere Rezepte finden Sie unter Apfel-Grapefruit-Zitrone und Weintrauben-Zitronen-Ananas sowie im Kapitel 7 Ginas süßer Sonnenschein, Ginger Ale, Erkältungskiller und Preiselbeer-Apfel-Saft.

Kapitel 6
Das Entsaften von Gemüse

Worin besteht der Unterschied zwischen einem Gemüse und einer Frucht? Im Jahre 1893 hatte der oberste Gerichtshof der USA darüber zu entscheiden. Er urteilte, ein Gemüse sei der eßbare Teil einer Pflanze, der im allgemeinen als Hauptgericht verzehrt werde. Dagegen sei eine Frucht ein Teil einer Pflanze, der im allgemeinen als Vorspeise, Nachspeise oder »aus der Hand« gegessen werde. Zu den Pflanzenteilen, die wir als Gemüse verwenden, gehören Zwiebeln (Speisezwiebel, Knoblauch), Kohl (Brokkoli, Blumenkohl), Früchte (Kürbis, Tomate), Blätter (Spinat, Kopfsalat), Wurzeln (gelbe und rote Rüben), Samen (Bohnen, Erbsen, Mais), Stengel (Sellerie), Stiele (Spargel) und Knollen (Kartoffeln, Yams).

Ein großer Teil der täglichen Kost sollte aus Gemüse bestehen. Die Nationale Akademie der Wissenschaften, das Gesundheitsministerium und das Nationale Krebsinstitut der USA empfehlen pro Person drei bis fünf Portionen Gemüse am Tag. Täglich zwei große Gläser (je ca. 0,25 l) frischen Gemüsesaft zu trinken, dürfte ebenfalls ein ausgezeichneter Rat sein.

Bitte beachten Sie bei der Zubereitung der Gemüse die nachfolgenden Hinweise, und halten Sie sich an die Gebrauchsanleitung für Ihren Entsafter.

ARTISCHOCKEN

Artischocken enthalten Inulin (einen Zucker) in großen Mengen. Inulin ist ein Polysaccharid, also eine Stärke, und wird vom Körper anders verwertet als andere Zuckerarten. Der Körper verwendet es nicht für die Energiegewinnung. Insofern ist die Artischocke überaus wertvoll für Diabetiker. Inulin hilft dem Organismus sogar, den Blutzuckerspiegel zu regulieren. Da der Körper das wichtigste Kohlenhydrat der Artischocke nicht verwertet, ist ihr Kaloriengehalt praktisch gleich null – nur sieben Kalorien pro 100 g.

Auswahl

Frische Artischocken sind fest und haben eine frisch aussehende Haut.

Vorbereitung

Waschen Sie organische Artischocken. Weichen Sie herkömmliche Artischocken in einem biologisch abbaubaren Reinigungsmittel (Lieferhinweis s. Seite 81) ein, und spülen Sie sie dann ab.

Artischockensaftrezepte

Reiner Artischockensaft schmeckt ziemlich streng. Am besten mischen Sie ihn mit Karotten-, Apfel- oder Birnensaft. Siehe auch das Rezept Karotten-Artischocke und Gemüse macht immun im Kapitel 7.

BALSAMAPFEL, bitterer

Der Balsamapfel ist eine tropische Frucht, die in Asien, Afrika und Südamerika häufig angebaut wird. Meist verwendet man die unreife, bitter schmeckende Frucht als Gemüse, aber auch als Hausmittel gegen Diabetes. Möglicherweise ist die reife Frucht auch gegen Leukämie anwendbar.

Die wichtigsten Vorzüge

Der Balsamapfel enthält mehrere Verbindungen, die nachweislich eine antidiabetische Wirkung haben. Die Wissenschaft bestätigt, daß der frische Saft der unreifen Frucht den Blutzuckerspiegel senkt. Obwohl der Balsamapfel die Freisetzung von Insulin an das Blut stimuliert, besteht seine Hauptwirkung wohl darin, die Aufnahme von Glukose durch die Zellen zu fördern. Der Balsamapfel enthält eine Verbindung namens Charantin, die wirksamer ist als das Medikament Tolbutamid, das oft zur Behandlung von Diabetes angewandt wird, weil es den Blutzuckerspiegel senkt. Außerdem enthält der Balsamapfel eine insulinähnliche Verbindung, das Polypeptid P (»pflanzliches Insulin«), das ebenfalls den Blutzuckerspiegel senkt, wenn ein insulinabhängiger Diabetiker es sich injiziert. Da es offenbar weniger Nebenwirkungen hat als Insulin, wird es manchen Patienten als Insulinersatz empfohlen. Vielleicht ist es aber gar nicht notwendig, diese Substanz zu spritzen. Jedenfalls hat die orale Verabreichung von nur 60 Gramm Balsamapfelsaft in klinischen Studien gute Resultate bei Diabetikern erbracht.[2]

Auswahl

Der Balsamapfel ist eine grüne, längliche Frucht, die überall Unebenheiten wie ein Flaschenkürbis hat. Sie sieht wie eine häßliche Gurke aus. Kaufen Sie kleinere Früchte, da Sie den Saft nur in geringen Mengen benötigen. Der Balsamapfel sollte fest wie eine Gurke sein.

Vorbereitung

Waschen Sie organische Balsamäpfel. Weichen Sie herkömmliche Balsamäpfel in einem biologisch abbaubaren Reinigungsmittel (Lieferhinweis s. Seite 81) ein, und spülen Sie sie dann ab. Schneiden Sie sie in kleine Streifen, die in den Entsafter passen.

Balsamapfelsaftrezept

Ich rate Ihnen, den Saft »pur« zu trinken, da es äußerst schwierig ist, den bitteren Geschmack zu überdecken. Sie können immerhin versuchen, ihn mit Karotten-Apfel-Saft zu mischen.

BLUMENKOHL

Blumenkohl hat sich wie Rosenkohl und Brokkoli aus wildem Kohl entwickelt. Man nimmt an, daß er ursprünglich aus Asien kommt; aber in Italien wurde er zu seiner heutigen Form entwickelt.

Die wichtigsten Vorzüge

Blumenkohl ist nicht so nährstoffreich wie viele andere Mitglieder der Kohlfamilie. Seine weiße Farbe ist ein Zeichen dafür, daß er viel weniger Karotine und Chlorophyll enthält. Blumenkohl ist aber reich an Bor, da er in borarmen Böden nicht gut wächst. Auch Blumenkohl wirkt krebshemmend (siehe »Kohl«).

Nährwertanalyse

1 Tasse roher Blumenkohl (100 g), in kleine Stücke geschnitten, enthält folgende Nährstoffe und Einheiten:

Wasser	92,26	g
Kalorien	24	kcal
Eiweiß	2	g
Fett	0,18	g
Kohlenhydrate	4,9	g
Vitamine		
Vitamin A	2	RE
Vitamin C	71,5	g
Thiamin	0,76	mg
Riboflavin	0,057	mg
Niacin	0,63	mg
Vitamin B_6	0,231	mg
Folsäure	66	mcg
Mineralien		
Kalium	355	mg
Kalzium	29	mg
Eisen	0,58	mg
Magnesium	14	mg
Phosphor	46	mg
Natrium	15	mg

Auswahl

Frischer Blumenkohl hat saubere, weiße Blütenköpfe und knackige Blätter. Meiden Sie Blumenkohl mit welken Blättern, schmutzigen Blüten oder Verfallserscheinungen.

Vorbereitung

Waschen Sie organischen Blumenkohl. Weichen Sie herkömmlichen Blumenkohl in einem biologisch abbaubaren Reinigungsmittel (Lieferhinweis s. Seite 81) ein, schrubben Sie ihn, und spülen Sie ihn ab. Schneiden Sie ihn in Stücke, die gut in den Entsafter passen.

Blumenkohlsaftrezepte

Reiner Blumenkohlsaft ist ziemlich stark. Mischen Sie ½ Tasse davon mit Karotten-Apfel-Saft oder dem Energietrunk (siehe Kapitel 7).

BROKKOLI

Brokkoli ist ein Kohlgemüse, das sich aus wildem europäischem Kohl entwickelt hat. Die Römer und später die Italiener verbesserten ihn durch Zucht, und heute wird er auf der ganzen Welt angebaut.

Die wichtigsten Vorzüge

Brokkoli ist eines der nährstoffreichsten Lebensmittel. Eine Tasse Brokkoli liefert Ihnen etwa gleich viel Eiweiß wie eine Tasse Mais oder Reis, enthält aber weniger als ein Drittel ihrer Kalorien. Außerdem ist Brokkoli eine der ergiebigsten Quellen für Vitamin C. Wie die anderen Mitglieder der Familie hat er eine beachtliche krebshemmende Wirkung (siehe »Kohl«), vor allem bei Brustkrebs. Im Brokkoli enthaltene Verbindungen, insbesondere das Indol-3-Carbinol, steigern die Absonderung eines Östrogens, dessen Fehlen mit Brustkrebs im Zusammenhang steht.

Nährwertanalyse

⅔ Tassen Brokkoli (100 g) enthalten folgende Nährstoffe und Einheiten:

Wasser	91,46	g
Kalorien	26	kcal
Eiweiß	2,81	g
Fett	0,29	g
Kohlenhydrate	4,76	g
Vitamine		
Vitamin A	207	RE
Vitamin C	56,4	mg
Thiamin	0,053	mg
Riboflavin	0,096	mg
Niacin	0,47	mg
Vitamin B_6	0,13	mg

Folsäure	67	mcg
Mineralien		
Kalium	212	mg
Kalzium	56	mg
Eisen	0,81	mg
Magnesium	18	mg
Phosphor	50	mg
Natrium	24	mg

Auswahl

Brokkoli sollte dunkelgrün, salbeigrün oder purpurgrün sein, je nach Sorte. Die Stiele und Stangen sollten zart und fest sein. Gelbliche oder welke Blätter deuten darauf hin, daß das Gemüse viel von seinen Nährstoffen verloren hat. Meiden Sie welken, weichen und sichtbar alten Brokkoli.

Vorbereitung

Waschen Sie organischen Brokkoli. Weichen Sie herkömmlichen Brokkoli in einem biologisch abbaubaren Reinigungsmittel (Lieferhinweis s. Seite 81) ein, und spülen Sie ihn dann ab. Schneiden Sie ihn in Streifen, und legen Sie ihn mit dem saftigen Ende nach unten in den Entsafter.

Brokkolisaftrezepte

Brokkolisaft schmeckt besser, wenn Sie ihn mit anderen Säften mischen. Entsaften Sie ½ Tasse Brokkoli, und mischen Sie ihn mit Karotten-Apfel-Saft (siehe Kapitel 7). Probieren Sie auch diese Rezepte im Kapitel 7: Kohl-Überraschung, Hohes C, Ein bißchen von allem und Eisen plus.

Brokkoli-Karotten

1 Brokkolikopf
3 Karotten

Brokkoli-Karotten-Petersilie

1 Brokkolikopf
3 Karotten
½ Tasse Petersilie

FENCHEL

Fenchel gehört wie Sellerie, Karotten und Petersilie zu den Doldenblütlern. Wie viele andere Gemüse wurde der heutige Fenchel in Italien gezüchtet. Im Mittelmeerraum hat er eine lange Geschichte als Heilpflanze. Der Geschmack des Fenchels erinnert an Lakritze.

Die wichtigsten Vorzüge

Fenchel enthält einige wichtige Nährstoffe; aber er wird vor allem wegen seiner medizinischen Wirkung verwendet. Kräuterkundige schreiben ihm folgende Eigenschaften zu:

1. Er löst Krämpfe in den Verdauungsorganen;
2. er lindert Blähungen;
3. er stärkt den Magen;
4. er lindert Schmerzen.

Fenchel enthält Substanzen, die man als pflanzliche Östrogene bezeichnet. Man wendet ihn daher bei vielen Beschwerden an, die hauptsächlich bei Frauen auftreten, vor allem in den Wechseljahren. Fenchel enthält mehr Kumarine als Sellerie und Karotten.

Auswahl

Kaufen Sie Fenchel mit Knolle und Stengel. Er sollte frisch aussehen, und wie beim Sellerie sollten seine Zweige knacken, wenn man sie biegt.

Vorbereitung

Waschen Sie organischen Fenchel. Weichen Sie herkömmlichen Fenchel in einem biologisch abbaubaren Reinigungsmittel (Lieferhinweis s. Seite 81) ein, und spülen Sie ihn dann ab. Zerkleinern Sie die Knolle und die Zweige so, daß sie in den Entsafter passen.

Fenchelsaftrezepte

Reiner Fenchelsaft ist ziemlich stark – es sei denn, Sie mögen Lakritze. Andernfalls mischen Sie ihn mit Karotten, Äpfeln, Birnen oder Sellerie. Siehe die Rezepte Karotten-Fenchel, Sellerie-Fenchel und Sellerie-Fenchel-Petersile in diesem Kapitel sowie Femme fatale und Bauch-Tonikum im Kapitel 7.

GELBE RÜBEN

Siehe unter Karotten.

GRÜNKOHL und andere grüne Gemüse

Grünkohl ist wahrscheinlich der nächste Verwandte des wilden Kohls. Er stammt aus Europa, wo man ihn seit vielen Jahrhunderten anbaut, sowohl als Tischgemüse wie auch als Viehfutter. In den USA wird Grünkohl hauptsächlich an der Ostküste von Delaware bis Florida angebaut. Anderes Grüngemüse aus der Kohlfamilie, zum Beispiel Senfblätter, Steckrübenblätter, Kohlrabi und Brunnenkresse haben ähnliche Vorzüge wie Grünkohl, und Sie können sie untereinander austauschen.

Die wichtigsten Vorzüge

Grüngemüse sind reich an lebenswichtigen Vitaminen und Mineralien, vor allem an Kalzium, Kalium und Eisen. Eine Tasse Grünkohl enthält sogar mehr Kalzium als eine Tasse Milch. Außerdem enthält es fast dreimal soviel Kalzium wie Phosphor. Hoher Phosphorkonsum wird mit Osteoporose in Verbindung gebracht, da er die Kalziumverwertung stört und die Kalziumausscheidung fördert.

Als Mitglieder der Kohlfamilie haben Grüngemüse die gleichen krebshemmenden Eigenschaften (siehe unter Kohl). Sie sind ausgezeichnete Quellen für viele Wirkstoffe, besonders für Farbstoffe wie Karotine und Chlorophyll. Grüngemüse gehören zu den nährstoffreichsten Gemüsen.

Nährwertanalyse

1 Tasse roher Grünkohl (100 g) enthält folgende Nährstoffe und Einheiten:

Wasser	88	g
Kalorien	45	kcal
Eiweiß	5	g
Fett	1	g
Kohlenhydrate	7	g
Vitamine		
Vitamin A	1,066	RE
Vitamin C	102	mg
Thiamin	0,11	mg

Riboflavin	0,2	mg
Niacin	1,8	mg
Vitamin B_6	0,18	mg
Folsäure	183	mcg
Mineralien		
Kalium	243	mg
Kalzium	206	mg
Eisen	1,8	mg
Magnesium	12	mg
Phosphor	64	mg
Natrium	2	mg

Auswahl

Hochwertiger Grünkohl ist frisch, zart und dunkelgrün. Meiden Sie Grüngemüse mit trockenen oder gelben Blättern, Insektenbefall oder Verfallserscheinungen.

Vorbereitung

Spülen Sie organischen Grünkohl ab. Weichen Sie herkömmlichen Grünkohl in einem biologisch abbaubaren Reinigungsmittel (Lieferhinweis s. S. 81) ein, und spülen Sie ihn dann ab. Eine Salatschleuder ist sehr gut geeignet, um die Blätter zu trocknen und auf das Entsaften vorzubereiten. In der Regel können Sie ganze Blätter in den Entsafter legen; zerschneiden müssen Sie nur große Blätter.

Grünkohlsaftrezepte

Es ist schwierig, den Saft des Grünkohls und der anderen Grüngemüse »pur« zu trinken; aber Sie können ihn mit anderen Säften mischen und so ein köstliches und gesundes Getränk bereiten. Siehe die Rezepte Karotten-Grünkohl und Sellerie-Gurke-Grünkohl sowie folgende Rezepte im Kapitel 7: Knochen-Cocktail, Kohl-Überraschung, Grünes Getränk, Eisen plus und Purpurmilch.

GURKEN

Die Gurke ist eine Tropenpflanze, die aus Südostasien stammt. Gurken sind erfrischende Gemüse. Leider werden sie zu einem großen Teil konserviert.

Die wichtigsten Vorzüge

Frische Gurken bestehen hauptsächlich aus Wasser. Die harte Haut der Gurke ist eine hervorragende Quelle für wichtige Mineralien, zum Beispiel Silizium. Silizium stärkt das Bindegewebe, das den Körper zusammenhält. Der »Zement« zwischen den Zellen, die Muskeln, Sehnen und Bänder sowie Knorpel und Knochen bestehen aus Bindegewebe. Ohne Silizium wäre das Bindegewebe nicht leistungsfähig. Gurkensaft wird oft als Siliziumquelle empfohlen, aber auch für eine schönere und gesündere Haut.

Nährwertanalyse

1 rohe Gurke (300 g) enthält folgende Nährstoffe und Einheiten:

Wasser	289	g
Kalorien	39	kcal
Eiweiß	1,63	g
Fett	0,39	g
Kohlenhydrate	8,76	g
Vitamine		
Vitamin A	14	RE
Vitamin C	0,09	mg
Thiamin	0,06	mg
Riboflavin	0,9	mg
Niacin	0,752	mg
Vitamin B_6	0,156	mg
Folsäure	42	mcg
Mineralien		
Kalium	448	mg
Kalzium	42	mg
Eisen	0,84	mg
Magnesium	33	mg
Phosphor	51	mg
Natrium	6	mg

Auswahl

Frische Gurken sind wohlgeformt und mittel- bis dunkelgrün. Meiden Sie welke, verschrumpelte und gelbe Gurken, und versuchen Sie, ungewachste Gurken zu kaufen.

Vorbereitung

Waschen Sie organische Gurken. Weichen Sie herkömmliche Gurken in einem biologisch abbaubaren Reinigungsmittel (Lieferhinweis s. Seite 81) ein, und spülen Sie sie dann ab. Gewachste Gurken sollten Sie schälen.

Gurkensaftrezepte

Reiner Gurkensaft schmeckt nicht sonderlich gut. Am besten mischen Sie ihn mit anderen Säften. In diesem Kapitel finden Sie folgende Saftmischungen, die Gurkensaft enthalten: Karotten-Gurke-Petersilie, Sellerie-Gurke, Sellerie-Gurke-Petersilie, Sellerie-Gurke-Petersilie-Spinat und Sellerie-Gurke-Grünkohl. Rezepte im Kapitel 7 sind: Kühlende Gurke, Ein bißchen von allem, Salat im Glas und Super V-7.

Gurke-Tomaten-Petersilie

½ Gurke
2 Tomaten, geviertelt
½ Tasse Petersilie

Gurke-Tomaten-Brunnenkresse

½ Gurke
2 Tomaten, geviertelt
1 Büschel Brunnenkresse

INGWER

Früher wurde Ingwer vor allem bei Verdauungsbeschwerden angewandt. Er gilt als ausgezeichnetes Mittel gegen Blähungen und Magen-Darm-Krämpfe.

Neuere Doppelblindstudien liefern eine Erklärung für diese Eigenschaften des Ingwers. Sie zeigen, daß er der Seekrankheit wirksam vorbeugt.[8] In einer Studie erwies sich Ingwer sogar als wesentlich wirksamer als Dramamin, ein häufig benutztes, frei verkäufliches Medikament gegen Seekrankheit. Ingwer lindert alle Symptome der Seekrankheit: Benommenheit, Übelkeit, Erbrechen und kalten Schweiß.

Man wendet Ingwer auch bei Übelkeit und Erbrechen in der Schwangerschaft an. Kürzlich wurde bestätigt, daß er selbst bei Hyperemesis gravidarum, der schwersten Form der »Morgenkrankheit« (Schwangerschaftserbrechen) nützlich ist.[9] Diese Krankheit muß normalerweise im Krankenhaus behandelt werden. 250 mg Ingwerwurzelpulver, viermal am Tag verabreicht, reduzieren sowohl die Übelkeit als auch den Brechreiz.

Ingwer hat sich außerdem als wirksames Mittel gegen die entzündungsfördernden Verbindungen Prostaglandin und Thromboxan erwiesen. Das erklärt, warum Ingwer seit langem als Entzündungshemmer gilt. Er ist aber auch ein starkes Antioxidans und enthält eine Protease (ein eiweißverdauendes Enzym), die bei Entzündungen anscheinend eine ähnliche Wirkung wie das Bromelin hat.

In einer klinischen Studie wurden sieben Patienten mit rheumatoider Arthritis, denen Medikamente nur zeitweilig oder teilweise geholfen hatten, mit Ingwer behandelt. Ein Patient nahm täglich 50 g leicht gekochten Ingwer, die anderen sechs nahmen entweder 5 g frischen Ingwer oder 0,1 bis 1 g Ingwerpulver am Tag. Alle Patienten berichteten von einer erheblichen Besserung: Sie hatten weniger Schmerzen, die Gelenke wurden beweglicher, und sie litten seltener an Schwellungen und Steifheit am Morgen.[10] Wie Knoblauch senkt auch Ingwer nachweislich den Serumcholesterinspiegel und verbessert die Leberfunktion.

Obwohl bei den meisten wissenschaftlichen Studien Ingwerwurzelpulver benutzt wurde, nimmt man an, daß frische Ingwerwurzel in vergleichbarer Dosierung noch wirksamer ist, weil sie aktive Enzyme enthält. Gewöhnlich wurde ein Gramm Ingwerwurzelpulver verabreicht. Das entspricht etwa 10 g frischer Ingwerwurzel – etwa eine Scheibe mit 0,6 cm Durchmesser.

Auswahl

Frischen Ingwer können Sie in den meisten Supermärkten kaufen. Die bronzene Wurzel sollte frisch aussehen und keine Zeichen des Verderbs aufweisen (weiche Stellen, Schimmel oder trockene, verschrumpelte Haut). Bewahren Sie frischen Ingwer im Kühlschrank auf.

Vorbereitung

Schneiden Sie die gewünschte Menge Ingwer in Scheiben, und geben Sie sie in den Entsafter, am besten vor anderen Gemüsen oder Früchten.

Ingwersaftrezepte

Siehe die folgenden Rezepte im Kapitel 7: Apfel mit Würze, Cholesterinsenker, Verdauungstrunk, Don Juan, Ginger Ale, Schwung durch Ingwer, Gemüse macht immun, Erkältungskiller, Ananas-Ginger Ale und Bauchstraffer. Im Kapitel 5 finden Sie das Rezept Apfel-Birne-Ingwer.

JICAMA

Jicama (ausgesprochen »Chie-ka-ma«) ist ein steckrübenähnliches Wurzelgemüse, das aus Mexiko und Mittelamerika stammt.

Die wichtigsten Vorzüge

Jicama ist wegen seines hohen Wassergehaltes hervorragend zum Entsaften geeignet. Wie die meisten Wurzelgemüse enthält es besonders viel Kalium. Jicama schmeckt ähnlich wie die chinesische Wasserkastanie. Viele orientalische Restaurants ersetzen die teureren Wasserkastanien durch Jicama.

Auswahl

Jicamas von guter Qualität sind fest und schwer für ihre Größe. Verschrumpelte, weiche oder ungewöhnlich große Jicamas sind wahrscheinlich zäh und holzig und enthalten weniger Wasser.

Vorbereitung

Waschen Sie organische Jicamas. Weichen Sie herkömmliche Jicamas in einem biologisch abbaubaren Reinigungsmittel (Lieferhinweis s. Seite 81) ein, schrubben Sie sie, und spülen Sie sie ab. Schneiden Sie die Wurzel in Stücke, die in den Entsafter passen.

Jicamasaftrezepte

Reiner Jicamasaft ist zu stark. Siehe Karotten-Jicama sowie Jicama-Karotten-Apfel im Kapitel 7.

KAROTTEN

Als Urheimat der Karotte gelten der Nahe Osten und Asien. Die frühen Sorten waren meist purpurn und schwarz. Die heutige Karotte (gelbe Rübe) ist offensichtlich eine Mutation, der bestimmte Farbstoffe fehlen. Heute werden Karotten auf der ganzen Welt angebaut.

Die wichtigsten Vorzüge

Die Karotte ist die »Königin« der Gemüse. Unter den wichtigsten Gemüsesorten ist sie die beste Quelle für Karotine mit Provitamin-A-Charakter. Wie Sie in der nachfolgenden Tabelle sehen, enthalten zwei Karotten etwa 4050 Retinoleinheiten, etwa das Vierfache der »empfohlenen Tagesmenge« für Vitamin A. Doch im Gegensatz zu Vitamin A in hohen Dosen sind Beta-Karotin und die anderen in Karotten enthaltenen Karotine ungiftig. Karotten sind auch reich an vielen anderen Nähr- und Wirkstoffen; aber am meisten wird über ihren Karotingehalt gesprochen. Aus umfangreichen Studien läßt sich schließen, daß schon eine Karotte am Tag die Zahl der Lungenkrebsfälle halbieren könnte.[6]

Nährwertanalyse

2 rohe Karotten (150 g) enthalten folgende Nährstoffe und Einheiten:

Wasser	126	g
Kalorien	62	kcal
Eiweiß	1,5	g
Fett	0,28	g
Kohlenhydrate	14,6	g
Vitamine		
Vitamin A	4050	RE
Vitamin C	13,4	mg
Thiamin	0,14	mg
Riboflavin	0,84	mg
Niacin	1,3	mg
Vitamin B_6	0,2	mg
Folsäure	20	mcg
Mineralien		
Kalium	466	mg

Kalzium	38	mg
Eisen	0,72	mg
Magnesium	22	mg
Phosphor	64	mg
Natrium	50	mg

Auswahl

Karotten sollten frisch, fest und glatt aussehen und eine kräftige Farbe haben. Meiden Sie Karotten mit Rissen, Schäden oder Schimmel.

Vorbereitung

Waschen Sie organische Karotten. Weichen Sie herkömmliche Karotten in einem biologisch abbaubaren Reinigungsmittel (Lieferhinweis s. Seite 81) ein, schrubben Sie sie, und spülen Sie sie ab. Die Blätter schneiden Sie am besten ab; zumindest sollten Sie nicht mehr als ein paar Karottenblätter entsaften, da sie reichlich Verbindungen enthalten, die im Körper mit Sonnenlicht reagieren und zu schwerem Sonnenbrand oder zu Hautausschlägen führen können. Stecken Sie die Karotten mit dem dicken Ende nach unten in den Entsafter, damit sie nicht steckenbleiben.

Karottensaftrezepte

Karottensaft ist einer der beliebtesten Säfte, weil er »pur« köstlich schmeckt. Sein süßes Aroma macht ihn zu einer wertvollen Ergänzung für viele bittere Gemüsesäfte. Karottensaft ist Bestandteil folgender Rezepte: Brokkoli-Karotten, Brokkoli-Karotten-Sellerie, Brokkoli-Karotten-Petersilie, Kohl-Karotten, Kohl-Karotten-Sellerie, Kohl-Karotten-Petersilie, Rosenkohl-Karotten-Spinat, Spargel-Karotten-Sellerie, Rüben-Karotten, Rüben-Karotten-Sellerie, Rüben-Karotten-Petersilie, Rüben-Karotten-Paprika, Rüben-Karotten-Spinat.

In Kapitel 7 finden Sie ebenfalls viele Rezepte mit Karotten: Cholesterinsenker, Ein bißchen von allem, Eisen plus, Energietrunk, Entschlackungs-Cocktail, Gemüse macht immun, Harntreiber, Jicama-Karotten-Apfel, Kalium-Tonikum, Kohl-Überraschung, Karotten-Apfel-Saft, Knochen-Cocktail, Lebersaft, Lieber rot als tot, Popeyes Kraftgetränk, Schwung durch Ingwer, Super V-7 und Vitamin U.

Karotten-Blumenkohl
4 Karotten
1 Tasse Blumenkohl

Karotten-Sellerie
4 Karotten
2 Selleriestangen

Karotten-Sellerie-Petersilie
4 Karotten
3 Selleriestangen
½ Tasse Petersilie

Karotten-Gurken-Petersilie
4 Karotten
½ Gurke
½ Tasse Petersilie

Karotten-Löwenzahn
5 Karotten
½ Tasse Löwenzahnblätter

Karotten-Löwenzahnwurzel
4 Karotten
1 Löwenzahnwurzel

Karotten-Löwenzahn-Spinat
4 Karotten
1 Löwenzahnwurzel
½ Tasse Spinat

Karotten-Fenchel
4 Karotten
½ Fenchelknolle

Karotten-Artischocke
4 Karotten
1 Tasse Artischocken

Karotten-Jicama
5 Karotten
½ Tasse Jicama

Karotten-Grünkohl
5 Karotten
3 Grünkohlblätter

Karotten-Lauch-Petersilie
4 Karotten
1 Lauch
1 Tasse Petersilie

Karotten-Kopfsalat
4 Karotten
1 Kopfsalat, in Stücke zerpflückt

Karotten-Zwiebel-Petersilie
4 Karotten
½ Zwiebel
1 Tasse Petersilie

Karotten-Paprika
5 Karotten
½ grüne oder rote Paprikaschote

Karotten-Radieschen
4 Karotten
2 Radieschen mit Blättern

Karotten-Spinat
5 Karotten
1 Tasse Spinat

Karotten-Steckrübe
4 Karotten
1 Steckrübe mit Blättern

Karotten-Weizengras
5 Karotten
½ Tasse Weizengras

Karotten-Süßkartoffel
4 Karotten
½ Süßkartoffel

KARTOFFELN

Kartoffeln gehören zu den Nachtschattengewächsen (Solanaceae) und stammen aus den Anden in Peru und Bolivien, wo sie seit über 7000 Jahren angebaut werden. Anfang des 16. Jahrhunderts brachten spanische Forscher die Kartoffel nach Europa. Die winterharte Pflanze wurde in Irland besonders beliebt, da die Bevölkerung dort im 19. Jahrhundert gewaltig wuchs und die Wirtschaft gleichzeitig einen Niedergang erlebte. Da 60 Ar Ackerland genügend Kartoffeln hervorbringen können, um eine fünfköpfige Familie ein Jahr lang zu ernähren, wurden die meisten irischen Familien von der Knolle abhängig. Heute werden auf der Welt mehrere hundert Kartoffelsorten angebaut. Zum Entsaften sind die roten und rotbraunen Sorten am besten geeignet.

Die wichtigsten Vorzüge

Kartoffeln sind eine ausgezeichnete Quelle für viele Nährstoffe einschließlich Kalium und Vitamin C. Kartoffeln sind kalorienarm – eine mittelgroße Kartoffel hat nur 115 Kalorien. Leider essen die meisten Leute Bratkartoffeln, Kartoffelchips oder gebackene Kartoffeln mit Butter oder saurer Sahne. Kartoffeln enthalten auch hochwertiges Eiweiß, etwa ebensoviel wie Reis oder Mais, aber einschließlich der essentiellen Aminosäure Lysin, die in Körnern oft fehlt. Wie die anderen Nachtschattengewächse können Kartoffeln bei einigen Menschen eine Arthritis verschlimmern.

Noch eine interessante Randbemerkung: Ein Verband aus gekochten Kartoffelschalen kann in Ländern der dritten Welt eine wirksame Therapie bei Hautverletzungen sein, wenn moderne Methoden nicht verfügbar sind. Erste Studien in einer Kinderklinik in Bombay haben gezeigt, daß dieser Verband die Heilung fördert und die Infektion von Brandwunden verhindert. Dabei wurden gekochte Kartoffelschalen mit den üblichen Mullbandagen auf der Haut befestigt. Die Patienten hatten weniger Schmerzen, und die Ärzte stellten fest, daß Entzündungen seltener auftraten und daß die Wunden schneller heilten.[12]

Auswahl

Verwenden Sie nur Kartoffeln von guter Qualität. Sie sollten fest sein und die typischen Merkmale ihrer Sorte aufweisen. Meiden Sie welke, lederne oder verfärbte Knollen, vor allem jene mit grüner Haut.

Vorbereitung

Waschen Sie organische Kartoffeln. Weichen Sie herkömmliche Knollen in einem biologisch abbaubaren Reinigungsmittel (Lieferhinweis s. Seite 81) ein, schrubben Sie sie, und spülen Sie sie ab. Schneiden Sie die Knollen in Stücke, die in den Entsafter passen.

Kartoffelsaftrezepte

Reiner Kartoffelsaft ist ziemlich streng und wird schnell schwarz, wenn man ihn nicht sofort trinkt. Wenn Sie wollen, können Sie den Saft einer Kartoffel folgenden Rezepten im Kapitel 7 beigeben: Karotten-Apfel-Saft, Energietrunk und Schwung durch Ingwer.

KOHL

Zur Familie der Kohlgewächse (sie sind Kreuzblütler) gehören Weißkohl, Brokkoli, Blumenkohl, Rosenkohl, Grünkohl, Senf, Rettich, Radieschen, Steckrüben, weiße Rüben und andere verbreitete Gemüsearten. Dieser Familie wird große Aufmerksamkeit zuteil, weil sie beachtliche krebshemmende Eigenschaften hat.

Der heutige Kohl hat sich aus wildem Kohl entwickelt, den umherziehende Kelten um 600 v. Chr. aus Asien nach Europa brachten. Danach breitete sich der Kohl als Feldfrucht überall in Mitteleuropa (Deutschland, Polen, Rußland, Österreich) aus, weil er das kühle Klima gut verträgt, große Erträge bringt und über Winter in kalten Kellern gelagert werden kann.

Es gibt zahlreiche Kohlarten, darunter verschiedene Grün- und Rotkohlsorten. Kohl wird heute in allen Ländern der Nordhalbkugel angebaut.

Die wichtigsten Vorzüge

Kohlgewächse haben zahlreiche gesundheitliche Vorzüge. Sie enthalten Nährstoffe in größeren Mengen, darunter Vitamin C, Kalium, Kalzium und Eisen. Wichtiger als der Nährstoffgehalt dürfte aber der Gehalt an Wirkstoffen sein. Die Kohlarten enthalten mehr krebhemmende Substanzen als alle anderen Gemüse. Nach Auffassung der Amerikanischen Krebsgesellschaft lautet eines der besten Rezepte gegen Krebs: Essen Sie regelmäßig Kohlgemüse, zum Beispiel Weißkohl, Brokkoli, Rosenkohl oder Blumenkohl.[3]

Krebshemmende Wirkstoffe im Kohl

Wirkstoff	Wirkungsweise
Dithioltione	Antioxidantien, entgiftend
Glukosinolate	Antioxidantien, entgiftend
Indole	Antioxidantien, entgiftend; verbessern den Östrogenstoffwechsel
Isothiocyanate	krebshemmend
Cumarine	blockieren krebserregende Verbindungen
Phenole	entgiftend; verhindern die Bildung von Karzinogenen.

Wie Sie aus der Tabelle ersehen, handelt es sich bei den Wirkstoffen im Kohl vor allem um Antioxidantien und um Substanzen, die dem Körper helfen, schädliche Chemikalien und Hormone abzubauen und auszuscheiden. Die krebshemmende Wirkung der Kohlgemüse ist durch wissenschaftliche Studien belegt. Je mehr Kohl eine Bevölkerungsgruppe verzehrt, desto seltener erkrankt sie an Krebs. Das gilt vor allem für Brust- und Dickdarmkrebs.[4]

Frischer Kohlsaft ist außerdem überaus wirksam bei der Behandlung von Magen- und Darmgeschwüren. Er wirkt meist in weniger als sieben Tagen (siehe Kapitel 8).[4]

Die Kohlarten enthalten Goitrogene, Verbindungen, die unter bestimmten Umständen die Funktion der Schilddrüsenhormone stören können, besonders bei Jodmangel. Die meisten Goitrogene sind Isothiocyanate, die die Jodverwertung hemmen. Es gibt jedoch keine Beweise dafür, daß diese Verbindungen die Schilddrüsenfunktion in nennenswertem Umfang beeinträchtigen, wenn die Jodzufuhr über die Nahrung ausreichend ist. Darum ist es ratsam, jodreiche Lebensmittel zu essen, wenn man Kohl in größeren Mengen (mehr als vier Portionen am Tag) zu sich nimmt. Jod ist in Algen sowie in Gemüsen, die in Meeresnähe angebaut wurden, und in Meeresfrüchten, jodiertem Salz und Ergänzungspräparaten enthalten. Steckrüben und weiße Rüben enthalten am meisten Goitrogene.

Nährwertanalyse

½ Kohlkopf enthält folgende Nährstoffe und Einheiten:

Wasser	420	g
Kalorien	108	kcal
Eiweiß	5,5	g
Fett	0,82	g
Kohlenhydrate	24,4	g
Vitamine		
Vitamin A	57	RE
Vitamin C	215	mg
Thiamin	0,23	mg
Riboflavin	0,14	mg
Niacin	1,4	mg
Vitamin B_6	0,43	mg
Folsäure	207	mcg

Mineralien

Kalium	1116	mg
Kalzium	212	mg
Eisen	2,5	mg
Magnesium	67	mg
Phosphor	110	mg
Natrium	82	mg

Auswahl

Kohl sollte frisch aussehen und knackig sein, ohne Anzeichen des Verderbs oder Madenbefalls aufzuweisen.

Vorbereitung

Waschen Sie organischen Kohl. Weichen Sie herkömmlichen Kohl in einem biologisch abbaubaren Reinigungsmittel (Lieferhinweis s. Seite 81) ein, und spülen Sie ihn dann ab. Schneiden Sie den Kohl in dünne Stücke, die in den Entsafter passen.

Kohlsaftrezepte

Reiner Kohlsaft ist ziemlich stark. Siehe die Rezepte unten sowie Kohl-Überraschung, Purpurmilch und Vitamin U im Kapitel 7.

Kohl-Karotten

½ Kohlkopf, in Stücke geschnitten
3 Karotten

Kohl-Karotten-Sellerie

½ Kohlkopf, in Stücke geschnitten
3 Karotten
2 Selleriestangen

Kohl-Karotten-Petersilie

½ Kohlkopf, in Stücke geschnitten
3 Karotten
½ Tasse Petersilie

KNOBLAUCH

Knoblauch gehört zu den Liliengewächsen und wird auf der ganzen Welt angebaut. Die Knoblauchknolle enthält einzelne

»Zehen«, die eine papierartige Haut umhüllt. Die Menschen wenden Knoblauch seit Urzeiten gegen zahlreiche Krankheiten und Beschwerden an. In Sanskrithandschriften sind Rezepte mit Knoblauch festgehalten, die etwa 5000 Jahre alt sind. Die Chinesen verwenden Knoblauch seit mindestens 3000 Jahren. Der Kodex Ebers, ein ägyptischer Papyrus aus dem Jahr 1550 v. Chr., erwähnt Knoblauch als wirksames Heilmittel bei verschiedenen Leiden. *Hippokrates, Aristoteles* und *Plinius* nennen zahlreiche therapeutische Anwendungsmöglichkeiten für den Knoblauch. Auf der ganzen Welt wird Knoblauch zur Behandlung von Husten, Zahnweh, Ohrenschmerzen, Schuppen, Bluthochdruck, Arteriosklerose, Hysterie, Durchfall, Dysenterie (Dickdarmstörung, Dickdarmentzündung), Diphtherie, Vaginitis (Scheidenentzündung) und vielen anderen Krankheiten angewandt.

Geschichten, Sprüche und der Volksglauben zeugen von der Kraft des Knoblauchs (bekanntlich schreckt er unter anderem Vampire ab!). *Sir John Harrington* faßt die Vorzüge und Nachteile des Knoblauchs in seinem Buch »The Englishman's Doctor« (Der Arzt des Engländers, 1609) so zusammen:

»Knoblauch hat oft sogar den Tod verjagt.
Erdulde ihn, selbst wenn der Atem stinkt.
Und schmäh ihn nicht, auch wenn manch einer sagt,
Daß er allein Gestank und Tränen bringt.«

Die wichtigsten Vorzüge

Knoblauch hat viele therapeutische Anwendungsmöglichkeiten. Trotz seines Geruchs sollten ihn vor allem Menschen essen, die einen hohen Cholesterinspiegel haben oder an Herzkrankheiten, Bluthochdruck, Diabetes, Candidiasis, Asthma, Infektionen (besonders der Atemwege) und Verdauungsstörungen leiden.

Viele Studien belegen, daß Knoblauch den Serumcholesterinspiegel insgesamt senkt, aber den Serum-HDL-Cholesterinspiegel erhöht. HDL-Cholesterin (HDL steht für »high density lipoproteins«, Lipoproteine hoher Dichte) wird oft als »gutes Cholesterin« bezeichnet, weil es vor Herzkrankheiten schützt. In vielen Studien wurde außerdem nachgewiesen, daß Knoblauch den systolischen Blutdruck um 20 – 30 mm Hg und den diastolischen Blutdruck um 10 – 20 mm Hg senkt.

1979 stellte eine Studie über drei Gruppen von Jainas zahlreiche günstigen Wirkungen (siehe unten) bei der Gruppe fest, die am meisten Knoblauch und Zwiebeln verzehrte.[7] Die Studie ist bedeutsam, weil die Versuchspersonen sich abgesehen vom Knoblauch- und Zwiebelkonsum nahezu gleich (nämlich vegetarisch) ernährten.

Wirkungen des Knoblauch- und Zwiebelverzehrs auf die Serumlipidwerte bei im übrigen gleicher Ernährungsweise

Knoblauch-Zwiebel-Konsum	Cholesterinspiegel	Triglyceridspiegel
Knoblauch 50 g/Wo. Zwiebeln 600 g/Wo.	159 mg/dl	52 mg/dl
Knoblauch 10 g/Wo. Zwiebeln 200 g/Wo.	172 mg/dl	75 md/dl
kein Knoblauch, keine Zwiebeln	208 mg/dl	109 mg/dl

Weitere Befunde über Knoblauch:
- Er senkt den Blutzuckerspiegel bei Diabetikern.
- Er hilft, Schwermetalle (z.B. Blei) auszuscheiden.
- Er fördert die Entgiftung.
- Er stärkt das Immunsystem.
- Er schützt vor Krebs.
- Er hemmt Bakterien und Pilze.
- Er tötet Eingeweidewürmer.

Es würde den Rahmen dieses Buches sprengen, alle erstaunlichen Eigenschaften dieser wirklich bemerkenswerten Arzneipflanze im einzelnen zu beschreiben. Über Knoblauch wurden ganze Bücher verfaßt.

Die Wirkung des Knoblauchs wird zu einem großen Teil seinen flüchtigen Ölen zugeschrieben. Sie bestehen aus schwefelhaltigen Verbindungen: Allicin*, Diallyldisulfid, Diallyltrisulfid und anderen. Weitere Bestandteile des Knoblauchs sind unter anderem sonstige schwefelhaltige Verbindungen, Spurenele-

* genauer Alliin, aus dem beim Zerkleinern Allicin (richtiger Alliciin) wird.

mente (vor allem Selen und Germanium), Glukosinolate und Enzyme in größeren Mengen. Das Allicin ist in erster Linie für den durchdringenden Geruch der Knolle verantwortlich.

Viele der therapeutisch wirksamen Substanzen im Knoblauch werden durch Kochen zerstört. Darum sollten Sie frischen, rohen Knoblauch vorziehen. Wenn Sie eine medizinische Wirkung erzielen wollen, sollten Sie mindestens drei Knoblauchzehen am Tag essen. Diese Menge ist auch zur Vorbeugung gegen mancherlei Beschwerden zu empfehlen.

Auswahl

Kaufen Sie frischen Knoblauch. Meiden Sie Knoblauch, der weich ist, Verfallserscheinungen aufweist (z.B. Schimmel oder dunkle Flecken) oder zu keimen begonnen hat.

Vorbereitung

Nehmen Sie die Zehen aus der Knolle, und wickeln Sie sie in ein grünes Gemüse, zum Beispiel in Petersilie. Damit erreichen Sie zweierlei:

1. Der Knoblauch kann nicht aus dem Entsafter springen;
2. das Chlorophyll mildert den Geruch.

Am besten entsaften Sie den Knoblauch zuerst, so daß die anderen Gemüse den Geruch aus dem Gerät entfernen können.

Knoblauchsaftrezepte

Sie können dem Energietrunk im Kapitel 7 Knoblauch beigeben. Siehe auch Cholesterinsenker und Saft und Kraft fürs Immunsystem im Kapitel 7.

KOPFSALAT

Die Urheimat des Kopfsalats ist das Mittelmeergebiet. Er gehört zur selben Familie (Compositae) wie Maßliebchen und Sonnenblumen. Schon die alten Griechen und Römer priesen den Kopfsalat als Heilpflanze. *Augustus* ging so weit, ihm zu Ehren eine Statue errichten zu lassen, weil er glaubte, er habe ihm geholfen, von einer Krankheit zu genesen. Kopfsalat ist eine unserer wichtigsten Garten- und Feldpflanzen; es gibt ihn in zahlreichen Sorten, zum Beispiel Eisbergsalat und römischer Salat.

Die wichtigsten Vorzüge

Im allgemeinen gilt: Je dunkler der Salat ist, desto größer ist sein Nährwertgehalt.

Nährwertanalyse

1 Kopf roher Eisbergsalat enthält folgende Nährstoffe und Einheiten:

Wasser	517	g
Kalorien	70	kcal
Eiweiß	5,4	g
Fett	1	g
Kohlenhydrate	11,26	g
Vitamine		
Vitamin A	178	RE
Vitamin C	21	mg
Thiamin	0,25	mg
Riboflavin	0,16	mg
Niacin	1	mg
Vitamin B_6	0,22	mg
Folsäure	301	mcg
Mineralien		
Kalium	852	mg
Kalzium	102	mg
Eisen	2,7	mg
Magnesium	48	mg
Phosphor	108	mg
Natrium	48	mg

Auswahl

Guter Kopfsalat ist frisch, knackig und frei von Zeichen des Verfalls. Meiden Sie Kopfsalat mit rostfarbenen Flecken oder anderen Symptomen, die auf beginnenden Verderb hinweisen. Bewahren Sie Kopfsalat am besten in einer Salatkugel auf (Lieferant Bionika, Ritterhude), wo er bis zu einer Woche knackig frisch bleibt.

Vorbereitung

Waschen Sie organischen Kopfsalat. Weichen Sie herkömmlichen Kopfsalat in einem biologisch abbaubaren Reinigungsmittel (Lieferhinweis s. Seite 81) ein, und spülen Sie ihn dann ab. Eine Salatschleuder ist hervorragend geeignet, um die Blätter zu trocknen und auf das Entsaften vorzubereiten. Zerrupfen Sie den Kopfsalat in Stücke, oder stecken Sie die ganzen Blätter in den Entsafter. Wenn nötig, falten Sie die Blätter. Sorten mit dunkleren Blättern eignen sich am besten.

Kopfsalatrezepte

Sie können Kopfsalat vielen Rezepten beigeben, die Sie im Kapitel 7 finden, unter anderem dem Karotten-Apfel-Saft, dem Energietrunk und dem Salat im Glas, um nur einige wenige zu nennen. Siehe auch Karotten-Kopfsalat und Sellerie-Kopfsalat-Spinat in diesem Kapitel.

LAUCH

Lauch ist mit der Zwiebel und dem Knoblauch verwandt. Allerdings essen wir vom Lauch eher die Blätter und den Stengel als die lange, dünne Knolle.

Die wichtigsten Vorzüge

Lauch hat ähnliche Vorzüge wie Zwiebel und Knoblauch, wenngleich weniger ausgeprägt. Das bedeutet, daß Sie Lauch in größeren Mengen essen müssen, um Wirkungen zu erzielen, die denen der Zwiebel und des Knoblauchs vergleichbar sind. Wahrscheinlich kann auch der Lauch den Cholesterinspiegel senken, das Immunsystem stärken und Krebs hemmen.

Nährwertanalyse

½ Tasse roher Lauch (100 g) enthält folgende Nährstoffe und Einheiten:

Wasser	82	g
Kalorien	90	kcal
Eiweiß	2,2	g
Fett	0,3	g
Kohlenhydrate	11,2	g
Vitamine		
Vitamin A	60	RE
Vitamin C	17	mg

Thiamin	0,11	mg
Riboflavin	0,06	mg
Niacin	0,5	mg
Vitamin B_6	0,05	mg
Folsäure	20	mcg
Mineralien		
Kalium	347	mg
Kalzium	50	mg
Eisen	1,1	mg
Magnesium	6	mg
Phosphor	50	mg
Natrium	5	mg

Auswahl

Lauch sollte breite, dunkle, feste Blätter haben. Der »Hals« sollte dicht und weiß sein und an der Basis einen Durchmesser von etwa zweieinhalb Zentimetern haben. Meiden Sie Lauch mit gelben, welken oder verfärbten Blättern.

Vorbereitung

Waschen Sie organischen Lauch. Weichen Sie herkömmlichen Lauch in einem biologisch abbaubaren Reinigungsmittel (Lieferhinweis s. Seite 81) ein, und spülen Sie ihn dann ab. Schneiden Sie den Lauch der Länge nach in Stücke, die in den Entsafter passen.

Lauchsaftrezepte

Reiner Lauchsaft ist ziemlich streng. Am besten mischen Sie ihn mit schmackhafteren Säften wie Karotten-Apfel-Saft (siehe Kapitel 7). Ein Rezept für Karotten-Lauch-Petersilien-Saft finden Sie im Abschnitt über Karotten.

LÖWENZAHN

Löwenzahn ist eine perennierende (mehrjährige) Pflanze, die fast überall auf der Welt wächst. Viele Leute halten ihn für ein unerwünschtes Unkraut; aber Kräuterkundige schätzen dieses wertvolle Kraut. Ihren Namen hat die Pflanze bekommen, weil ihre gezackten Blätter an die Zähne des Löwen erinnern. Der wissenschaftliche Name, »Taraxacum«, ist vom griechischen »taraxos« (Unordnung) und »akos« (Heilmittel) abgeleitet. Das erinnert daran, daß der Löwenzahn eine positive Wirkung bei zahlreichen Beschwerden hat.

Löwenzahn wird überall auf der Welt seit langem in der Volksmedizin angewandt. In Europa verabreicht man Löwenzahn bei Fieber, Furunkeln, Augenbeschwerden, Durchfall, Ödemen, Leberstau, Sodbrennen und verschiedenen Hautkrankheiten. In China verwendet man ihn bei Krankheiten der Brust (Krebs, Entzündungen und Milchmangel), Leberkrankheiten, Appendizitis und Verdauungsstörungen. In Indien, Rußland und anderen Teilen der Welt gilt er vor allem als Lebermittel.

Die wichtigsten Vorzüge

Löwenzahn ist reich an Nährstoffen und anderen Verbindungen, welche die Leberfunktion unterstützen, die Gewichtsabnahme fördern und eine harntreibende Wirkung haben. Löwenzahn ist ein wertvolleres Gemüse als viele Gartenpflanzen. Er ist besonders reich an Vitaminen, Mineralien, Eiweiß, Cholin, Inulin und Pektin. Sein Karotingehalt ist extrem hoch; er enthält mehr Vitamin A als Karotten: 14 000 I. E. (Internationale Einheiten) pro 100 g im Vergleich zu 11 000 I. E. in Karotten. Löwenzahn ist ein äußerst nützliches Lebensmittel und eine reiche Quelle für gesundheitsfördernde Substanzen. Sowohl die Blätter als auch die Wurzel eignen sich für beide Zwecke.

Die Löwenzahnwurzel gilt als eines der besten Lebermittel. Studien an Tieren und Menschen haben gezeigt, daß die Löwenzahnwurzel den Gallenfluß fördert und Beschwerden wie Leberstau, Gallengangentzündung, Hepatitis, Gallensteine und Gelbsucht lindert. Es gibt zwei Gründe dafür, daß die Löwenzahnwurzel den Gallenfluß steigert: Sie wirkt unmittelbar auf die Leber und erhöht die Gallenproduktion, und sie wirkt direkt auf die Gallenblase und veranlaßt sie, gespeicherte Galle freizugeben. Wahrscheinlich wird Löwenzahn deshalb auf der ganzen Welt als Heilkraut bei zahlreichen Beschwerden verwendet, weil er die Leberfunktion verbessert.

Löwenzahn wird außerdem seit alter Zeit im Kampf gegen Übergewicht angewandt. Forscher haben in der Tat festgestellt, daß Tiere bis zu 30 % ihres Gewichtes verloren, wenn man ihnen einen Monat lang Flüssigextrakt aus Löwenzahnblättern verabreichte. Ein großer Teil dieses Gewichtsverlustes war offenbar auf die starke harntreibende Wirkung des Krautes zurückzuführen.

Auswahl

Wilder Löwenzahn wächst nahezu überall. Auf Märkten und in Reformhäusern kann man ihn gelegentlich auch kaufen. Je frischer er ist, desto besser.

Vorbereitung

Waschen Sie Löwenzahnblätter und -wurzeln gründlich, bevor Sie sie in den Entsafter geben.

Löwenzahnsaftrezepte

Löwenzahnsaft mischen Sie am besten mit anderen Säften. Rezepte finden Sie in diesem Kapitel: Karotten-Löwenzahnblätter, Karotten-Löwenzahnwurzel, Karotten-Löwenzahn-Spinat und Sellerie-Löwenzahn sowie im Kapitel 7: Harntreiber und Leber-Tonikum.

MANGOLD

Siehe unter Grünkohl.

PAPRIKASCHOTEN (süß)

Der Paprika gehört zu den »Solanaceae«, den Nachtschattengewächsen. Zur selben Familie zählen Kartoffeln, Auberginen und Tomaten. Die Heimat des Paprikas liegt in Mittel- und Südamerika. Es gibt rote, grüne, gelbe und schwarze Paprikaschoten. Bei der roten Variante handelt es sich lediglich um grüne Schoten, die am Stiel gereift sind; sie schmecken viel süßer. Die schärferen Chilischoten werden in sehr viel kleineren Mengen als Gewürz verwendet.

Die wichtigsten Vorzüge

Parikaschoten gehören zu den nährstoffreichsten Lebensmitteln. Sie enthalten unter anderem auch Vitamin C. Rote

Schoten sind erheblich wertvoller als grüne. Paprika enthält Substanzen, die nachweislich die Bildung von Blutgerinnseln hemmen und das Risiko, einen Herz- oder Schlaganfall zu erleiden, verringern. In den Tropen verwendet man das in Chilischoten enthaltene Capsaicin bei der Behandlung von Psoriasis und Nervenschmerzen nach Herpes. Allerdings soll nicht verschwiegen werden, daß Nachtschattengewächse bei manchen Menschen eine Arthritis verschlimmern können.

Nährwertanalyse

1 grüne Paprikaschote (75 g) enthält folgende Nährstoffe und Einheiten:

Wasser	68,65	g
Kalorien	18	kcal
Eiweiß	0,63	g
Fett	0,33	g
Kohlenhydrate	3,93	g
Vitamine		
Vitamin A	39	RE
Vitamin C	95	mg
Thiamin	0,063	mg
Riboflavin	0,037	mg
Niacin	0,407	mg
Vitamin B_6	0,121	mg
Folsäure	12,5	mcg
Mineralien		
Kalium	144	mg
Kalzium	4	mg
Eisen	0,94	mg
Magnesium	10	mg
Phosphor	16	mg
Natrium	2	mg

Auswahl

Paprikaschoten sollten frisch, fest und glänzend sein. Meiden Sie trockenen, faltigen Paprika.

Vorbereitung

Waschen Sie organische Paprikaschoten. Weichen Sie herkömmliche Schoten in einem biologisch abbaubaren Reinigungsmittel (Lieferhinweis s. Seite 81) ein, und spülen Sie sie dann ab. Entfernen Sie die Samen, und schneiden Sie die Schoten in Stücke, die knapp in den Entsafter passen.

Paprikasaftrezepte

Der reine Saft grüner Paprikaschoten ist ziemlich streng. Am besten entsaften Sie nur eine halbe oder eine viertel Schote und mischen den Saft mit Tomaten- oder Karottensaft. Süße rote Schoten können Sie in größeren Mengen verwenden. Siehe die Rezepte Rüben-Karotten-Paprika und Karotten-Paprika in diesem Kapitel und folgende Rezepte im Kapitel 7: Ein bißchen von allem, Hohes C, Knochen-Cocktail, Manche mögen's heiß, Purpurmilch, Salat im Glas und Super V-7.

Paprika-Tomaten

½ grüne oder rote Paprikaschote
4 Tomaten, geviertelt

PETERSILIE

Petersilie ist wie die Karotte und der Sellerie ein Doldengewächs. Sie stammt aus dem Mittelmeerraum. Leider wird Petersilie heute fast nur noch zum Verzieren verwendet.

Die wichtigsten Vorzüge

Petersilie ist äußerst reich an Nährstoffen, Chlorophyll und Karotinen. Ihr hoher Chlorophyllgehalt kann den Geruch und den Geschmack vieler anderer Lebensmittel – zum Beispiel des Knoblauchs – verdecken. Der Verzehr von Petersilie hemmt die krebserregende Wirkung gebratener Speisen. Das ist sehr wahrscheinlich auf das Chlorophyll zurückzuführen (siehe Kapitel 3); doch andere Bestandteile, zum Beispiel Vitamin C, Flavonoide und Karotine, haben ähnliche Eigenschaften.

Petersilie wird seit langem als Heilpflanze verwendet und gilt als ausgezeichnetes Anregungsmittel für die Nerven. Wissenschaftliche Studien scheinen zu bestätigen, daß Säfte, die Petersilie enthalten, »Energiedrinks« sind.

Nährwertanalyse

½ Tasse gehackte Petersilie (30 g) enthält folgende Nährstoffe und Einheiten:

Wasser	26,5	g
Kalorien	10	kcal
Eiweiß	0,66	g
Fett	0,09	g
Kohlenhydrate	2	g
Vitamine		
Vitamin A	156	RE
Vitamin C	27	mg
Thiamin	0,02	mg
Riboflavin	0,033	mg
Niacin	0,2	mg
Vitamin B_6	0,05	mg
Folsäure	55	mcg
Mineralien		
Kalium	161	mg
Kalzium	39	mg
Eisen	1,86	mg
Magnesium	13	mg
Phosphor	12	mg
Natrium	12	mg

Auswahl

Wenn Sie Petersilie nicht selbst anbauen, können Sie sie in manchen Geschäften frisch kaufen. Frische Petersilie ist grün, glänzend und frei von gelben Blättern und Schmutz. Leicht welke Petersilie wird wieder frisch, wenn sie in kaltes Wasser gelegt wird.

Vorbereitung

Waschen Sie organische Petersilie. Weichen Sie herkömmliche Petersilie in einem biologisch abbaubaren Reinigungsmittel (Lieferhinweis s. Seite 81) ein, und spülen Sie sie dann ab.

Benutzen Sie eine Salatschleuder, um sie zu trocknen. Knüllen Sie Petersilienzweige in der Hand zusammen, und geben Sie sie in den Entsafter.

Petersiliensaftrezepte

Reiner Petersiliensaft ist ziemlich stark. Am besten mischen Sie ihn mit anderen Säften. In diesem Kapitel finden Sie folgende Rezepte: Brokkoli-Karotten-Petersilie, Gurke-Tomaten-Petersilie, Karotten-Sellerie-Petersilie, Karotten-Gurke-Petersilie, Karotten-Lauch-Petersilie, Karotten-Zwiebel-Petersilie, Kohl-Karotten-Petersilie, Rüben-Karotten-Petersilie, Sellerie-Gurke-Petersilie, Sellerie-Gurke-Petersilie-Spinat und Sellerie-Fenchel-Petersilie.

Siehe auch die folgenden Rezepte im Kapitel 7: Cholesterinsenker, Don Juan, Energietrunk, Entschlackungscocktail, Grüner Drink, Kalium-Tonikum, Knochen-Cocktail, Kühlende Gurke, Popeyes Kraftgetränk, Saft und Kraft fürs Immunsystem, Salat im Glas und Super V-7.

Petersilie-Spinat-Tomaten
- ½ Tasse Petersilie
- ½ Tasse Spinat
- 4 Tomaten, geviertelt

Petersilie-Tomaten
- 1 Tasse Petersilie
- 4 Tomaten, geviertelt

ROSENKOHL

Rosenkohl hat sich wie Brokkoli aus wildem Kohl entwickelt. Die heute bekannte Sorte wurde in Brüssel gezüchtet, daher die englische Bezeichnung »Brussels Sprouts«. Heute wird Rosenkohl überall auf der Welt angebaut.

Die wichtigsten Vorzüge

Rosenkohl hat einen ähnlichen Nährwert wie Brokkoli. Da es sich um ein Kohlgemüse handelt, prüft ihn die Wissenschaft auf seine krebshemmenden Eigenschaften (siehe »Kohl«).

Nährwertanalyse

1 Tasse roher Rosenkohl (150 g) enthält folgende Nährstoffe und Einheiten:

Wasser	135	g
Kalorien	60	kcal
Eiweiß	4	g
Fett	0,8	g
Kohlenhydrate	13,5	g
Vitamine		
Vitamin A	112	RE
Vitamin C	96	mg
Thiamin	0,16	mg
Riboflavin	0,124	mg
Niacin	0,92	mg
Vitamin B_6	0,28	mg
Folsäure	94	mcg
Mineralien		
Kalium	494	mg
Kalzium	56	mg
Eisen	1,88	mg
Magnesium	32	mg
Phosphor	88	mg
Natrium	34	mg

Auswahl

Rosenkohl sollte fest und frisch sein und eine kräftige grüne Farbe haben. Meiden Sie Rosenkohl mit welken, blassen oder gelben Blättern.

Vorbereitung

Waschen Sie organischen Rosenkohl. Weichen Sie herkömmlichen Rosenkohl in einem biologisch abbaubaren Reinigungsmittel (Lieferhinweis s. Seite 81) ein, und spülen Sie ihn dann ab.

Rosenkohlsaftrezepte

Rosenkohl enthält fast doppelt soviel Phosphor wie Kalzium. Eine hohe Phosphorzufuhr wird mit Osteoporose in Verbindung gebracht, weil dieses Mineral die Verwertung des Kalziums reduziert und die Kalziumausscheidung fördert. Darum empfiehlt es sich, Rosenkohlsaft mit Säften kalziumreicher Gemüse zu mischen, zum Beispiel Grünkohl, Spinat und Petersilie. Reiner Rosenkohlsaft ist ziemlich stark. Am besten mischen Sie ½ Tasse davon mit Karotten-Apfel-Saft (siehe Kapitel 7).

Rosenkohl-Karotten-Spinat
½ Tasse Rosenkohl
3 Karotten
½ Tasse Spinat

RÜBEN (Speiserüben)

Rüben gehören zur selben Familie wie Spinat, Mangold und Grünkohl. Man kann sowohl die Wurzel als auch die Blätter essen. Die Heimat der Speiserübe sind Europa und Asien; heute wird sie jedoch überall auf der Welt als Lebensmittel und für die Zuckerproduktion angebaut.

Die wichtigsten Vorzüge

Rübenblätter sind nährstoffreicher als die Wurzel; sie enthalten besonders viel Kalzium, Eisen, Vitamin A und Vitamin C. Rübenwurzeln werden seit langem für medizinische Zwecke verwendet, vor allem bei Leberbeschwerden. Außerdem finden sie heute Beachtung wegen ihrer krebshemmenden Wirkung.[1]

Nährwertanalyse

2 Speiserüben ohne Blätter (160 g) enthalten folgende Nährstoffe und Einheiten:

Wasser	142,22	g
Kalorien	77	kcal
Eiweiß	2,41	g
Fett	0,23	g
Kohlenhydrate	16,3	g
Vitamine		
Vitamin A	3	RE

Vitamin C	17,9	mg
Thiamin	0,082	mg
Riboflavin	0,033	mg
Niacin	0,652	mg
Vitamin B_6	0,08	mg
Folsäure	151	mcg
Mineralien		
Kalium	528	mg
Kalzium	25	mg
Eisen	1,5	mg
Magnesium	34	mg
Phosphor	78	mg
Natrium	118	mg

Auswahl

Bei Speiserüben von guter Qualität sind die Blätter unversehrt. Die Blätter sollten frisch aussehen und keine Anzeichen von Verderb aufweisen. Leicht welke Blätter werden wieder frisch, wenn Sie sie in Wasser legen und im Kühlschrank aufbewahren. Wenn es zu spät ist, schneiden Sie die Blätter einfach ab. Die Wurzel sollte fest, glatt und purpurrot sein, nicht weich, verschrumpelt und mattfarbig. Kleine Rüben sind im allgemeinen besser zum Entsaften geeignet.

Vorbereitung

Waschen Sie organische Rüben oder Rübenblätter. Weichen Sie herkömmliche Rüben in einem biologisch abbaubaren Reinigungsmittel (Lieferhinweis s. Seite 81) ein, und spülen Sie sie dann ab.

Rübensaftrezepte

Reiner Rübensaft kann den Rachen und die Speiseröhre reizen. Probieren Sie die nachfolgenden Rezepte und im Kapitel 7: Lieber rot als tot, Entschlackungscocktail, Eisen plus, Lebersaft und Lebertonikum.

Rüben-Karotten

½ Rübe mit Blättern
4 Karotten

Rüben-Karotten-Sellerie
- ½ Rübe mit Blättern
- 3 Karotten
- 2 Selleriestangen

Rüben-Karotten-Petersilie
- ½ Rübe mit Blättern
- 4 Karotten
- ½ Handvoll Petersilie

Rüben-Karotten-Paprika
- ½ Rübe mit Blättern
- 3 Karotten
- ½ grüne oder rote Paprikaschote

Rüben-Karotten-Spinat
- ½ Rübe mit Blättern
- 3 Karotten
- ½ Tasse Spinat

Rüben-Süßkartoffeln-Apfel
- ½ Rübe mit Blättern
- 1 Süßkartoffel
- 1 Apfel, in Stücke geschnitten

SELLERIE

Sellerie gehört wie Karotten, Petersilie und Fenchel zu den Doldenblütlern. Der heutige Sellerie hat sich aus dem wilden Sellerie entwickelt, der im Mittelmeerraum zu Hause ist. Dort wurden seine Samen einst als Medizin, vor allem als harntreibendes Mittel, verwendet.

Die wichtigsten Vorzüge

Sellerie ist reich an Kalium und Natrium. Nach einer körperlichen Anstrengung ersetzt Selleriesaft die notwendigen Elektrolyte. Sellerie enthält Verbindungen, die man Kumarine nennt. Sie tragen nachweislich dazu bei, Krebs zu verhüten, und sie fördern die Aktivität bestimmter weißer Blutkörperchen. Kumarine kräftigen außerdem das Gefäßsystem, senken den Blutdruck und lindern mitunter Migräne.

Nährwertanalyse

3 rohe Selleriestangen (120 g) enthalten folgende Nährstoffe und Einheiten:

Wasser	114	g
Kalorien	18	kcal
Eiweiß	0,8	g
Fett	1,4	g
Kohlenhydrate	4,4	g
Vitamine		
Vitamin A	16	RE
Vitamin C	7,5	mg
Thiamin	0,04	mg
Riboflavin	0,04	mg
Niacin	0,36	mg
Vitamin B_6	0,036	mg
Folsäure	10,6	mcg
Mineralien		
Kalium	340	mg
Kalzium	44	mg
Eisen	0,6	mg
Magnesium	14	mg
Phosphor	32	mg
Natrium	106	mg

Auswahl

Der beste Stangensellerie ist hellgrün, frisch aussehend und knackig. Die Stangen sollten sich nicht biegen lassen. Kaufen Sie keinen schlaffen, biegsamen Sellerie.

Vorbereitung

Schneiden Sie den unteren Teil ab, um die Stangen zu trennen und eine gründliche Säuberung zu ermöglichen. Waschen Sie organischen Sellerie. Weichen Sie herkömmlichen Sellerie in einem biologisch abbaubaren Reinigungsmittel (Lieferhinweis s. Seite 81) ein, und spülen Sie ihn dann ab.

Selleriesaftrezepte

Selleriesaft schmeckt »pur« recht gut; aber meist mischt man ihn mit anderen Säften. Er ist Bestandteil folgender Rezepte in diesem Kapitel: Brokkoli-Karotten-Sellerie, Kohl-Karotten-Sellerie, Karotten-Sellerie, Rüben-Karotten-Sellerie, Spargel-Karotten-Sellerie und Spargel-Sellerie sowie zahlreicher Rezepte im Kapitel 7: Ein bißchen von allem, Entschlackungscocktail, Femme fatale, Harntreiber, Kalium-Tonikum, Kühlende Gurke, Super V-7, Vitamin U und Waldorf-Salat.

Sellerie-Kohl
4 Selleriestangen
½ Kohlkopf, in Stücke geschnitten

Sellerie-Gurke
4 Selleriestangen
½ Gurke

Sellerie-Gurke-Grünkohl
4 Selleriestangen
½ Gurke
3 Grünkohlblätter

Sellerie-Gurke-Petersilie
4 Selleriestangen
½ Gurke
½ Tasse Petersilie

Sellerie-Gurke-Petersilie-Spinat
4 Selleriestangen
½ Gurke
½ Tasse Petersilie
½ Tasse Spinat

Sellerie-Löwenzahn
4 Selleriestangen
1 Tasse Löwenzahnblätter

Sellerie-Fenchel
4 Selleriestangen
½ Fenchelknolle

Sellerie-Fenchel-Petersilie
4 Selleriestangen
½ Fenchelknolle
½ Tasse Petersilie

Sellerie-Kopfsalat-Spinat
4 Selleriestangen
1 Kopfsalat, in Stücke zerpflückt
½ Tasse Spinat

SENFBLÄTTER

Siehe unter Grünkohl.

SPARGEL

Spargel gehört zu den Liliengewächsen und stammt aus dem Mittelmeerraum. Die Medizin verwendet ihn zur Behandlung von Arthritis und Rheuma sowie als harntreibendes Mittel. Heute wird Spargel überall auf der Welt angebaut.

Die wichtigsten Vorzüge

Spargel enthält wenig Kalorien und Kohlenhydrate, aber sehr viel Eiweiß. Ein großes Glas Spargelsaft enthält sogar mehr Eiweiß als eine Tasse gekochter Reis oder Mais. Spargel ist auch eine gute Quelle für viele Vitamine und Mineralien, einschließlich Vitamin C, Riboflavin und Folsäure. Außerdem enthält er die Aminosäure Asparagin, die dem Urin einen strengen Geruch verleiht. Darüber brauchen Sie sich keine Sorgen zu machen – es ist ein vorübergehendes Phänomen.

Nährwertanalyse

6 rohe Spargelstangen (100 g) enthalten folgende Nährstoffe und Einheiten:

Wasser	92	g
Kalorien	32	kcal

Eiweiß	2,5	g
Fett	0,2	g
Kohlenhydrate	5	g
Vitamine		
Vitamin A	16	RE
Vitamin C	33	mg
Thiamin	0,18	mg
Riboflavin	0,5	mg
Niacin	1,5	mg
Vitamin B_6	0,18	mg
Folsäure	104	mcg
Mineralien		
Kalium	278	mg
Kalzium	22	mg
Eisen	1	mg
Magnesium	18	mg
Phosphor	62	mg
Natrium	2	mg

Auswahl

Spargel bester Qualität ist fest und frisch, und die Spitzen sind geschlossen.

Vorbereitung

Waschen Sie organischen Spargel. Weichen Sie herkömmlichen Spargel in einem biologisch abbaubaren Reinigungsmittel (Lieferhinweis s. Seite 81) ein, und spülen Sie ihn ab. Legen Sie die Spargelstangen mit den Spitzen nach unten in den Entsafter.

Spargelsaftrezepte

Reiner Spargelsaft ist ziemlich stark. Am besten mischen Sie ihn mit Karotten-Apfel-Saft (siehe Kapitel 7), oder Sie versuchen die folgenden Rezepte:

Spargel-Karotten-Sellerie

4 Spargelstangen
3 Karotten
2 Selleriestangen

Spargel-Sellerie
6 Spargelstangen
2 Selleriestangen

SPINAT

Man nimmt an, daß Südwestasien oder Persien die Urheimat des Spinats ist. Er wird in vielen Teilen der Welt seit Jahrhunderten angebaut, nicht nur als Lebensmittel, sondern auch als wichtige Heilpflanze.

Die wichtigsten Vorzüge

Die Naturheilkunde schätzt den Spinat sehr. Früher hielt man ihn für eine Pflanze, die verbrauchte Energie ersetzt, die Vitalität verbessert und das Blut reinigt. Solche Überlieferungen haben tatsächlich eine reale Grundlage. Immerhin enthält Spinat doppelt soviel Eisen wie die meisten anderen Grüngemüse. Wie andere Gemüsesorten enthält er Chlorophyll und Karotine und hat eine starke krebshemmende Wirkung.

Nährwertanalyse

1 Tasse roher Spinat (55 g) enthält folgende Nährstoffe und Einheiten:

Wasser	51	g
Kalorien	12	kcal
Eiweiß	1,6	g
Fett	0,2	g
Kohlenhydrate	2	g
Vitamine		
Vitamin A	376	RE
Vitamin C	16	mg
Thiamin	0,04	mg
Riboflavin	0,1	mg
Niacin	0,4	mg
Vitamin B_6	0,11	mg
Folsäure	109,2	mcg
Mineralien		
Kalium	312	mg
Kalzium	56	mg

Eisen	1,52	mg
Magnesium	44	mg
Phosphor	28	mg
Natrium	22	mg

Auswahl

Frischer Spinat ist weiß oder dunkelgrün (je nach Sorte) und weist keine Anzeichen von Verderb auf. Leicht welken Spinat können Sie »wiederbeleben«, wenn Sie ihn in kaltes Wasser legen.

Vorbereitung

Waschen Sie organischen Spinat. Weichen Sie herkömmlichen Spinat in einem biologisch abbaubaren Reinigungsmittel (Lieferhinweis s. Seite 81) ein, und spülen Sie ihn dann ab. Benutzen Sie eine Salatschleuder, um die Blätter zu trocknen. Zerknüllen Sie die Spinatblätter in der Hand, und stecken Sie sie in den Entsafter.

Spinatsaftrezepte

Reiner Spinatsaft ist ziemlich streng. Am besten mischen Sie ihn mit anderen Säften, zum Beispiel mit Karotten-, Tomaten- oder Apfelsaft. Mehrere in diesem Kapitel beschriebene Rezepte enthalten Spinat: Karotten-Löwenzahn-Spinat, Karotten-Spinat, Petersilie-Spinat-Tomaten, Rosenkohl-Karotten-Spinat, Rüben-Karotten-Spinat, Sellerie-Gurke-Petersilie-Spinat und Sellerie-Kopfsalat-Spinat. Weitere Rezepte finden Sie im Kapitel 7: Ein bißchen von allem, Grüner Drink, Kalium-Tonikum, Popeyes Kraftgetränk und Super V-7.

Spinat-Tomaten

1 Tasse Spinat
4 Tomaten, geviertelt

SÜSSKARTOFFELN und YAM

Die Süßkartoffel ist kein Nachtschattengewächs wie die Kartoffel, sondern gehört zu den Winden »Convolvulaceae«. Ihre

Urheimat sind Mexiko, Mittel- und Südamerika. In den USA wird die dunklere, süßere Süßkartoffel meist fälschlich Yam genannt. Echte Yams stammen aus Südostasien oder Afrika und unterscheiden sich ein wenig von der Süßkartoffel. Sie enthalten zum Beispiel sehr wenig Karotin.

Die wichtigsten Vorzüge

Süßkartoffeln sind extrem reich an Karotinen. Je dunkler die Sorte, desto höher ist der Karotingehalt. Sie enthalten außerdem viel Vitamin C, Kalium und Kalzium.

Nährwertanalyse

(Über rohe Süßkartoffeln liegen keine Daten vor. Es wird jedoch angenommen, daß sie mindestens 10–15 % mehr Nährstoffe enthalten als gekochte.)

1 gekochte und geschälte Süßkartoffel (115 g) enthält folgende Nährstoffe und Einheiten:

Wasser	79	g
Kalorien	160	kcal
Eiweiß	2	g
Fett	1	g
Kohlenhydrate	37	g
Vitamine		
Vitamin A	923	RE
Vitamin C	25	mg
Thiamin	0,1	mg
Riboflavin	0,08	mg
Niacin	0,8	mg
Vitamin B_6	0,06	mg
Folsäure	85	mcg
Mineralien		
Kalium	342	mg
Kalzium	46	mg
Eisen	1	mg
Magnesium	14	mg
Phosphor	66	mg
Natrium	10	mg

Auswahl

Verwenden Sie nur Süßkartoffeln von guter Qualität. Sie sollten fest sein und die typischen Merkmale ihrer Sorte aufweisen. Denken Sie daran: Je dunkler die Sorte ist, desto mehr Karotin enthält sie und desto süßer und schmackhafter ist sie. Meiden Sie welke und verfärbte, vor allem grüne Süßkartoffeln sowie Knollen mit lederner Haut.

Vorbereitung

Waschen Sie organische Süßkartoffeln. Weichen Sie herkömmliche Knollen in einem biologisch abbaubaren Reinigungsmittel (Lieferhinweis s. Seite 81) ein, und spülen Sie sie dann ab. Das Rezept »Lieber rot als tot« (Kapitel 7) ist dem reinen Süßkartoffelsaft vorzuziehen. Zwei weitere Rezepte finden Sie in diesem Kapitel: Karotten-Süßkartoffel und Rüben-Süßkartoffel-Apfel.

TOMATEN

Tomaten galten einst als giftig. Heute gehören sie zu den wichtigsten Feldfrüchten der Welt. Wie viele andere Nachtschattengewächse stammt auch die Tomate aus Mittel- und Südamerika. Es gibt zahlreiche Sorten, und alle sind zum Entsaften geeignet.

Die wichtigsten Vorzüge

Tomaten sind sehr nährstoffreich, vor allem wenn sie völlig reif sind. Rote Tomaten enthalten bis zu viermal soviel Beta-Karotin wie grüne. Tomaten sind gute Quellen für Vitamin C, Karotine und Kalium. Sie können allerdings bei manchen Menschen eine Arthritis verschlimmern.

Nährwertanalyse

1 rohe Tomate (125 g) enthält folgende Nährstoffe und Einheiten

Wasser	115	g
Kalorien	24	kcl
Eiweiß	1,09	g

Fett	0,26	g
Kohlenhydrate	5,34	g
Vitamine		
Vitamin A	239	RE
Vitamin C	21,6	mg
Thiamin	0,07	mg
Riboflavin	0,06	mg
Niacin	0,738	mg
Vitamin B_6	0,06	mg
Folsäure	11,5	mcg
Mineralien		
Kalium	254	mg
Kalzium	8	mg
Eisen	0,59	mg
Magnesium	14	mg
Phosphor	29	mg
Natrium	10	mg

Auswahl

Tomaten von guter Qualität sind wohlgeformt und rundlich, lückenlos rot, fest und unbeschädigt. Meiden Sie zu weiche Tomaten.

Vorbereitung

Waschen Sie organische Tomaten. Weichen Sie herkömmliche Tomaten in einem biologisch abbaubaren Reinigungsmittel (Lieferhinweis s. Seite 81) ein, und spülen Sie sie dann ab. Schneiden Sie sie in Stücke, die knapp in den Entsafter passen.

Tomatensaftrezepte

Reiner Tomatensaft ist erfrischend. Sie können ihn aber auch mit vielen anderen Säften mischen. In diesem Kapitel finden Sie mehrere geeignete Rezepte: Gurke-Tomaten-Petersilie, Gurke-Tomaten-Brunnenkresse, Paprika-Tomaten und Spinat-Tomaten. Weitere Rezepte enthält Kapitel 7: Ein bißchen von allem, Kalium-Tonikum, Kühlende Gurke, Manche mögen's heiß, Salat im Glas und Tomate mit Pfiff.

ZWIEBELN

Die Zwiebel gehört wie Knoblauch zu den Liliengewächsen. Ihre Urheimat ist Zentralasien vom Iran bis Pakistan. Von dort aus hat sie sich nach Norden ins südliche Rußland ausgebreitet. Heute werden überall auf der Welt zahlreiche Zwiebelsorten angebaut. Es gibt weiße, gelbe, rote und grüne Zwiebeln. Bei den letzteren (den Schalotten) verwendet man die lange, schlanke Knolle und die Blätter.

Die wichtigsten Vorzüge

Zwiebeln enthalten verschiedene organische Schwefelverbindungen und das Enzym Alliinase, das freigesetzt wird, wenn man eine Zwiebel schneidet oder zerdrückt – tränende Augen sind die Folge. Andere Bestandteile sind Flavonoide (vor allem Quercetin), Phenolsäure, Sterole, Saponine, Pektin und flüchtige Öle.* Obwohl die Zwiebel als Heilpflanze nicht annähernd die Bedeutung des Knoblauchs hat, wird sie fast ebenso häufig angewendet. Sie hat im wesentlichen die gleichen Eigenschaften wie der Knoblauch (siehe dort); aber es gibt einige feine Unterschiede, so daß die eine unter bestimmten Bedingungen wirksamer sein kann als die andere (und umgekehrt).

Zwiebeln und Zwiebelextrakte senken wie Knoblauch den Blutfettgehalt, beugen Blutgerinnseln vor und senken den Blutdruck. Das belegen mehrere klinische Studien. Außerdem hat sich gezeigt, daß Zwiebeln den Blutzucker beträchtlich senken können, und zwar ebensogut oder besser als die üblichen Medikamente, die Diabetiker oft einnehmen. Man nimmt an, daß diese Wirkung auf das Allylpropyldisulfid (APDS) zurückzuführen

* Viele Pflanzen, insbesondere Zwiebelgemüse (Zwiebeln, Knoblauch, Schnittlauch, Porree [Lauch]) und Kreuzblütler (z.B. Kohlarten und Rüben) enthalten in der intakten Zelle bestimmte Grundstoffe und Enzyme nebeneinander, die nicht miteinander reagieren. Aber beim Zerstören des Zellaufbaus, also beim Zerschneiden, werden diese Enzyme aktiv und verändern die besagten Grundstoffe.
Nach diesem Prinzip entstehen verschiedene Senföle z.B. bei Rettich, Meerrettich, Radieschen, Senf, in Rüben, in Kohlarten. Nach diesem Prinzip entstehen bei Zwiebelgemüsen scharfe Substanzen, die zum Tränenfluß führen (diese Substanzen nennt man wissenschaftlich lacrimatorisches Prinzip), z.B. Propanthialsulfoxid; beim Knoblauch entsteht nach diesem Prinzip das für den typischen Knoblauchgeruch hauptsächlich (nicht allein) verantwortliche scharfe Allicin (auch Alliciin genannt). Das für diese Umwandlung erforderliche Enzym ist bei den Zwiebelgemüsen (nicht nur beim Knoblauch) Alliinase. Der Grundstoff im Knoblauch vor dem Zerschneiden ist Alliin.

ist, obwohl andere Bestandteile, zum Beispiel Flavonoide, ebenfalls eine bedeutende Rolle spielen könnten. Experimentelle und klinische Befunde lassen vermuten, daß APDS den Glukosespiegel senkt, indem es dem Insulin (das auch ein Disulfidmolekül enthält) einen Teil seiner Arbeit abnimmt. Manche Forscher nehmen an, daß APDS den Glukosestoffwechsel der Leber anregt oder die Insulinsekretion fördert.

Seit alter Zeit werden Zwiebeln als Asthmamittel verwendet. Sie sind bei diesem Leiden wirksam, weil sie die Produktion von Verbindungen hemmen, die Krämpfe der Bronchialmuskeln auslösen, und weil sie die Entspannung dieser Muskeln unterstützen.

Zwiebelextrakt kann Tumorzellen in Reagenzgläsern zerstören und das Wachstum von Tumorzellen hemmen, die in Ratten transplantiert werden. Zwiebelsaft ist außergewöhnlich ungiftig – selbst eine Dosis, die vierzigmal höher ist als zum Abtöten der Tumorzellen erforderlich, hat keine nachteiligen Wirkungen auf den Organismus. Grüne Zwiebeln haben darüber hinaus eine nachweislich positive Wirkung bei Mäuse-Leukämie.

Der reichliche Verzehr von Allium-Arten (Knoblauch, Zwiebeln, Lauch usw.) ist vor allem deshalb zu empfehlen, weil sie den Kampf gegen die verbreiteten Krankheiten des 20. Jahrhunderts (Arteriosklerose, Diabetes, Krebs und andere) unterstützen können.

Nährwertanalyse

½ rohe Zwiebel (100 g) enthält folgende Nährstoffe und Einheiten:

Wasser	90	g
Kalorien	34	kcal
Eiweiß	1,18	g
Fett	0,26	g
Kohlenhydrate	7,3	g
Vitamine		
Vitamin A	0	
Vitamin C	8,4	mg
Thiamin	0,06	mg
Riboflavin	0,01	mg

Niacin	0,1	mg
Vitamin B_6	0,157	mg
Folsäure	19,9	mcg
Mineralien		
Kalium	155	mg
Kalzium	25	mg
Eisen	0,37	mg
Magnesium	10	mg
Phosphor	29	mg
Natrium	2	mg

Auswahl

Zwiebeln sollten sauber und hart sein und eine trockene, glatte Haut haben. Meiden Sie Zwiebeln, die zu keimen begonnen haben, verformt sind oder Anzeichen des Verderbs aufweisen.

Grüne Zwiebeln sollten frische Blätter und einen weißen »Hals« haben. Gelbe, welke oder verfärbte Blätter sollten Sie meiden.

Vorbereitung

Schälen und waschen Sie organische Zwiebeln. Schälen Sie herkömmliche Zwiebeln, weichen Sie sie in einem biologisch abbaubaren Reinigungsmittel (Lieferhinweis s. Seite 81) ein, und spülen Sie sie dann ab.

Zwiebelsaftrezepte

Zwiebelsaft ist so stark, daß Sie ihn nicht »pur« trinken können. Sie können Knoblauchsaft durch Zwiebelsaft ersetzen. Siehe auch das Rezept Karotten-Zwiebel-Petersilie in diesem Kapitel.

Kapitel 7
Fünfzig phantastische Saftrezepte

Wenn Sie täglich den gleichen Saft trinken, wird daraus leicht eine Gewohnheit. Um Sie ein wenig zu ermuntern, stelle ich Ihnen im Folgenden einige meiner Lieblingsrezepte vor. Und ich ermutige Sie, eigene Rezepte zusammenzustellen. Sie brauchen sich nicht haargenau an jedes Rezept zu halten. Seien Sie flexibel. Haben Sie Spaß! Ich rate Ihnen, soviel verschiedene frische Obst- und Gemüsesäfte wie möglich zu trinken. Um dieses Vorhaben zu vereinfachen, brauchen Sie nur jede Woche viele verschiedene farbige Früchte und Gemüse zu kaufen oder zu sammeln. Es gibt immer mehr Belege dafür, daß Pflanzenfarbstoffe – Chlorophyll, Karotine und Flavonoide – besonders wichtig für unsere Gesundheit sind. Trinken Sie also frische Säfte in allen Regenbogenfarben!

Richtlinien für das Entsaften

Wenn Sie eigene Rezepte zusammenstellen, sollten Sie einige Richtlinien beachten. Eine Faustregel lautet: Lassen Sie sich von Ihren Geschmacksknospen leiten; sie steuern Sie in die richtige Richtung. Es wird zum Beispiel oft empfohlen, daß grüne Säfte höchstens zu einem Viertel aus Petersilie, Grünkohl, Kopfsalat, Weizengras oder Spinat bestehen sollen. Ein zu starker grüner Saft schmeckt nicht gut. Sie sollten Grüngemüse daher mit Karotten oder Äpfeln mischen.

Am wichtigsten ist es, daß Ihnen das Entsaften Spaß macht. Es ist ein Vergnügen, zu experimentieren und eine neue Kombination zu finden, die ungewöhnlich köstlich ist. Dieses Erfolgserlebnis hatte ich vor einigen Jahren, als ich das Rezept »Besser rot als tot« komponierte. Es enthält Karotten, Rüben und Süßkartoffeln. Ja, Süßkartoffeln – und es schmeckt hervorragend!

Hin und wieder werden Sie einen neuen Saft entdecken, den Sie nicht mögen. Auch das ist gut; denn es zeigt, daß Sie zumindest bereit sind, Neues zu probieren. Auch ich habe einige Säfte gemixt, die ich nie wieder trinken werde – aber wenigstens habe ich es versucht.

Viele Leute sagen, man solle Früchte und Gemüse nicht mischen. Aber für diese Behauptung gibt es keine wissenschaftliche Grundlage. Sie beruht eher auf Philosophie als auf Physiologie. Immerhin – manche Menschen klagen über Blähungen, wenn sie Obst und Gemüse mischen. Wenn Sie empfindlich sind, sollten Sie Früchte und Gemüse nicht kombinieren. Eine Ausnahme von dieser Regel sind offenbar Karotten und Äpfel. Beide scheinen sich gut mit anderen Obst- und Gemüsesorten zu vertragen. Lassen Sie wieder Ihren Geschmack entscheiden!

Am besten trinken Sie den Saft gleich nach dem Zubereiten, um den größtmöglichen Nutzen daraus zu ziehen. Wenn das nicht möglich ist, sollten Sie den Saft in einem luftdichten Behälter im Kühlschrank oder in einer Thermosflasche aufbewahren, aber nicht länger als zwölf Stunden. Je frischer der Saft, desto besser ist er für Sie.

Über die Rezepte

Jedes Rezept liefert Ihnen etwa 250 bis 350 Gramm frischen Saft – es hängt davon ab, wie groß die Früchte oder Gemüse sind und wie gut Ihr Entsafter ist. Falls nicht anders angegeben, verwenden Sie für die Rezepte mittelgroße Früchte und Gemüse. Die »Nährwertanalyse« stützt sich auf anerkannte Werte. **Fett gedruckte Zahlen** geben an, daß der Saft mehr als 35 % der empfohlenen Tagesmenge des betreffenden Nährstoffs enthält.

AFFEN-SHAKE

Dies ist ein weiteres gutes Frühstücksgetränk. Es sättigt, obwohl es kalorienarm ist, und es ist auch für Naschkatzen geeignet, die Süßes mögen.

½ Papaya, geschält, entkernt und in Scheiben geschnitten
1 oder 2 Orangen, geschält
1 Banane, geschält
einige Orangenschalen

Entsaften Sie zuerst die Papaya, dann die Orangen. Gießen Sie den Saft in einen Mixer, geben Sie die Banane dazu, und verflüssigen Sie das Ganze. Geben Sie den dicken Saft in ein Glas, und garnieren Sie ihn mit den Orangenschalen.

Nährwertanalyse

Kalorien	226	kcal
Eiweiß	3,35	g
Kohlenhydrate	57	g
Fett	1	g
Vitamin A	**342**	**RE**
Vitamin C	**174**	**mg**
Vitamin E	0,9	mg
Thiamin	0,25	mg
Riboflavin	0,25	mg
Niacin	1,5	
Vitamin B_6	**0,85**	**mg**
Folsäure	61	mg
Natrium	5	mg
Kalzium	95	mg
Magnesium	62	mg
Kalium	**1078**	**mg**
Eisen	0,65	mg

APFEL MIT WÜRZE

Dies ist ein köstlicher, pfiffiger Apfelsaft, der Sie aufwärmt. Für mich ist es ein Herbstgetränk und eine Alternative für heißen Apfelessig. Dieser Saft ist gut für die Leber, da sowohl Ingwer als auch Zimt nachweislich die Leberfunktion verbessern. Sie können den Saft auch vor dem Zubettgehen trinken.

1 Stück Ingwer, ca. 0,6 cm lang
3 Äpfel, in Stücke geschnitten
¼ Teelöffel Zimt

Geben Sie den Ingwer zusammen mit den Äpfeln in den Entsafter, streuen Sie den Zimt ins Glas, und rühren Sie um.

Nährwertanalyse

Kalorien	244	kcal
Eiweiß	0,92	g
Kohlenhydrate	63	g
Fett	1,52	g
Vitamin A	21,3	RE
Vitamin C	**23,6**	**mg**
Vitamin E	1,2	mg
Thiamin	1,2	mg
Riboflavin	0,07	mg
Niacin	0,06	mg
Vitamin B_6	0,3	mg
Folsäure	11,7	mcg
Natrium	0,3	mg
Kalzium	37	mg
Magnesium	18,3	mg
Kalium	480	mg
Eisen	1,12	mg

ANANAS-INGWER-TRANK

Dieser Trank ist köstlich und vollgepackt mit heilenden Kräften.

1 Stück Ingwer, etwa 1,5 cm lang

1 halbe Ananas mit Haut, in Scheiben geschnitten

Zuerst den Ingwer entsaften, dann die Ananas.

Nährstoffanalyse

Kalorien	252	kcal
Eiweiß	1,8	g
Kohlenhydrate	62	g
Fett	2,4	g
Vitamin A	12	RE
Vitamin C	**78**	**mg**
Vitamin E	0,6	mg
Thiamin	**0,6**	**mg**

Riboflavin	0,18	mg
Niacin	2,4	mg
Vitamin B_6	**0,6**	**mg**
Folsäure	53	mcg
Natrium	6	mg
Kalzium	36	mg
Magnesium	66	mg
Kalium	570	mg
Eisen	1,8	mg

APRIKOSEN-MANGO-AMBROSIA

Dies ist ein wohlschmeckendes und nährstoffreiches Getränk. Aprikosen und Mangos enthalten sehr viel Beta-Karotin, und Orangen sind als reiche Quelle für Vitamin C und Flavonoide bekannt.

4 Aprikosen, entkernt und halbiert
1 Mango, entkernt und in Scheiben geschnitten
1 Orange, geschält

Entsaften Sie zuerst die Aprikosen, dann die Mango und zuletzt die Orange. Rühren Sie das Getränk um, damit die Aromen sich vermischen.

Nährwertanalyse

Kalorien	295	kcal
Eiweiß	5	g
Kohlenhydrate	73	g
Fett	1,38	g
Vitamin A	**1220**	**RE**
Vitamin C	**210**	**mg**
Vitamin E	**5,3**	**mg**
Thiamin	0,34	mg
Riboflavin	0,35	mg
Niacin	2,8	mg
Vitamin B_6	**0,63**	**mg**
Folsäure	**91**	**mcg**
Natrium	5,3	mg
Kalzium	144	mg
Magnesium	54	mg

Kalium	**1203**	**mg**
Eisen	1,28	mg

BAUCHSTRAFFER

Fenchel, Ingwer und Pfefferminze fördern die Verdauung, mildern Darmkrämpfe und vertreiben Blähungen. Dieses Getränk ist einen Versuch wert, wenn Sie Bauchschmerzen haben.

1 Scheibe Ingwer, ca. 1,5 cm
½ Handvoll frische Pfefferminze oder Grüne Minze
½ kleiner Fenchel
2 Äpfel, in Stücke geschnitten

Wickeln Sie den Ingwer in die Minze, und stopfen Sie beides in den Entsafter, gefolgt vom Fenchel und den Apfelstücken.

Nährwertanalyse

Kalorien	226	kcal
Eiweiß	2,16	g
Kohlenhydrate	57	g
Fett	1,32	g
Vitamin A	22	RE
Vitamin C	**27,6**	**mg**
Vitamin E	0,8	mg
Thiamin	0,11	mg
Riboflavin	0,07	mg
Niacin	0,62	mg
Vitamin B_6	0,2	mg
Folsäure	**76**	**mcg**
Natrium	22	mg
Kalzium	80	mg
Magnesium	40	mg
Kalium	506	mg
Eisen	2,8	mg

CHOLESTERINSENKER

Wenn Sie Ihren Cholesterinspiegel schnell senken wollen, können Sie es mit Hilfe dieses Saftes und einer Kost aus Getreide, Hülsenfrüchten, Obst, Salate und Gemüse erreichen. Der Saft besteht aus Pflanzen, die den Cholesterinspiegel jeweils für sich senken können. Wenn Sie sie kombinieren, ist die Wirkung möglicherweise noch größer. Man nennt das synergetischen Effekt. Nach meiner Erfahrung ist dieser Saft in der Tat überaus wirksam. Knoblauch, Ingwer und die Paprika in der Tabasco-Soße verhindern die Verklumpung der Blutplättchen und verringern dadurch die Gefahr eines Herz- oder Schlaganfalls beträchtlich.

1 Stück Ingwer, ca. 1,5 cm lang
1 Zehe Knoblauch
1 Handvoll Petersilie (um den Knoblauchgeruch zu mildern)
4 Karotten
1 Apfel, in Stücke geschnitten
1 Spritzer Tabasco-Soße (wenn gewünscht)

Stecken Sie Ingwer und Knoblauch mitten in die Petersilie, und entsaften Sie alles. (Auf diese Weise mildern Sie den Knoblauchgeruch.) Entsaften Sie dann die Karotten und den Apfel.

Nährwertanalyse

Kalorien	215	kcal
Eiweiß	4	g
Kohlenhydrate	53	g
Fett	1,06	g
Vitamin A	**8107**	**RE**
Vitamin C	**55**	**mg**
Vitamin E	2,4	mg
Thiamin	0,3	mg
Riboflavin	0,21	mg
Niacin	3	mg
Vitamin B_6	0,54	mg
Folsäure	**81**	**mcg**
Natrium	176	mg
Kalzium	117	mg
Magnesium	59	mg
Kalium	**1220**	**mg**
Eisen	3,04	mg

DARMBESEN

Äpfel und Birnen sind hervorragende Quellen für wasserlösliche Fasern wie Pektin. Backpflaumen sind für ihre abführende

Wirkung bekannt. Diese Mixtur regt den Darm an und ist sehr hilfreich bei leichter Verstopfung.

2 entkernte Pflaumen oder Backpflaumen aus dem Glas oder getrocknete und entsteinte Backpflaumen, in 1 Tasse Wasser eingeweicht

2 Äpfel, in Stücke geschnitten

1 Birne, in Scheiben geschnitten

Wenn Sie Backpflaumen anstelle von Pflaumen verwenden, mixen Sie die Backpflaumen mit einer Tasse Wasser bei hoher Geschwindigkeit. Entsaften Sie die Äpfel und die Birnen nacheinander, gießen Sie den Saft zum Pflaumensaft in ein Glas, und rühren Sie um.

Nährwertanalyse

Kalorien	269	kcal
Eiweiß	1,6	g
Kohlenhydrate	72	g
Fett	1,52	g
Vitamin A	78	RE
Vitamin C	**24,3**	**mg**
Vitamin E	2,1	mg
Thiamin	0,1	mg
Riboflavin	0,23	mg
Niacin	1,1	mg
Vitamin B_6	0,23	mg
Folsäure	20	mcg
Natrium	4,8	mg
Kalzium	52	mg
Magnesium	32,4	mg
Kalium	**697**	**mg**
Eisen	1,35	mg

DON JUAN

Ingwer ist nachweislich ein mildes Aphrodisiakum. In der arabischen Medizin wird es seit langem entsprechend angewandt. Petersilie erhöht die Energie und verbessert die geistige Klarheit.

1 Stück Ingwer, ca. 1,5 cm lang

1 Handvoll Petersilie

½ Ananas mit Schale, in Scheiben geschnitten

Legen Sie den Ingwer mitten in die Petersilie, und stecken Sie beides in den Entsafter, gefolgt von der Ananas.

Nährwertanalyse

Kalorien	118	kcal
Eiweiß	1,1	g
Kohlenhydrate	29,5	g
Fett	1,05	g
Vitamin A	6	RE
Vitamin C	**45**	**mg**
Vitamin E	0,3	mg
Thiamin	0,15	mg
Riboflavin	0,15	mg
Niacin	1,15	mg
Vitamin B_6	0,15	mg
Folsäure	46	mcg
Natrium	5,5	mg
Kalzium	29,5	mg
Magnesium	35,5	mg
Kalium	317	mg
Eisen	1,5	mg

EIN BISSCHEN VON ALLEM

Haben Sie sich je gefragt, wie es schmecken würde, wenn Sie fast alle Sommergemüse entsaften würden, die in Ihrem Garten wachsen? Nun, hier ist Ihre Chance. Ich glaube, der Saft schmeckt recht gut, und ich weiß, daß er mir guttut – er macht mich richtig wach.

1 Handvoll Spinat
1 Selleriestange
3 Karotten
2 Radieschen
1 Apfel, in Stücke geschnitten
½ Gurke
1 Tomate, geviertelt
½ Tasse Brokkoliblüten mit Stielen
½ grüne Paprikaschote

Entsaften Sie zuerst den Spinat, dann den Sellerie. Anschließend geben Sie die restlichen Zutaten abwechselnd in den Entsafter, die Karotten zuletzt.

Nährwertanalyse

Kalorien	247	kcal
Eiweiß	7,3	g
Kohlenhydrate	58	g
Fett	2	g
Vitamin A	**6522**	**RE**
Vitamin C	**165**	**mg**
Vitamin E	**5,9**	**mg**
Thiamin	**0,52**	**mg**
Riboflavin	0,42	mg
Niacin	4	mg
Vitamin B_6	**0,9**	**mg**
Folsäure	**167**	**mcg**
Natrium	169	mg
Kalzium	159	mg
Magnesium	**114**	**mg**
Kalium	**1862**	**mg**
Eisen	4,3	mg

EISEN PLUS

Dies ist ein hervorragendes Getränk, besonders für Frauen, die zu Anämie und Eisenmangel neigen. Beachten Sie den hohen Gehalt an Folsäure, Magnesium, Vitamin C, Vitamin E und Eisen.

1 Speiserübe mit Blättern
2 Grünkohlblätter
½ Tasse Brokkoliblüten mit Stielen
4 Karotten
1 Apfel, in Stücke geschnitten

Geben Sie die Zutaten abwechselnd in den Entsafter.

Nährwertanalyse

Kalorien	255	kcal
Eiweiß	6,9	g
Kohlenhydrate	60	g

Fett	1,45	g
Vitamin A	**8552**	**RE**
Vitamin C	**97**	**mg**
Vitamin E	**8,7**	**mg**
Thiamin	0,4	mg
Riboflavin	0,4	mg
Niacin	3,7	mg
Vitamin B_6	0,84	mg
Folsäure	**229**	**mcg**
Natrium	199	mg
Kalzium	172	mg
Magnesium	**136,3**	**mg**
Kalium	**1812**	**mg**
Eisen	**5,5**	**mg**

ENERGIETRUNK

Dieses Getränk ist ein beliebter Ersatz für Kaffee. Es bringt Energie und erhöht die Aufmerksamkeit. Der Saft ist sehr nährstoffreich, aber kalorienarm.

1 Handvoll Petersilie

6 Karotten

Ballen Sie die Petersilie in der Hand, stopfen Sie sie in den Entsafter, und drücken Sie sie mit einer Karotte (das dicke Ende zuerst) nach unten.

Nährwertanalyse

Kalorien	192	kcal
Eiweiß	4,6	g
Kohlenhydrate	45	g
Fett	0,84	g
Vitamin A	**1215**	**RE**
Vitamin C	**60**	**mg**
Vitamin E	**3**	**mg**
Thiamin	**0,42**	**mg**
Riboflavin	0,24	mg
Niacin	158	mg
Vitamin B_6	**0,66**	**mg**
Folsäure	**97**	**mcg**

Natrium	158	mg
Kalzium	140	mg
Magnesium	74	mg
Kalium	**1506**	**mg**
Eisen	3,36	mg

ENTSCHLACKUNGSCOCKTAIL

Dies ist ein gutes Getränk für das Säftefasten, weil es reich an Nährstoffen ist und die Entgiftung fördert. Wenn Sie kein Weizengras haben, können Sie statt dessen Petersilie nehmen. Weizengras ist extrem reich an Chlorophyll und Antioxidantien. Lassen Sie sich in einem Reformhaus beraten, wenn Sie sich damit noch nicht auskennen. Es ist sehr gesund.

½ Tasse Weizengras
4 Karotten
1 Apfel, in Stücke geschnitten
2 Stangen Sellerie
½ Speiserübe mit Blättern

Ballen Sie das Weizengras zusammen, und stopfen Sie es mit Hilfe der Karotten in den Entsafter. Geben Sie dann den Rest dazu, am besten abwechselnd, damit der Saft gut gemischt wird.

Nährwertanalyse

Kalorien	249	kcal
Eiweiß	5	g
Kohlenhydrate	60	g
Fett	1,3	g
Vitamin A	**8118**	**RE**
Vitamin C	**63**	**mg**
Vitamin E	**5,8**	**mg**
Thiamin	0,35	mg
Riboflavin	0,21	mg
Niacin	3,4	mg
Vitamin B_6	0,59	mg
Folsäure	**133**	**mcg**
Natrium	221	mg
Kalzium	149	mg
Magnesium	**99**	**mg**

Kalium	**1693**	**mg**
Eisen	3,9	mg

ENZYMCOCKTAIL

Dieses Getränk ist vollgepackt mit Enzymen. Es ist ein großartiger Start in den Tag, ein Superfrühstück. Es schmeckt auch ohne die Banane köstlich.

½ Mango, entkernt
2 Orangen, geschält
½ Papaya, entkernt, in Scheiben geschnitten
½ Ananas mit Schale, in Scheiben geschnitten
1 Banane, geschält

Entsaften Sie zuerst die Mango, dann eine Orange, dann die Papaya, die zweite Orange und schließlich die Ananas. Mixen Sie den Saft mit der Banane, bis er flüssig ist.

Nährwertanalyse

Kalorien	355	kcal
Eiweiß	5,1	g
Kohlenhydrate	90	g
Fett	1,5	g
Vitamin A	**772**	**RE**
Vitamin C	**272**	**mg**
Vitamin E	**3**	**mg**
Thiamin	**0,4**	**mg**
Riboflavin	0,4	mg
Niacin	2,5	mg
Vitamin B_6	**1,1**	**mg**
Folsäure	101	mcg
Natrium	7	mg
Kalzium	158	mg
Magnesium	84	mg
Kalium	**1476**	**mg**
Eisen	0,9	mg

ERKÄLTUNGSKILLER

Dies ist ein großartiges Getränk, wenn Sie das Gefühl haben, daß ein Schnupfen sich anbahnt. Es ist ein Tee, der Sie innerlich warm macht und zum Schwitzen bringt. Auch wenn Sie nicht erkältet sind und nur warm werden möchten, schmeckt das Getränk angenehm.

1 Scheibe Ingwer, 2 ½ cm
½ Zitrone mit Schale
1 Tasse heißes Wasser

Entsaften Sie die Zitrone und den Ingwer, und gießen Sie den Saft in das heiße Wasser. Wenn Sie möchten, können Sie ein wenig Muskat oder Zimt hineinstreuen.

FÄRB MICH ROSA

Dieser Saft ist ein großartiger Start in den Tag, vor allem wenn Sie abnehmen wollen. Er ist kalorienarm, aber der natürliche Fruchtzucker zügelt den Appetit. Der Gehalt an Flavonoiden ist besonders hoch. Achten Sie darauf, möglichst viel vom weißen, schwammigen »Pelz« an der Grapefruit zu belassen, da er besonders viele Flavonoide enthält.

1 Tasse Himbeeren
½ rosa Grapefruit, geschält

Entsaften Sie die Himbeeren zuerst, dann die Grapefruit.

Nährwertanalyse

Kalorien	100	kcal
Eiweiß	2	g
Kohlenhydrate	26	g
Fett	0,9	g
Vitamin A	31	RE
Vitamin C	**73**	**mg**
Vitamin E	0,9	mg
Thiamin	0,08	mg
Riboflavin	0,12	mg
Niacin	1,5	mg
Vitamin B_6	0,2	mg
Folsäure	12,2	mcg
Natrium	0	
Kalzium	41	mg
Magnesium	32	mg
Kalium	355	mg
Eisen	0,8	mg

FEMME FATALE

Eine »femme fatale« ist eine Frau, die Männer durch ihren geheimnisvollen Charme anzieht. Dieses Getränk unterstützt das weibliche Drüsensystem. Sowohl Fenchel wie auch Sellerie enthalten pflanzliches Östrogen. Diese Verbindung hat hormonähnliche Wirkungen. Der Saft ist bei vielen Beschwerden, einschließlich des postmenstruellen Syndroms, nützlich, weil er pflanzliches Östrogen und wichtige Nährstoffe enthält, zum Beispiel Kalium, Magnesium, Folsäure und Vitamin B_6.

1 kleiner Fenchel
2 Äpfel, in Stücke geschnitten
2 Selleriestangen

Schneiden Sie den Fenchel in kleine Stücke, und legen Sie sie in den Entsafter. Danach kommen die Äpfel und der Sellerie.

Nährwertanalyse

Kalorien	238	kcal
Eiweiß	2,76	g
Kohlenhydrate	60	g
Fett	1,52	g
Vitamin A	32	RE
Vitamin C	**32,6**	**mg**
Vitamin E	2,2	mg
Thiamin	0,13	mg
Riboflavin	0,09	mg
Niacin	0,82	mg
Vitamin B_6	0,22	mg
Folsäure	**83**	**mcg**
Natrium	92	mg
Kalzium	108	mg
Magnesium	50	mg
Kalium	**734**	**mg**
Eisen	3,2	mg

GEMÜSE MACHT IMMUN

Dieses Getränk ist ein vorzügliches Stärkungsmittel, vor allem während einer aktiven Infektion. Die Artischocken mit ihrem hohen Inulingehalt stärken zudem das Immunsystem.

2 Zehen Knoblauch
1 Stück Ingwer, ca. 1,5 cm lang
1 Handvoll Petersilie
4 Karotten
1 Apfel, in Stücke geschnitten
1 Tasse Artischocken (wenn gewünscht)

Legen Sie Knoblauch und Ingwer mitten in die Petersilie, und drücken Sie alles mit einer Karotte nach unten. Geben Sie dann abwechselnd die restlichen Zutaten in den Entsafter.

Nährwertanalyse

Kalorien	242	kcal
Eiweiß	5,1	g
Kohlenhydrate	59	g
Fett	1,16	g
Vitamin A	**8115**	**RE**
Vitamin C	**51**	**mg**
Vitamin E	2,55	mg
Thiamin	0,34	mg
Riboflavin	0,21	mg
Niacin	3,2	mg
Vitamin B_6	0,59	mg
Folsäure	**89**	**mcg**
Natrium	147	mg
Kalzium	133	mg
Magnesium	80	mg
Kalium	**1327**	**mg**
Eisen	3,34	mg

GINAS SÜSSER SONNENSCHEIN

Dieser Saft ist eine Spezialität meiner Frau *Gina*. Sie trinkt ihn gern am Morgen. Es ist auch einer meiner Lieblingssäfte, und er ist selbstverständlich auch ein guter Energiespender am Nachmittag, da er reichlich natürlichen Zucker enthält. Das sprudelnde Mineralwasser betont das Aroma dieses Saftes und macht ihn zu einem köstlichen, erfrischenden Getränk.

1 Tasse grüne Weintrauben
½ Zitrone, geschält

2 Orangen, geschält
100 g sprudelndes Mineralwasser

Entsaften Sie zuerst die Trauben, dann die Zitrone und die Orangen. Geben Sie das Mineralwasser hinzu, und rühren Sie um.

Nährwertanalyse

Kalorien	163	kcal
Eiweiß	3	g
Kohlenhydrate	42	g
Fett	0,66	g
Vitamin A	59	RE
Vitamin C	**157**	**mg**
Vitamin E	2,4	mg
Thiamin	0,25	mg
Riboflavin	0,23	mg
Niacin	0,99	mg
Vitamin B_6	0,03	mg
Folsäure	**84**	**mcg**
Natrium	0,5	mg
Kalzium	117	mg
Magnesium	28	mg
Kalium	606	mg
Eisen	0,54	mg

GINGER ALE

Dies ist ein großartiges Getränk für Kinder und ein hervorragender Ersatz für zuckerhaltige Limonaden. Es hilft außerdem bei Verdauungsbeschwerden.

1 Stück Ingwer, ca. 1,5 cm lang
1 Zitronenschnitz
1 grüner Apfel, in Stücke geschnitten
100 g sprudelndes Mineralwasser

Entsaften Sie den Ingwer zuerst, dann den Zitronenschnitz und zum Schluß den Apfel. Verrühren Sie den Saft im Mineralwasser.

Nährwertanalyse

Kalorien	85	kcal
Eiweiß	0,45	g

Kohlenhydrate	22,4	g
Fett	0,55	g
Vitamin A	7,5	RE
Vitamin C	15,5	mg
Vitamin E	0,4	mg
Thiamin	0,03	mg
Riboflavin	0,02	mg
Niacin	0,12	mg
Vitamin B_6	0,12	mg
Folsäure	5,4	mcg
Natrium	1,25	mg
Kalzium	13,8	mg
Magnesium	6	mg
Kalium	179	mg
Eisen	0,4	mg

GRÜNER DRINK

Ein uraltes angelsächsisches Sprichwort sagt: »*Wenn du innerlich grün bist, bist du innerlich sauber.*« Ich glaube, darin steckt ein Körnchen Wahrheit. Das folgende Rezept ist jedenfalls eines der gesündesten, die es gibt.

1 Handvoll Petersilie oder Weizengras
2 Äpfel (Granny Smith), in Scheiben geschnitten
2 Grünkohlblätter
1 Handvoll Spinat

Entsaften Sie zuerst die Petersilie oder das Weizengras, dann einen der Äpfel, dann den Grünkohl und den Spinat. Der zweite Apfel kommt zuletzt.

Nährwertanalyse

Kalorien	189	kcal
Eiweiß	4	g
Kohlenhydrate	47	g
Fett	1,4	g
Vitamin A	**766**	**RE**
Vitamin C	**56**	**mg**
Vitamin E	**8,4**	**mg**
Thiamin	0,13	mg

Riboflavin	0,44	mg
Niacin	1,1	mg
Vitamin B6	**0,6**	**mg**
Folsäure	**244**	**mcg**
Natrium	94	mg
Kalzium	145	mg
Magnesium	**104**	**mg**
Kalium	**996**	**mg**
Eisen	4,4	mg

HARNTREIBER

Die harntreibende Wirkung eines Extraktes aus Löwenzahnblättern ist derjenigen des bekannten Medikamentes Lasix vergleichbar. Auch Karotten und Sellerie wirken ein wenig harntreibend.

1 Handvoll Löwenzahnblätter (oder Endivie)
2 Selleriestangen
4 Karotten

Entsaften Sie zuerst die Löwenzahnblätter, dann den Sellerie und schließlich die Karotten.

Nährwertanalyse

Kalorien	148	kcal
Eiweiß	5	g
Kohlenhydrate	34	g
Fett	0,96	g
Vitamin A	**8486**	**RE**
Vitamin C	**49**	**mg**
Vitamin E	**7,2**	**mg**
Thiamin	0,35	mg
Riboflavin	0,38	mg
Niacin	3,3	mg
Vitamin B6	**0,66**	**mg**
Folsäure	**156**	**mcg**
Natrium	214	mg
Kalzium	160	mg
Magnesium	**98**	**mg**
Kalium	**1472**	**mg**
Eisen	3,44	mg

HOHES C

Viele Leute glauben, Zitrusfrüchte hätten den höchsten Gehalt an Vitamin C; aber in Wirklichkeit enthalten einige Gemüse mehr Vitamin C als Zitrusfrüchte.

½ Tasse Brokkoliblüten mit Stielen
1 grüne Paprikaschote
1 süße rote Paprikaschote
2 Äpfel, in Stücke geschnitten

Entsaften Sie zuerst den Brokkoli, dann die Paprikaschoten, dann die Äpfel.

Nährwertanalyse

Kalorien	210	kcal
Eiweiß	3,1	g
Kohlenhydrate	52	g
Fett	1,75	g
Vitamin A	**700**	**RE**
Vitamin C	**296**	**mg**
Vitamin E	**3,3**	**mg**
Thiamin	0,27	mg
Riboflavin	0,16	mg
Niacin	1,28	mg
Vitamin B_6	0,47	mg
Folsäure	**64**	**mcg**
Natrium	18	mg
Kalzium	49	mg
Magnesium	43	mg
Kalium	**749**	**mg**
Eisen	2,8	mg

JICAMA-KAROTTEN-APFEL

Dieses Getränk ist ein Beispiel dafür, daß Karotten und Äpfel als Grundlage für andere Gemüse gut geeignet sind.

1 Scheibe Jicama, ca 1,5 cm
4 Karotten
1 Apfel, in Stücke geschnitten

Geben Sie die Zutaten abwechselnd in den Entsafter.

Nährwertanalyse

Kalorien	256	kcal
Eiweiß	3,1	g
Kohlenhydrate	62	g
Fett	1,46	g
Vitamin A	**8107**	**RE**
Vitamin C	**40**	**mg**
Vitamin E	2,8	mg
Thiamin	0,33	mg
Riboflavin	0,2	mg
Niacin	2,9	mg
Vitamin B_6	0,55	mg
Folsäure	**97**	**mcg**
Natrium	92	mg
Kalzium	87	mg
Magnesium	51	mg
Kalium	**1152**	**mg**
Eisen	1,94	mg

KALIUM-BOWLE

Dieser Punsch ist dick und köstlich. Er enthält nicht nur reichlich Kalium, sondern auch Vitamin C. Ebenfalls eine großartige Möglichkeit, den Tag zu beginnen!

1 Pfirsich, entkernt, in Scheiben geschnitten
2 Orangen, geschält
½ Papaya, entkernt, in Scheiben geschnitten
1 Banane, geschält

Entsaften Sie zuerst den Pfirsich, dann eine Orange, dann die Papaya und zuletzt die zweite Orange. Gießen Sie den Saft in einen Mixer, stecken Sie die Banane hinein, und verflüssigen Sie den Inhalt.

Nährwertanalyse

Kalorien	355	kcal
Eiweiß	5,1	g
Kohlenhydrate	90	g
Fett	1,5	g
Vitamin A	772	RE

Vitamin C	**272**	**mg**
Vitamin E	2,75	mg
Thiamin	0,4	mg
Riboflavin	0,4	mg
Niacin	7	mg
Vitamin B_6	**0,92**	**mg**
Folsäure	32,6	mcg
Natrium	158	mg
Kalzium	84	mg
Magnesium	65	mg
Kalium	**1476**	**mg**
Eisen	0,9	mg

KALIUM-TONIKUM

Dieses Getränk liefert stolze 1834 mg Kalium und ist vollgepackt mit Karotinen, Vitaminen und Mineralien.

1 Handvoll Petersilie
4 Karotten
1 Handvoll Spinat
2 Selleriestangen
1 Tomate, geviertelt

Ballen Sie die Petersilie in der Hand, und stopfen Sie sie mit Hilfe einer Karotte in den Entsafter. Machen Sie anschließend dasselbe mit dem Spinat, und geben Sie dann die übrigen Zutaten abwechselnd in den Entsafter.

Nährwertanalyse

Kalorien	178	kcal
Eiweiß	6,5	g
Kohlenhydrate	41	g
Fett	1,26	g
Vitamin A	**8625**	**RE**
Vitamin C	**88**	**mg**
Vitamin E	**7,5**	**mg**
Thiamin	**0,42**	**mg**
Riboflavin	**0,44**	**mg**
Niacin	4,2	mg
Vitamin B_6	**0,76**	**mg**

Folsäure	**204**	**mcg**
Natrium	232	mg
Kalzium	194	mg
Magnesium	**120**	**mg**
Kalium	**1834**	**mg**
Eisen	**5,2**	**mg**

KAROTTEN-APFEL-SAFT

Dies ist ein Saft, der als »Grundlage« dient; aber er ist auch ohne weitere Zusätze ein Getränk von überaus hohem Nährwert. *Jay Kordich*, der »Säftemann«, nennt diesen Saft »Champion«, und er ist seit über 40 Jahren sein Lieblingsgetränk. Und das aus gutem Grund – denn *Jay* glaubt, dieser Saft habe ihm das Leben gerettet. Der Karotten-Apfel-Saft kann als Grundlage dienen, der Sie stärkere Gemüse wie Spinat, andere Grüngemüse, Rettiche und Rüben in kleinen Mengen beigeben.

4 Karotten, in Scheiben geschnitten

2 Äpfel, in Stücke geschnitten

Geben Sie die Karotten- und Apfelstücke abwechselnd in den Entsafter, damit die Säfte sich gut vermischen.

Nährwertanalyse

Kalorien	286	kcal
Eiweiß	3,4	g
Kohlenhydrate	71	g
Fett	1,56	g
Vitamin A	**8114**	**RE**
Vitamin C	**44**	**mg**
Vitamin E	**2,8**	**mg**
Thiamin	0,33	mg
Riboflavin	0,2	mg
Niacin	2,9	mg
Vitamin B_6	**0,64**	**mg**
Folsäure	48	mcg
Natrium	102	mg
Kalzium	96	mg
Magnesium	56	mg

Kalium	**1250**	**mg**
Eisen	2,04	mg

KIRSCHLIMONADE

Kirschen sind eine ausgezeichnete Quelle für Flavonoide, und sie sind nachweislich von großem Nutzen bei Arthritis und Gicht. Dies ist ein köstliches Getränk, das Sie Ihren Kindern anstelle von Limonaden oder »Fruchtsäften« mit künstlichen Farb- und Aromastoffen geben können.

2 Tassen Kirschen ohne Kerne
1 Apfel, in Stücke geschnitten
100 g Mineralwasser

Entsaften Sie die Kirschen und den Apfel. Gießen Sie den Saft in ein Glas mit etwas Eis, und leeren Sie das Mineralwasser darüber.

Nährwertanalyse

Kalorien	228	kcal
Eiweiß	2,7	g
Kohlenhydrate	55	g
Fett	2,6	mg
Vitamin A	52	RE
Vitamin C	**22**	**mg**
Vitamin E	1,9	mg
Thiamin	0,12	mg
Riboflavin	0,14	mg
Niacin	1	mg
Vitamin B_6	0,17	mg
Folsäure	12,3	mcg
Natrium	1	mg
Kalzium	40	mg
Magnesium	30	mg
Kalium	615	mg
Eisen	1,2	mg

KNOCHEN-COCKTAIL

Dieser ungewöhnlich nährstoffreiche Saft liefert Ihnen wichtige Substanzen, die der Körper braucht, um Knochen aufzubauen: Kalzium, Bor, Magnesium, andere Mineralien und Vitamin K_1.

3 Grünkohlblätter
2 Weißkohlblätter
1 Handvoll Petersilie
3 Karotten
1 Apfel, in Stücke geschnitten
½ grüne Paprikaschote

Zerknüllen Sie die Kohlblätter und die Petersilie in der Hand, und stopfen Sie sie mit Hilfe der Karotten und der Apfelstücke in den Entsafter.

Nährwertanalyse

Kalorien	211	kcal
Eiweiß	5,6	g
Kohlenhydrate	50	g
Fett	1,37	g
Vitamin A	**6639**	**RE**
Vitamin C	**110**	**mg**
Vitamin E	**6,2**	**mg**
Thiamin	0,33	mg
Riboflavin	0,36	mg
Niacin	3	mg
Vitamin B_6	**0,68**	**mg**
Folsäure	**173**	**mcg**
Natrium	143	mg
Kalzium	212	mg
Magnesium	**102**	**mg**
Kalium	**1384**	**mg**
Eisen	4,4	mg

KOHL-ÜBERRASCHUNG

Die Überraschung ist der köstliche Geschmack dieses Saftes. Es ist ein sehr nährstoffreiches Getränk, daß jene Schwefelverbindungen enthält, die nachweislich krebshemmend wirken und dem Körper helfen, Schwermetalle auszuscheiden. Der Saft ist außerdem reich an Kalzium, Vitamin C und Karotinen. Ein großartiges Getränk zum Säftefasten!

3 oder 4 Grünkohlblätter
½ Tasse Brokkoliblüten mit Stielen
½ Weißkohlkopf, in Stücke geschnitten
2 Karotten
2 Äpfel, in Stücke geschnitten

Stecken Sie zuerst die Grünkohlblätter, dann den Brokkoli und den Weißkohl in den Entsafter. Geben Sie dann abwechselnd die Karotten und die Apfelstücke dazu.

Nährwertanalyse

Kalorien	272	kcal
Eiweiß	6,1	g
Kohlenhydrate	67	g
Fett	1,8	g
Vitamin A	**4520**	**RE**
Vitamin C	**136**	**mg**
Vitamin E	**7,9**	**mg**
Thiamin	0,31	mg
Riboflavin	0,4	mg
Niacin	2,5	mg
Vitamin B_6	**0,79**	**mg**
Folsäure	**126**	**mcg**
Natrium	126	mg
Kalzium	183	mg
Magnesium	**104**	**mg**
Kalium	**1497**	**mg**
Eisen	3,9	mg

KÜHLENDE GURKE

Dieses Getränk können Sie mit Eis servieren, oder Sie können die Tomate einen Tag früher entsaften und den Saft in einen Eiswürfelformer schütten.

1 Tomate, geviertelt
1 Gurke
2 Selleriestangen
1 Zweig Petersilie zum Garnieren

Entsaften Sie zuerst die Tomate, dann die Gurke und die Selleriestangen.

Nährwertanalyse

Kalorien	212	kcal
Eiweiß	2,86	g
Kohlenhydrate	53	g
Fett	1,64	g
Vitamin A	167	RE
Vitamin C	**47**	**mg**
Vitamin E	2,7	mg
Thiamin	0,17	mg
Riboflavin	0,14	mg
Niacin	1,4	mg
Vitamin B_6	0,47	mg
Folsäure	41	mcg
Natrium	84	mg
Kalzium	70	mg
Magnesium	48	mg
Kalium	**956**	**mg**
Eisen	12	mg

LEBERSAFT

Dieses Getränk nenne ich Lebersaft, weil es den Gallen- und Fettfluß zur Leber und aus der Leber fördert. Das ist sehr nützlich, wenn Sie abnehmen möchten oder an Leberbeschwerden leiden.

½ Speiserübe mit Blättern

2 oder 3 Äpfel, in Stücke geschnitten

Geben Sie die Rübe und die Apfelstücke abwechselnd in den Entsafter.

Nährwertanalyse

Kalorien	188	kcal
Eiweiß	1,5	g
Kohlenhydrate	48	g
Fett	1,04	g
Vitamin A	15	RE
Vitamin C	**20,3**	**mg**
Vitamin E	**2,85**	**mg**
Thiamin	0,07	mg

Riboflavin	0,05	mg
Niacin	0,43	mg
Vitamin B_6	0,23	mg
Folsäure	53	mcg
Natrium	44	mg
Kalzium	29	mg
Magnesium	43	mg
Kalium	584	mg
Eisen	1,13	mg

LEBERTONIKUM

Ein Tonikum verbessert einen »Tonus« oder eine Funktion. Ein Lebertonikum verbessert insbesondere den Tonus und die Funktion der Leber, des wichtigsten Stoffwechsel- und Entgiftungsorgans. Wenn Sie keine Löwenzahnwurzeln finden, können Sie statt dessen 4 Radieschen nehmen.

1 Löwenzahnwurzel
½ Rübe mit Blättern
2 Karotten
1 Apfel, geschnitten
Nacheinander in den Entsafter geben.

Nährwertanalyse

Kalorien	254	kcal
Eiweiß	3,4	g
Kohlenhydrate	63	g
Fett	1,56	g
Vitamin A	**7414**	**RE**
Vitamin C	**44**	**mg**
Vitamin E	2,8	mg
Thiamin	0,33	mg
Riboflavin	0,2	mg
Niacin	2,9	mg
Vitamin B_6	**0,63**	**mg**
Folsäure	58	mcg
Natrium	102	mg
Kalzium	96	mg
Magnesium	56	mg

Kalium	**1250**	**mg**
Eisen	2,04	mg

LIEBER ROT ALS TOT

Dies ist einer meiner Lieblingssäfte, vor allem im Herbst. Er gehört zu den Säften, die am meisten Karotin enthalten, besonders die roten und orangenen Karotine. Wenn Sie diesen Saft trinken, sind Sie das ganze Jahr über gebräunt. Ich gab diesem Saft den Namen »Lieber rot als tot«, weil einer meiner Professoren, *Dr. Ed Madison*, eine Vorlesung unter diesem Titel hielt. Dabei ging es um den Nutzen der Karotine. Seine Vorlesung machte großen Eindruck auf mich, und seitdem bemühe ich mich, reichlich Karotine aufzunehmen. Wie bereits erwähnt, besteht ein enger Zusammenhang zwischen der Karotinzufuhr und der Lebenserwartung. Dieses Getränk liefert Ihnen Karotin in enormen Mengen. Meine Frau *Gina* und ich trinken es oft, bevor wir in einer sonnigen Gegend Urlaub machen; denn Karotin wird in der Haut gespeichert und schützt vor Sonnenbrand.

1 Speiserübe mit Blättern
½ mittelgroße Süßkartoffel, in Streifen geschnitten
3 Karotten

Entsaften Sie zuerst die Rübe, dann die Süßkartoffel und zuletzt die Karotten.

Nährwertanalyse

Kalorien	198	kcal
Eiweiß	4	g
Kohlenhydrate	46	g
Fett	0,56	g
Vitamin A	**6076**	**RE**
Vitamin C	**34**	**mg**
Vitamin E	**3,55**	**mg**
Thiamin	0,34	mg
Riboflavin	0,15	mg
Niacin	2,64	mg
Vitamin B_6	**0,56**	**mg**
Folsäure	**86**	**mcg**
Natrium	123	mg

Kalzium	75	mg
Magnesium	76	mg
Kalium	**1420**	**mg**
Eisen	2	mg

LIEBLING DER KINDER

Kinder lieben dieses Getränk, das Sie auch einfrieren können. Es ist ein Hochgenuß, wenn Sie eine Diät machen (beachten Sie den niedrigen Kaloriengehalt) oder wenn Sie Herzbeschwerden haben, und es unterstützt das Immunsystem.

½ Kantaloupe-Melone mit Schale, in Scheiben geschnitten

1 Tasse Erdbeeren

Geben Sie abwechselnd die Kantaloupen-Melonen-Scheiben und die Erdbeeren in den Entsafter.

Nährwertanalyse

Kalorien	139	kcal
Eiweiß	3,2	g
Kohlenhydrate	33	g
Fett	1,3	g
Vitamin A	**865**	**RE**
Vitamin C	**197**	**mg**
Vitamin E	0,6	mg
Thiamin	0,13	mg
Riboflavin	0,2	mg
Niacin	1,8	mg
Vitamin B_6	0,4	mg
Folsäure	72	mcg
Natrium	25	mg
Kalzium	49	mg
Magnesium	44	mg
Kalium	**1072**	**mg**
Eisen	1,2	mg

MANCHE MÖGEN'S HEISS

Wenn Sie gern scharf gewürzte Speisen essen, werden Sie dieses Getränk lieben. Es ist, gelinde gesagt, ziemlich belebend.

2 Radieschen
2 Tomaten, geviertelt
1 grüne Paprikaschote, geviertelt
1 süße rote Paprikaschote, geviertelt
1 Schuß Tabascosoße (wenn gewünscht)
Geben Sie die Zutaten abwechselnd in den Entsafter.

Nährwertanalyse

Kalorien	91	kcal
Eiweiß	3,8	g
Kohlenhydrate	20	g
Fett	1,44	g
Vitamin A	**896**	**RE**
Vitamin C	**243**	**mg**
Vitamin E	2,6	mg
Thiamin	0,34	mg
Riboflavin	0,23	mg
Niacin	2,34	mg
Vitamin B_6	0,43	mg
Folsäure	60	mcg
Natrium	68	mg
Kalzium	33	mg
Magnesium	52	mg
Kalium	**904**	**mg**
Eisen	3,1	mg

MIKES LIEBLING

Aus dem Namen dieses Getränks können Sie ersehen, daß ich es mag. Es ist mein »Liebling« wegen seines Aromas, aber auch wegen seiner gesundheitlichen Wirkungen. Es ist ein großartiges Frühstücksgetränk, ziemlich dick und sättigend.

½ Ananas mit Schale, in Scheiben geschnitten
1 Tasse Blaubeeren
1 Banane, geschält

Entsaften Sie die Ananas, gießen Sie den Saft in einen Mixer, geben Sie die Blaubeeren und die Banane dazu, und verflüssigen Sie das Ganze.

Nährwertanalyse

Kalorien	313	kcal
Eiweiß	3,1	g
Kohlenhydrate	78	g
Fett	2,4	g
Vitamin A	30	RE
Vitamin C	**68**	**mg**
Vitamin E	1,1	mg
Thiamin	**0,5**	**mg**
Riboflavin	0,29	mg
Niacin	2,3	mg
Vitamin B_6	**1,1**	**mg**
Folsäure	58	mcg
Natrium	13	mg
Kalzium	34	mg
Magnesium	73	mg
Kalium	**865**	**mg**
Eisen	1,5	mg

MINZENSCHAUM

Dies ist ein hervorragendes Getränk, das ungewöhnlich schmeckt. Minze hat eine beruhigende Wirkung auf den Magen-Darm-Trakt und kann auch Viren hemmen.

1 Handvoll Minze

2 Kiwis, geschält

1 grüner Apfel, in Stücke geschnitten

Entsaften Sie die Minze zuerst, dann die Kiwis und schließlich den Apfel. Gießen Sie den Saft über Eis, wenn Sie möchten.

Nährwertanalyse

Kalorien	173	kcal
Eiweiß	1,9	g
Kohlenhydrate	44	g
Fett	1,1	g
Vitamin A	33	RE
Vitamin C	**157**	**mg**

Vitamin E	0,4	mg
Thiamin	0,05	mg
Riboflavin	0,09	mg
Niacin	0,9	mg
Vitamin B_6	0,1	mg
Folsäure	3,9	mcg
Natrium	9	mg
Kalzium	50	mg
Magnesium	52	mg
Kalium	**663**	**mg**
Eisen	0,9	mg

ORANGEN-MIX

Eine Orangensaftvariante, die den Geschmacksknospen schmeichelt.

¼ Ananas mit Haut, in Scheiben geschnitten

2 Orangen, geschält

Entsaften Sie zuerst die Ananas, dann die Orangen.

Nährwertanalyse

Kalorien	224	kcal
Eiweiß	2,6	g
Kohlenhydrate	59	g
Fett	1,6	g
Vitamin A	48	RE
Vitamin C	**184**	**mg**
Vitamin E	1,2	mg
Thiamin	**0,5**	**mg**
Riboflavin	0,3	mg
Niacin	2,3	mg
Vitamin B_6	**0,7**	**mg**
Folsäure	**124**	**mcg**
Natrium	4	mg
Kalzium	104	mg
Magnesium	61	mg
Kalium	**812**	**mg**
Eisen	1,3	mg

POPEYES KRAFTGETRÄNK

Erinnern Sie sich an die Comicfigur Popeye, den Seemann? Wissen Sie noch, wie er sich fühlte, nachdem er seine Dose Spinat verspeist hatte? Dieses Getränk hat beinahe die gleiche Wirkung! Es ist ein Energiespender, der reich an wichtigen Nährstoffen ist.

1 Handvoll Petersilie
4 Karotten
1 Handvoll Spinat

Entsaften Sie zuerst die Petersilie. Ballen Sie sie in der Hand zusammen, und stopfen Sie sie mit Hilfe einer Karotte in den Entsafter. Machen Sie das gleiche mit dem Spinat, und entsaften Sie dann die übrigen Karotten.

Nährwertanalyse

Kalorien	142	kcal
Eiweiß	4,8	g
Kohlenhydrate	32,6	g
Fett	0,76	g
Vitamin A	**8476**	**RE**
Vitamin C	**62**	**mg**
Vitamin E	**5,8**	**mg**
Thiamin	0,32	mg
Riboflavin	0,36	mg
Niacin	3,3	mg
Vitamin B_6	**0,64**	**mg**
Folsäure	**185**	**mcg**
Natrium	152	mg
Kalzium	158	mg
Magnesium	96	mg
Kalium	**1352**	**mg**
Eisen	4,2	mg

PREISELBEER-APFEL-SAFT

Dies ist ein vorzügliches Getränk an Feiertagen und eine gesunde Alternative zu den zuckerreichen Dosengetränken. Es ist außerdem hilfreich bei Infektionen der Harnwege und bei Nierensteinen.

½ Tasse Preiselbeeren
½ Zitrone, geschält
1 Handvoll Weintrauben
2 Äpfel, in Stücke geschnitten

Entsaften Sie zuerst die Preiselbeeren, dann die Zitrone, die Trauben und die Apfelstücke.

Nährwertanalyse

Kalorien	206	kcal
Eiweiß	1,3	g
Kohlenhydrate	54	g
Fett	1,33	g
Vitamin A	21	RE
Vitamin C	**37**	**mg**
Vitamin E	1,6	mg
Thiamin	0,1	mg
Riboflavin	0,08	mg
Niacin	0,44	mg
Vitamin B_6	0,3	mg
Folsäure	14,2	mcg
Natrium	5	mg
Kalzium	33	mg
Magnesium	15	mg
Kalium	436	mg
Eisen	0,92	mg

PREISELBEER-DRINK

Preiselbeeren sind hervorragend dafür geeignet, die Blase vor Entzündungen zu schützen. In diesem Saft überdecken das Aroma und der natürliche Fruchtzucker der Äpfel und der Orange die Bitterstoffe der Preiselbeeren.

1 Tasse Preiselbeeren
2 Äpfel, in Stücke geschnitten
1 Orange, geschält

Entsaften Sie zuerst die Preiselbeeren, dann die Apfelstücke mit der Orange.

Nährwertanalyse

Kalorien	306	kcal
Eiweiß	2,8	g
Kohlenhydrate	78	g
Fett	1,8	g
Vitamin A	56	RE
Vitamin C	**104**	**mg**
Vitamin E	1,7	mg
Thiamin	0,25	mg
Riboflavin	0,24	mg
Niacin	1,1	mg
Vitamin B_6	0,4	mg
Folsäure	57	mcg
Natrium	11	mg
Kalzium	81	mg
Magnesium	32	mg
Kalium	**684**	**mg**
Eisen	0,9	mg

PURPURMILCH

Wie Milch, liefert auch dieses Getränk Kalzium. Außerdem enthält es weitere Nährstoffe, die in der Milch nicht enthalten sind.

½ Kopf Rotkohl, in Stücke geschnitten
2 Grünkohlblätter
1 rote Paprikaschote, geviertelt
2 rote Äpfel, in Stücke geschnitten

Entsaften Sie zuerst den Rotkohl, dann die Grünkohlblätter, die Paprikaschote und die Äpfel.

Nährwertanalyse

Kalorien	226	kcal
Eiweiß	4	g
Kohlenhydrate	55	g
Fett	1,8	g
Vitamin A	**245**	**RE**
Vitamin C	**198**	**mg**
Vitamin E	**6,1**	**mg**
Thiamin	0,24	mg

Riboflavin	0,22	mg
Niacin	1,2	mg
Vitamin B_6	**0,8**	**mg**
Folsäure	**104**	**mcg**
Natrium	42	mg
Kalzium	124	mg
Magnesium	64	mg
Kalium	**906**	**mg**
Eisen	3,1	mg

SAFT UND KRAFT FÜRS IMMUNSYSTEM

Dieses Getränk ist reich an Nähr- und Wirkstoffen, die das Immunsystem dringend benötigt. Es enthält auch Flavonoide und andere Substanzen, die sich als virushemmend und antioxidativ erwiesen haben. Die Banane macht den Saft dicker, so daß der Fruchtzucker langsamer aufgenommen wird. Das ist während einer aktiven Infektion besonders wichtig.

1 Orange, geschält
½ Ananas mit Haut, in Scheiben geschnitten
½ Tasse Erdbeeren
1 Banane, geschält

Entsaften Sie die Orange, die Ananas und die Erdbeeren, gießen Sie den Saft in einen Mixer, und mixen Sie ihn mit der Banane.

Nährwertanalyse

Kalorien	246	kcal
Eiweiß	3,6	g
Kohlenhydrate	56	g
Fett	1,8	g
Vitamin A	71	RE
Vitamin C	**58**	**mg**
Vitamin E	1,5	mg
Thiamin	**0,38**	**mg**
Riboflavin	0,37	mg
Niacin	2,1	mg
Vitamin B_6	**0,84**	**mg**
Folsäure	**88**	**mcg**
Natrium	4	mg

Kalzium	143	mg
Magnesium	96	mg
Kalium	**1047**	**mg**
Eisen	1,6	mg

SALAT IM GLAS

Wenn Sie Salate nicht besonders mögen, probieren Sie einmal einen Salatsaft! Beachten Sie, wie viele Nährstoffe dieses kalorienarme Getränk enthält.

4 Petersilienzweige
3 Tomaten, geviertteilt
½ grüne Paprikaschote
½ Gurke
1 Schalotte
1 Zitronenschnitz

Ballen Sie die Petersilie in der Hand zusammen, und entsaften Sie sie zusammen mit den übrigen Zutaten. Garnieren Sie mit dem Zitronenschnitz, wenn Sie wollen.

Nährwertanalyse

Kalorien	115	kcal
Eiweiß	5,4	g
Kohlenhydrate	25,6	g
Fett	1,3	g
Vitamin A	**691**	**RE**
Vitamin C	**156**	**mg**
Vitamin E	1,6	mg
Thiamin	0,33	mg
Riboflavin	0,29	mg
Niacin	2,84	mg
Vitamin B_6	0,52	mg
Folsäure	**82**	**mcg**
Natrium	39	mg
Kalzium	87	mg
Magnesium	73	mg
Kalium	**1192**	**mg**
Eisen	4,05	mg

SCHWUNG DURCH INGWER

Ein gutes Getränk, um den Cholesterinspiegel zu senken, ohne Knoblauch zu verwenden.

1 Stück Ingwer, ca. 1,5 cm lang
1 Apfel, in Stücke geschnitten
4 Karotten

Entsaften Sie zuerst den Ingwer, dann den Apfel und schließlich die Karotten.

Nährwertanalyse

Kalorien	205	kcal
Eiweiß	3,1	g
Kohlenhydrate	50	g
Fett	1,06	g
Vitamin A	**8107**	**RE**
Vitamin C	**36**	**mg**
Vitamin E	2,4	mg
Thiamin	0,3	mg
Riboflavin	0,18	mg
Niacin	2,8	mg
Vitamin B_6	0,54	mg
Folsäure	44	mcg
Natrium	101	mg
Kalzium	86	mg
Magnesium	50	mg
Kalium	**1091**	**mg**
Eisen	1,74	mg

SUPER V-7

Dieses Getränk ist frisch, lebendig, kalorienarm, nährstoffreich und schmeckt nicht nach Dose. Sportler können damit ihren Verlust an Elektrolyten ausgleichen.

1 Handvoll Petersilie
2 Karotten
1 Handvoll Spinat
2 Tomaten, geviertelt
2 Selleriestangen

½ Gurke

½ grüne Paprikaschote

Ballen Sie die Petersilie in der Hand zusammen, stopfen Sie sie mit Hilfe einer Karotte in den Entsafter, und entsaften Sie beides zuerst. Tun Sie dann das gleiche mit dem Spinat. Stecken Sie anschließend die restlichen Zutaten abwechselnd in den Entsafter.

Nährwertanalyse

Kalorien	147	kcal
Eiweiß	5,8	g
Kohlenhydrate	33,4	g
Fett	1,4	g
Vitamin A	**4548**	**RE**
Vitamin C	**129**	**mg**
Vitamin E	**5,5**	**mg**
Thiamin	**0,39**	**mg**
Riboflavin	0,35	mg
Niacin	3,6	mg
Vitamin B_6	**0,67**	**mg**
Folsäure	**136**	**mcg**
Natrium	168	mg
Kalzium	132	mg
Magnesium	**97**	**mg**
Kalium	**1562**	**mg**
Eisen	1,15	mg

TOMATE MIT PFIFF

Ein Tomatensaftcocktail mit Pfiff! Ein großartiges Getränk zur Abkühlung.

4 Tomaten, geviertelt

2 süße rote Paprikaschoten, geviertelt

1 Schuß Tabascosoße

Geben Sie die Tomaten und die Paprikaschoten abwechselnd in den Entsafter. Gießen Sie den Saft in ein Glas (auf Eis, wenn Sie wollen), würzen Sie mit einem Schuß Tabascosoße, und rühren Sie um.

Nährwertanalyse

Kalorien	132	kcal
Eiweiß	6	g
Kohlenhydrate	29	g
Fett	1,8	g
Vitamin A	**634**	**RE**
Vitamin C	**276**	**mg**
Vitamin E	**3,2**	**mg**
Thiamin	**0,48**	**mg**
Riboflavin	0,34	mg
Niacin	3,6	mg
Vitamin B_6	**0,3**	**mg**
Folsäure	**35,5**	**mcg**
Natrium	110	mg
Kalzium	40	mg
Magnesium	76	mg
Kalium	**1314**	**mg**
Eisen	2,1	mg

VERDAUUNGSTRUNK

Dies ist ein wunderbares Getränk für Leute, die Verdauungsstörungen haben. Es ist vollgepackt mit Enzymen und mit Verbindungen, die Darmkrämpfe lindern und die Ausscheidung von Gasen fördern.

1 Stück Ingwer, ca. 1,5 cm lang
½ Handvoll Minze
1 Kiwi, ungeschält
¼ Ananas mit Schale, in Scheiben geschnitten

Entsaften Sie zuerst Ingwer und Minze, dann die Kiwi und danach die Ananas.

Nährwertanalyse

Kalorien	256	kcal
Eiweiß	2,3	g
Kohlenhydrate	63	g
Fett	2,3	g
Vitamin A	23	RE
Vitamin C	**139**	**mg**

Vitamin E	0,5	mg
Thiamin	**0,51**	**mg**
Riboflavin	0,19	mg
Niacin	2,4	mg
Vitamin B_6	0,5	mg
Folsäure	44,5	mcg
Natrium	9	mg
Kalzium	50	mg
Magnesium	78	mg
Kalium	**727**	**mg**
Eisen	1,8	mg

VITAMIN U

Dies ist eines der Rezepte, das *Dr. Garnett Cheney* empfiehlt, um Magen- und Darmgeschwüre (Ulzera) zu behandeln. In einem anderen Rezept werden die Tomaten durch 2 Karotten ersetzt.

½ Grünkohlkopf (= 2 Tassen)

2 Tomaten, geviertelt

4 Selleriestangen

Grünkohl ist am besten; aber auch Rotkohl ist geeignet. Schneiden Sie den Kohl in lange Stücke, und stopfen Sie sie in den Entsafter. Dann folgen die Tomaten und schließlich der Sellerie.

Nährwertanalyse

Kalorien	104	kcal
Eiweiß	5	g
Kohlenhydrate	24	g
Fett	1,24	g
Vitamin A	**314**	**RE**
Vitamin C	**119**	**mg**
Vitamin E	**5,8**	**mg**
Thiamin	0,26	mg
Riboflavin	0,21	mg
Niacin	2,2	mg
Vitamin B_6	0,38	mg
Folsäure	**117**	**mcg**

Natrium	184	mg
Kalzium	136	mg
Magnesium	68	mg
Kalium	**1308**	**mg**
Eisen	2,8	mg

WALDORFSALAT

Dieses Getränk ist köstlich und erfrischend. Es hat eine entspannende Wirkung und wird oft bei Kopfschmerzen empfohlen.

1 Selleriestange

2 grüne Äpfel, in Stücke geschnitten

Entsaften Sie erst den Sellerie, dann die Äpfel.

Nährwertanalyse

Kalorien	168	kcal
Eiweiß	0,9	g
Kohlenhydrate	43,5	g
Fett	1,1	g
Vitamin A	19	RE
Vitamin C	18	mg
Vitamin E	1,5	mg
Thiamin	0,06	mg
Riboflavin	0,05	mg
Niacin	0,3	mg
Vitamin B_6	0,21	mg
Folsäure	11,4	mcg
Natrium	37	mg
Kalzium	34	mg
Magnesium	17	mg
Kalium	432	mg
Eisen	0,8	mg

Kapitel 8
Säfte als Medizin

Hippokrates, der Vater der westlichen Medizin, sagte: *»Deine Nahrung sei deine Arznei, und deine Arznei sei deine Nahrung.«* Es ist erstaunlich, wie weit wir von diesem guten Rat abgewichen sind. Vor einigen Jahren las ich in einer Sonntagszeitung eine jener Rubriken, die »Fragen an Doktor X« beantworten. Eine Frage lautete: *»Hat Kohl eine günstige Wirkung bei Magen- oder Darmgeschwüren?«* Der Arzt verneinte entschieden, und er warnte überdies vor *»Quacksalberei«*. Seine Antwort war aus mehreren Gründen äußerst unglücklich.

Erstens gibt es in der medizinischen Literatur, wie bereits erwähnt, Belege dafür, daß die Behandlung von Geschwüren mit frischem Kohl überraschend erfolgreich ist. *Dr. Garnett Cheney* von der Stanford-Universität und andere Forscher leiteten in den vierziger und fünfziger Jahren mehrere Studien, die sich mit frischem Kohlsaft befaßten.[1] Die Resultate zeigten klar und deutlich, daß frischer Kohlsaft ein extrem wirksames Mittel gegen Magen- und Darmgeschwüre ist. Die meisten Patienten wurden sogar innerhalb von sieben Tagen völlig geheilt. Kohlsaft vergrößert die Zahl der schützenden Substanzen in der Darmschleimhaut. Die meisten Geschwüre entstehen, weil diese Schutzschicht nicht mehr intakt ist.

Was mich an der Antwort des Arztes noch störte, war seine Empfehlung, die Medikamente *Tagamet* und *Zantic* einzunehmen. Jedes Jahr wetteifern diese beiden Präparate darum, welches das am meisten verordnete Medikament in den USA wird. 1989 war es *Zantic*, und 1990 und 1991 war *Tagamet* der Sieger. Der Verkaufserlös dieser Präparate beträgt zusammen eine Milliarde Dollar in den USA und vier Milliarden Dollar weltweit. Die Firmen, die sie herstellen, halten sie für »perfekte Medikamente«, weil sie nicht nur teuer sind (eine therapeutische Dosis kostet in der Regel etwa 150 Dollar monatlich), sondern auch die höchste Rückfallquote aller Arzneien gegen Geschwüre aufweisen. Die Folge? Ein Patient wird von einem sehr teuren Medikament abhängig, weil das Geschwür sich wahrscheinlich wieder einstellt, sobald er die Einnahme abbricht.

Sind das wirklich »perfekte Medikamente«? Für die meisten Menschen lautet die Antwort eindeutig nein. *Tagamet* und *Zantic* haben zahlreiche Nebenwirkungen, unter anderem Verdauungsbeschwerden, Störungen der Nährstoffabsorption, Leberstörungen und Bildung von Brüsten bei Männern.[2]

Die Naturheilkunde versucht dagegen, zunächst alle möglichen Ursachen der Geschwürbildung festzustellen und sie dann zu beseitigen. In Frage kommen Allergien gegen Nahrungsmittel, Zigarettenrauch, Streß sowie Medikamente wie *Aspirin* und andere nichtsteroide Schmerzmittel. Sobald die Ursachen beseitigt sind, konzentriert man sich darauf, die Geschwüre zu heilen und die Widerstandsfähigkeit des Gewebes zu vergrößern. Um das zu erreichen, trinkt der Patient nicht nur Kohlsaft, sondern er ißt eine ballaststoffreiche Kost, die wenig allergene Lebensmittel enthält, und er meidet alles, was die Geschwürbildung fördert (z. B. Rauchen, Alkohol, Kaffee und *Aspirin*). Außerdem muß der Kranke den Streß in seinem Leben abbauen, und er kann darüber hinaus einen speziellen Süßholzextrakt einnehmen, der *Tagamet* und *Zantic* nachweislich weit überlegen ist und, wie der Kohl, die Magen- und Darmschleimhaut schützt. Bei Einnahme größerer Mengen können aber auch Nebenerscheinungen auftreten.

Sind Säfte Medikamente?

Viele Lebensmittel und Säfte haben in der Tat therapeutische Wirkungen. Darauf weise ich in diesem Buch immer wieder hin. Dennoch sollten wir Säfte nicht allgemein als Medikamente ansehen. Sie sind vielmehr ein wichtiger Teil einer gesunden Lebensweise. Denken Sie daran, viele verschiedene Früchte und Gemüse zu entsaften, und verlassen Sie sich nicht auf Säfte, um eine Krankheit zu heilen. Es ist wichtig, daß Sie eine breite Palette von Nähr- und Wirkstoffen zu sich nehmen.

Die rheumatoide Arthritis ist ein Beispiel dafür, wie hilfreich frische Säfte auch bei schweren Krankheiten sein können. Wie bereits erwähnt, wird Bromelin, das Enzym der frischen Ananas, wegen seiner entzündungshemmenden Wirkung bei Arthritis angewandt. Viele Menschen mit Arthritis fühlen sich besser, wenn sie frischen Ananassaft trinken; aber wer nur Saft trinkt und sich im übrigen nicht um seine Ernährung kümmert, wird langfristig keinen Erfolg haben. Säfte sind nur ein Teil eines umfassenden und ganzheitlichen Gesundheitsprogramms.

Seit Jahren spielt die Ernährung eine große Rolle, was Ursache und Behandlung der Arthritis angeht. Verschiedene Ärzte empfehlen allerlei Diäten gegen Arthritis, vor allem gegen ihre schwere Form, die rheumatoide Arthritis. Bei manchen Patienten mit rheumatoider Arthritis bessert sich der Zustand erheblich, wenn sie keine allergenen Lebensmittel zu sich nehmen.[3] Eine gute Methode, um allergene Lebensmittel festzustellen, besteht darin, zu fasten und dann nach und nach wieder einzelne Lebensmittel zu sich zu nehmen. Fast jedes Lebensmittel kann eine rheumatoide Arthritis verschlimmern. An erster Stelle sind zu nennen: Weizen, Mais, Milch und Milchprodukte, Rindfleisch und Nachtschattengewächse wie Tomaten, Kartoffeln, Auberginen, Paprika und Tabak.[4]

Vor kurzem bestätigte eine Studie, daß Säfte (als Teil einer gesunden Lebens- und Ernährungsweise) rheumatoide Arthritis lindern können. In der Rheumaklinik in Oslo verglich man dreizehn Monate lang den Einfluß der Ernährung auf die rheumatoide Arthritis von zwei Patientengruppen. Die eine Gruppe befolgte eine therapeutische Diät, die andere (die Kontrollgruppe) aß nach Belieben. Beide Gruppen besuchten zunächst vier Wochen lang einen Kurort.

Die erste Gruppe fastete sieben bis zehn Tage; dann folgte eine spezielle Diät aus Kräutertee, Knoblauch, Gemüsebrühe, Kartoffel- und Petersilienabkochungen sowie Karotten-, Rüben- und Selleriesaft. Es ist bemerkenswert, daß Obstsäfte nicht erlaubt waren.

Nach dem Fasten aßen die Patienten jeden zweiten Tag ein »neues« Lebensmittel. Wenn in den folgenden zwei bis achtundvierzig Stunden die Schmerzen zunahmen oder die Gelenke steif wurden und anschwollen, wurde das betreffende Lebensmittel für mindestens sieben Tage vom Speiseplan gestrichen, ehe man es ein zweitesmal verabreichte. Verschlimmerte es die Symptome auch beim zweitenmal, mußte der Patient es künftig meiden.

Die Studie belegt, daß kurzes Fasten gefolgt von einer vegetarischen Diät bei vielen Kranken zu einem »erheblichen Rückgang der Krankheitssymptome« führte. Die Erfolge waren nicht allein durch den Verzicht auf allergene Lebensmittel zu erklären. Die Autoren nehmen an, daß die Besserung des Krankheitsbildes auf die unterschiedliche Zusammensetzung der Nahrungsfette zurückzuführen ist.[5]

Fettsäuren haben großen Einfluß auf Entzündungen. Veränderungen des Fettkonsums können Entzündungen spürbar verschlimmern oder bessern, je nach der Art des verzehrten Fettes oder Öls. Arachidonsäure, eine Fettsäure, die fast gänzlich aus Nahrungsmitteln tierischer Herkunft (z.B. Fleisch und Milchprodukte) stammt, verschlimmert Entzündungen erheblich, weil der Körper sie zu entzündungsfördernden Prostaglandinen und Leukotrienen abbaut. Daß eine vegetarische Diät Kranken hilft, die an entzündlichen Krankheiten wie rheumatoider Arthritis oder Asthma leiden, ist vermutlich darauf zurückzuführen, daß sie keine Arachidonsäure enthält, die zu entzündungsfördernden Verbindungen abgebaut werden könnte.[6]

Rheumatoide Arthritis ist ein besonders gutes Beispiel für eine sehr komplexe, »multifaktorielle« Krankheit. Zwar kann frischer Ananassaft die Beschwerden mancher Menschen mit rheumatoider Arthritis lindern; doch wenn wir Lebensmittel oder Säfte einfach nur wegen ihrer »medikamentösen« Wirkung zu uns nehmen, vernachlässigen wir möglicherweise die eigentlichen Ursachen der Krankheit. Statt nach einem bestimmten Saft zur Behandlung einer bestimmten Krankheit zu suchen, sollten wir uns darauf konzentrieren, durch eine gesunde Lebens- und Ernährungsweise die Ursachen zu beseitigen.

Entsaften mit frischen Kräutern und Gewürzen

Wenn Sie Säfte mit Heilkräutern und Gewürzen anreichern, können Sie zusätzliche nützliche Wirkungen erzielen. Im Kapitel 6 habe ich bereits erwähnt, daß Knoblauch viele gesundheitsfördernde Eigenschaften hat: Er ist ein natürliches Antibiotikum, er stärkt das Immunsystem, senkt Blutdruck und Cholesterinspiegel und wirkt krebshemmend und entgiftend.[7] Frischer Knoblauch ist viel wirksamer als gekochter, getrockneter oder verarbeiteter Knoblauch.

Sie können vielen Gemüsesäften frischen Knoblauch beigeben und aus ihnen köstliche und gesunde Getränke machen. Um den starken Geruch des Knoblauchs zu mildern, entsaften Sie ihn am besten mitten in einer Handvoll Petersilie oder in einem anderen chlorophyllreichen Blattgemüse. Anschließend entsaften Sie Karotten, Sellerie oder andere Gemüse, um den Geschmack zu verdünnen.

Ingwer ist eine weitere beliebte Zugabe. Er macht Säfte würziger und hilft Menschen mit Darmkrämpfen, Arthritis oder Seekrankheit (siehe Kapitel 6). Obwohl bei den meisten wissenschaftlichen Studien Ingwerpulver verwendet wurde, ist anzunehmen, daß frischer Ingwer in vergleichbarer Dosis wegen seiner aktiven Enzyme noch wirksamer ist. In den meisten Studien verwendete man ein Gramm Ingwerwurzelpulver. Das entspricht etwa zehn Gramm frischer Ingwerwurzel.

Sie können Ihre Säfte noch mit vielen anderen Heilkräutern und Gewürzen anreichern, zum Beispiel mit Petersilie, Pfefferminze, rotem Paprika, Zwiebeln und Löwenzahnwurzeln oder -blättern.

EMPFEHLENSWERTE SÄFTE BEI HÄUFIG VORKOMMENDEN BESCHWERDEN

Die folgenden Empfehlungen sollen eine angemessene medizinische Behandlung nicht ersetzen. **Säfte sind keine Medikamente.** Dennoch können sie in vielen Fällen hilfreich sein.

AIDS

Siehe Kapitel 11.

Akne

Karotten
Grüner Drink
Lieber rot als tot
Purpurmilch

Zusätzliche Empfehlungen: Zinkzusätze (45 mg pro Tag) sind fast immer angezeigt.

Anämie (Eisenmangel)

Ein bißchen von allem
Eisen plus
Grüner Drink

Zusätzliche Empfehlungen: Manche Menschen sprechen nur auf einen Eisentyp an, den man Häm-Eisen nennt. Er ist in Leber und anderen tierischen Produkten enthalten. Bei Vitamin-B_{12}- oder Folsäuremangel können Ergänzungspräparate notwendig sein.

Angina pectoris

Cholesterinsenker
Ginger Ale
Liebling der Kinder

Zusätzliche Empfehlungen: Versuchen Sie Coenzym Q 10 (60 mg täglich), eine vitaminähnliche Verbindung, die bei Herzproblemen nachweislich eine recht günstige Wirkung hat.

Angst

Kalium-Bowle
Kalium-Tonikum
Waldorfsalat

Zusätzliche Empfehlungen: Regelmäßige körperliche Bewegung lindert Streß und Angst. Auch Atemübungen sind oft nützlich.

Arthritis

Färb mich rosa
Ginger Ale
Schwung durch Ingwer

Zusätzliche Empfehlungen: Reduzieren Sie die Belastung der Gelenke, indem Sie Ihr Idealgewicht anstreben. Verzichten Sie auf Nachtschattengewächse wie Tomaten, Kartoffeln, Paprika, Tabak, da sie eine Arthritis oft verschlimmern.

Asthma und Heuschnupfen

Cholesterinsenker
Hohes C
Salat im Glas

Zusätzliche Empfehlungen: Allergien gegen Lebensmittel spielen oft eine große Rolle, vor allem bei asthmatischen Kindern. Die häufigsten Allergene sind Weizen, Mais, Milch und Milchprodukte, Zitrusfrüchte und Eier. Eine vegetarische Diät ist in schweren Fällen nachweislich äußerst wirksam. Sofortige Erleichterung bringen oft Kräuterprodukte, die Ephedrin enthalten.

Arteriosklerose und hoher Cholesterinspiegel

Cholesterinsenker
Ginger Ale
Kirschlimonade

Zusätzliche Empfehlungen: Außer Diät und Körpertraining helfen auch Kräuterprodukte, die Gugulipid enthalten. Das ist eine natürliche Substanz, die in Indien seit langem verwendet wird, um den Cholesterinspiegel zu senken.

Blasenentzündung (Cystitis)

Gemüse macht immun
Preiselbeer-Drink
Preiselbeer-Apfel-Saft

Zusätzliche Empfehlungen: Das Kraut Uva-Ursi (Bärentraubenblätter als Tee) wird häufig angewandt, um Entzündungen der Harnwege zu behandeln. Meiden Sie raffinierte Kohlenhydrate, und trinken Sie mindestens acht Gläser Flüssigkeit am Tag.

Bluthochdruck

Cholesterinsenker
Kalium-Tonikum
Salat im Glas

Zusätzliche Empfehlungen: Meiden Sie Alkohol, Kaffee und Tabak. Streben Sie Ihr ideales Gewicht an, treiben Sie Sport ohne Hochleistung, am besten langsam auftrainierten Ausdauersport (Wandern, Radfahren, Langlauf [6000 m bis 8000 m], Schwimmen), und bauen Sie Streß ab.

Crohn-Krankheit und Colitis ulcerosa

Entschlackungscocktail
Enzymcocktail
Grüner Drink

Zusätzliche Empfehlungen: Hier handelt es sich um schwere Krankheiten. Folgen Sie unbedingt dem Rat Ihres Arztes.

Diabetes (Zuckerkrankheit)

Ein Schuß Balsamapfelsaft
Gemüsesaft mit Artischockensaft
Salat im Glas
Super V-7

Zusätzliche Empfehlungen: Streben Sie Ihr Idealgewicht an. Übergewicht ist eine Mitursache für Diabetes. Essen Sie ballaststoffreiche Lebensmittel mit komplexen Kohlenhydraten. Das Spurenelement Chrom hilft dem Körper, den Blutzuckerspiegel zu regulieren.

Durchfall

Affen-Shake
Bauchstraffer
Kalium-Bowle

Zusätzliche Empfehlungen: Konsultieren Sie einen Arzt, wenn der Durchfall länger als 24 Stunden anhält oder ziemlich stark ist.

Ekzem

Entschlackungscocktail
Gemüse macht immun
Verdauungstrunk

Zusätzliche Empfehlungen: Oft spielen Allergien gegen bestimmte Nahrungsmittel eine große Rolle. Die häufigsten Allergene sind Weizen, Mais, Milch und Milchprodukte, Zitrusfrüchte und Eier. Eine vegetarische Diät ist in schweren Fällen nachweislich äußerst hilfreich. Die essentiellen Fettsäuren im Flachssamenöl und im Nachtkerzenöl sind ebenfalls nützlich.

Furunkel

Entschlackungscocktail
Enzymcocktail
Grüner Drink

Zusätzliche Empfehlungen: Ballaststoffreiche Abführmittel wie Guar und Weizenkleie können recht hilfreich sein. Essen Sie mehr ganze Lebensmittel wie Getreide, Hülsenfrüchte, Obst und Gemüse.

Gallensteine

Färb mich rosa
Lebertonikum
Verdauungstrunk

Zusätzliche Empfehlungen: Essen Sie fettarm und ballaststoffreich. Trinken Sie zusätzlich 4–6 Gläser Wasser am Tag. Versuchen Sie ein Kräuterprodukt, das Silymarin* (eine Verbindung aus der Mariendistel [Lilybuum marianum]) enthält.

Geschwüre

Grüner Drink
Kalium-Bowle

* In Deutschland unter mehreren Namen im Handel: Legalon, Mariendistel-Curarina, Carduus monoplant, Cefasilymarin.

Vitamin U

Zusätzliche Empfehlungen: Meiden Sie Mitursachen wie Streß, Rauchen und Medikamente (z.B. Aspirin und Kortikosteroide). Auch Allergie gegen Milch kann Geschwüre verursachen. Nehmen Sie Süßholzextrakt.

Gicht

Ginger Ale

Grüner Drink

Kirschlimonade

Zusätzliche Empfehlungen: Gicht läßt sich leicht durch die Ernährung beeinflussen. Meiden Sie Alkohol und purinhaltige Nahrungsmittel (Innereien, Fleisch, Schalentiere). Essen Sie weniger Fett und Fabrikzucker, trinken Sie täglich 4 – 6 Gläser Wasser und 3 – 4 Gläser frischen Saft.

Glaukom

Blaubeeren-Apfel-Saft

Mikes Liebling

Orangensaft

Zusätzliche Empfehlungen: Zusätzliche Vitamin-C-Gaben (1 – 3 g täglich) sind notwendig.

Hepatitis

Cholesterinsenker

Gemüse macht immun

Lebertonikum

Zusätzliche Empfehlungen: Silymarin, eine Verbindung aus der Mariendistel, ist nachweislich äußerst wirksam. Außerdem müssen Sie die Leber durch eine geeignete Ernährung unterstützen.

Herpes

Siehe Kapitel 11.

Heuschnupfen

Siehe Asthma.

Hoher Blutdruck

Siehe Bluthochdruck.

Hypoglykämie

Gemüsesaft mit Artischockensaft

Salat im Glas

Super V-7

Zusätzliche Empfehlungen: Verdünnen Sie Obstsäfte mit einer gleichen Menge Wasser. Essen Sie häufig kleinere Mahlzeiten.

Kopfschmerzen

Femme fatale

Kalium-Tonikum

Schwung durch Ingwer

Zusätzliche Empfehlungen: Nahrungsmittelallergien spielen oft eine große Rolle. Die häufigsten Allergene sind Weizen, Mais, Milch und Milchprodukte, Zitrusfrüchte und Eier.

Krampfadern

Färb mich rosa

Mikes Liebling

Orangenmix

Zusätzliche Empfehlungen: Stehen Sie nicht längere Zeit auf der Stelle. Tragen Sie Stützstrümpfe, und sorgen Sie für regelmäßige Bewegung.

Makula-Degeneration (Augenhintergrunderkrankung)

Blaubeeren-Apfel-Saft

Färb mich rosa

Hohes C

Zusätzliche Empfehlungen: Da es sich um eine ernste Krankheit handelt, sind Ginkgoextrakt oder ein konzentrierter Extrakt aus Blaubeeren dringend zu empfehlen.

Mastopathia cystica (zystische Veränderung des Brustgewebes)

Entschlackungscocktail

Lebersaft

Lebertonikum

Zusätzliche Empfehlungen: Verstopfung ist oft eine Mitursache. Jod, Vitamin E und Verzicht auf Kaffee haben sich als hilfreich erwiesen.

Menopause (Wechseljahre)

Färb mich rosa
Femme fatale
Knochen-Cocktail

Zusätzliche Empfehlungen: Heilkräuter sind oft nützlich, vor allem wenn sie »Angelica sinensis« (Dong Quai) enthalten. Siehe auch unter Osteoporose.

Menorrhagie (zu starke Monatsblutungen der Frau)

Ein bißchen von allem
Eisen plus
Grüner Drink

Zusätzliche Empfehlungen: Schilddrüsenunterfunktion ist eine häufige Ursache für zu starke Monatsblutungen. Wichtige Nährstoffe, die die Produktion des Schilddrüsenhormons fördern, sind die Aminosäure Tyrosin, Jod und Vitamin C.

Nierensteine

Harntreiber
Preiselbeer-Apfel-Saft
Preiselbeer-Drink

Zusätzliche Empfehlungen: Beigaben von Vitamin B_6 (100 mg) und Magnesium (300 mg) können dazu beitragen, Rückfälle zu verhindern.

Ödeme

Harntreiber
Kalium-Tonikum
Wassermelonensaft

Zusätzliche Empfehlungen: Nehmen Sie weniger Salz zu sich.

Osteoporose

Grüner Drink
Knochen-Cocktail
Super V-7

Zusätzliche Empfehlungen: Fabrikzucker, Limonade und zuviel Eiweiß können die Kalziumausscheidung verstärken. Richtige Ernährung und Körpertraining wirken der Osteoporose entgegen.

Parodontose

Hohes C
Knochen-Cocktail
Super V-7

Zusätzliche Empfehlungen: Richtige Zahnhygiene (regelmäßiges Zähneputzen, Zahnseide) ist unerläßlich. Meiden Sie Weißmehl und Fabrikzucker, vor allem klebrige Bonbons und Schokolade.

Prostatavergrößerung

Cholesterinsenker
Don Juan
Färb mich rosa

Zusätzliche Empfehlungen: Kürbiskerne liefern Zink und essentielle Fettsäuren, die die Funktion der Prostata unterstützen. Zwergpalmextrakte (»Serenoa repens«) haben sich als überaus wirksam erwiesen.

Psoriasis

Gemüse macht immun
Ginger Ale
Lebertonikum

Zusätzliche Empfehlungen: Schränken Sie den Verzehr von tierischen Produkten (außer Fisch) ein. Essen Sie ballaststoffreich. Auch Omega-3-Öl, zum Beispiel Flachssamenöl, und Eicosapentaensäure haben sich als nützlich erwiesen.

Reizdarm

Bauchstraffer
Schwung durch Ingwer
Verdauungstrunk

Zusätzliche Empfehlungen: Meiden Sie Nahrungsmittel, die Allergien auslösen. Essen Sie ballaststoffreich, und ergänzen Sie Ihre Kost durch gelbildende Fasern wie Psyllium oder Weizenkleie. Wenn Sie zusätzliche Hilfe benötigen, probieren Sie Pfefferminzölkapseln aus dem Reformhaus.

Rheumatoide Arthritis

Entschlackungscocktail
Ginger Ale
Schwung durch Ingwer

Zusätzliche Empfehlungen: Siehe auf Seite 214. »Sind Säfte Medikamente?«

Schlafstörungen

Saft und Kraft fürs Immunsystem
Waldorfsalat
Kalium-Bowle

Zusätzliche Empfehlungen: Meiden Sie Kaffee und Alkohol; beides stört den normalen Schlaf. Körperliche Bewegung fördert den Schlaf. Wenn Sie zusätzliche Hilfe brauchen, versuchen Sie es mit Baldrian oder Kamillentee.

Schuppenflechte

Siehe Psoriasis.

Schwangerschaftsübelkeit

Bauchstraffer
Schwung durch Ingwer
Verdauungstrunk

Zusätzliche Empfehlungen: Häufige, aber kleinere Mahlzeiten sind meist besser verträglich. Vitamin B_6 (dreimal täglich 25 mg) hat sich kürzlich in einer Studie als nützlich erwiesen.

Sportverletzungen

Siehe Arthritis.

Verdauungsstörungen

Ginger Ale

Bauchstraffer

Verdauungstrunk

Zusätzliche Empfehlungen: Essen Sie häufig kleine Mahlzeiten in entspannender Atmosphäre. Kauen Sie das Essen gründlich.

Kapitel 9
Säftefasten

Substanzen, die den Körper vergiften können, gibt es überall: in der Luft, die wir atmen, in der Nahrung, die wir essen, und im Wasser, das wir trinken. Sogar der Körper selbst und die Darmbakterien erzeugen Giftstoffe. Man kann mit Fug und Recht behaupten, daß die Gesundheit davon abhängt, wie gut der Körper »entgiften« kann. Diese Fähigkeit hängt fast gänzlich von der Funktion eines wichtigen Organs ab: der Leber.

Unsere Umwelt wird schmutziger, während die Industrialisierung weitergeht. Immer mehr Chemikalien, die früher nicht existierten, werden im Ökosystem abgeladen und schließlich vom Körper aufgenommen. Unsere Gesundheit wird nicht so sehr von **einer** bestimmten Chemikalie bedroht, sondern von einem **ständigen Chemikalien-Hagel**: Pestizide, Herbizide, Zusatzstoffe in Nahrungsmitteln, Blei, Quecksilber, Kunstdünger, Luftschadstoffe, Lösemittel und Tausende von anderen Verbindungen.

Heute ist es vielleicht mehr denn je von entscheidender Bedeutung, daß wir die Entgiftungssysteme des Körpers unterstützen, wenn wir gesund bleiben möchten. Durch gelegentliches Säftefasten können wir dieses Ziel gefahrlos erreichen.

Was ist giftig?

Schwermetalle

In diese Gruppe gehören Blei, Quecksilber, Cadmium, Arsen, Nickel und Aluminium. Diese Metalle sammeln sich im Gehirn, in den Nieren und im Immunsystem an, wo sie die normalen Funktionen ernsthaft stören.[1]

Der Körper des Durchschnittsmenschen enthält mehr Blei und andere Schwermetalle, als seiner Gesundheit zuträglich ist.

Nach zurückhaltenden Schätzungen leiden bis zu 25 % der Bevölkerung in gewissem Umfang an einer Metallvergiftung. Eine Analyse der Haarmineralien kann diese Vergiftung nachweisen.[2]

Die meisten Schwermetalle im Körper sind auf die industrielle Luftverschmutzung zurückzuführen. Allein in den USA belasten Fabriken und Autos, die verbleites Benzin benötigen, die Atmosphäre mit mehr als 540 000 Tonnen Blei. Dieses Blei atmen wir ein, oder es landet im Wasser, im Boden und in der Nahrung, und wir schlucken es.

Neben der Industrie gibt es noch weitere Quellen, die uns mit Schwermetallen »versorgen«: Blei aus dem Lötzinn von Dosen, Pestizidsprays und Kochgeschirr; Cadmium und Blei aus Zigarettenrauch; Quecksilber aus Zahnplomben, verseuchtem Fisch und Kosmetika; Aluminium aus säurebindenen Medikamenten und Kochgeschirr.

Die frühen Symptome einer Schwermetallvergiftung sind vage, oder sie gehen mit anderen Beschwerden einher. Dazu gehören Kopfschmerzen, Müdigkeit, Muskelschmerzen, Verdauungsstörungen, Verstopfung, Tremor, Anämie, Blässe, Benommenheit und schlechte Koordination. Wenn ein Mensch nur leicht an einer Schwermetallvergiftung leidet, ist sein Denk- und Konzentrationsvermögen beeinträchtigt. Mit dem Vergiftungszustand verschlimmern sich auch die Symptome.[3]

Zahlreiche Studien belegen, daß zwischen Lernstörungen in der Kindheit (und anderen Verhaltensstörungen einschließlich der Kriminalität) und dem Schwermetallgehalt des Körpers ein deutlicher Zusammenhang besteht.[4] Offenbar besteht eine Korrelation zwischen diesen Problemen und einem hohen Gehalt an Quecksilber, Kupfer, Cadmium und Mangan in den Haaren. Falsche Ernährung und Schwermetallanreicherung gehen meist Hand in Hand, weil die betreffenden Menschen weniger Wirkstoffe zu sich nehmen, die Schwermetalle gelieren oder ihre Absorption verhindern.

Es gibt immer mehr Beweise dafür, daß chronische Schwermetallvergiftung ein großes Problem in unserer modernen Gesellschaft ist. Wir sollten uns bemühen, die Belastung durch Schwermetalle zu verringern. Das gilt vor allem für Menschen, die

Schwermetallen ausgesetzt sind, zum Beispiel Batteriehersteller, Tankwarte, Drucker, Dachdecker, Löter, Zahnärzte und Juweliere.

Giftige Chemikalien, Medikamente, Alkohol, Lösemittel, Formaldehyd, Pestizide, Herbizide und Nahrungsmittelzusätze

Wer mit Zusatzstoffen, Lösemitteln (Reinigungsmitteln, Formaldehyd, Toluol, Benzin), Pestiziden, Herbiziden oder anderen giftigen Chemikalien in Kontakt kommt, muß mit zahlreichen Symptomen rechnen. Am häufigsten sind psychische und neurologische Störungen wie Depressionen, Kopfschmerzen, geistige Verwirrtheit, Geisteskrankheiten, Taubheit in den Gliedmaßen, abnorme Nervenreflexe und andere Anzeichen für ein geschädigtes Nervensystem. Das Nervensystem reagiert überaus empfindlich auf diese Chemikalien. Allergien der Atemwege und Krebs kommen bei Menschen, die chemischen Giften ausgesetzt sind, ebenfalls häufiger vor.[5]

Man kann nicht nachdrücklich genug raten, die Belastung durch Giftstoffe durch den Verzehr von organischem Obst und Gemüse zu verringern. Allein in den USA werden jährlich 1,1 Milliarden Pfund Pestizide und Herbizide auf Feldfrüchte gesprüht oder ihnen zugesetzt. Die meisten gebräuchlichen Pestizide sind synthetische Chemikalien, deren Unbedenklichkeit zweifelhaft ist. In europäischen Ländern sieht es nicht viel anders aus. Zu den größten langfristigen Risiken gehören Krebs und Geburtsfehler; akute Vergiftungssymptome sind unter anderem Erbrechen, Durchfall, Sehstörungen, Tremor, Krämpfe und Nervenschäden.

Mikrobengifte

Gifte, die Bakterien und Hefen im Darm erzeugen, können in den Kreislauf gelangen und Körperfunktionen erheblich stören. Zu diesen Substanzen gehören zum Beispiel Endotoxine, Exotoxine, giftige Amine, giftige Gallenderivate und verschiedene krebserregende Substanzen.

Mikrobengifte aus dem Darm werden mit vielen verschiedenen Krankheiten in Verbindung gebracht. Dazu zählen Leberkrankheiten, die Crohn-Krankheit, Colitis ulcerosa, Schilddrüsenstörungen, Schuppenflechte, Lupus erythematosis, Pankreatitis, Allergien, Asthma und Störungen des Immunsystems.[6]

Neben den Giftstoffen, die Mikroorganismen produzieren, können Antikörper – Abwehrstoffe gegen die Antigene von Mikroben – körpereigenes Gewebe angreifen und Autoimmunkrankheiten auslösen. Auf der Liste der Autoimmunkrankheiten, die mit Antikörpern in Verbindung gebracht werden, stehen rheumatoide Arthritis, krankhafte Muskelschwäche (Myasthenie), Diabetes und eine Entzündung der Schilddrüse.

Um die Absorption von Giftstoffen zu reduzieren, ist eine faserreiche Kost zu empfehlen. Die wasserlöslichen Fasern, zum Beispiel in Guar, Pektin, Weizenkleie und Gemüsen sind besonders wertvoll. Fasern können Giftstoffe im Darm binden und ihre Ausscheidung fördern. Das Immunsystem und die Leber sind dafür verantwortlich, giftige Substanzen unschädlich zu machen, die aus dem Darm absorbiert werden.

Abbauprodukte des Eiweißstoffwechsels

Die Ausscheidung der giftigen Abbauprodukte des Eiweißstoffwechsels (z. B. Ammoniak und Harnstoff) ist im wesentlichen Aufgabe der Nieren. Sie können die Nieren bei dieser wichtigen Funktion unterstützen, wenn Sie Flüssigkeit – vor allem frische Säfte – in ausreichenden Mengen trinken und übermäßigen Eiweißkonsum vermeiden.

Die meisten Menschen nehmen viel mehr Eiweiß zu sich, als ihr Körper benötigt. Die offiziell empfohlene Tagesmenge sind 56 Gramm Eiweiß für Männer und 44 Gramm für Frauen. Das sind etwa 8–9 % der gesamten täglichen Kalorienzufuhr. Die meisten Menschen verzehren fast das Doppelte dieser Menge. Ungefähr 115 Gramm mageres Fleisch, Huhn oder Fisch und zwei Tassen Hülsenfrüchte oder Nüsse liefern Ihnen bei einer vielseitigen, gesunden Ernährung in der Regel mehr als die empfohlene Menge Eiweiß.

Diagnose einer Vergiftung

Giftstoffe im Körper kann man mit Hilfe von speziellen Laborverfahren feststellen. Um eine chronische Schwermetallvergiftung nachzuweisen, analysiert man die Mineralien in den Haaren. Diese Methode ist zuverlässig, wenn sorgfältig gesammelte, saubere und vorbereitete Haare zur Verfügung stehen und wenn erfahrenes Personal in einem qualifizierten Labor geeignete Meßverfahren benutzt.

Um giftige Chemikalien festzustellen, ist unbedingt eine detaillierte Krankengeschichte notwendig, die ein auf diesem Gebiet erfahrener Arzt zusammengestellt hat. Im Labor kann man dann das Blut und das Fettgewebe auf verdächtige Giftstoffe untersuchen. Außerdem muß man die Wirkung dieser Chemikalien auf die Leber prüfen. Der genaueste Test ist der Gallensäure-Test. Andere Verfahren sind ebenfalls wichtig, aber weniger genau.

Ärzte wenden mehrere spezielle Labortechniken an, um Verbindungen mikrobischer Herkunft nachzuweisen. Sie suchen mit Hilfe von Stuhlkulturen nach abnormen Mengen von Mikroben, mit dem Indikantest nach mikrobischen Abbauprodukten und mit dem Endotoxin-Hauttest nach Endotoxinen.

Um die Nierenfunktion zu prüfen und die Menge der Abbauprodukte des Eiweißstoffwechsels zu bestimmen, sind Blut- und Urinuntersuchungen erforderlich.

Fasten

Fasten ist der Verzicht auf sämtliche Nahrungsmittel und Getränke mit Ausnahme von Wasser während eines bestimmten Zeitraumes. Die Motive sind meist religiöser oder therapeutischer Art. Oft wird das Fasten als Entgiftungsmethode angewandt, da es eines der besten Verfahren ist, um möglichst schnell die Ausscheidung von Schlacken zu steigern und den Heilungsprozeß zu fördern. Beim Fasten schont der Organismus wichtige Organe und nutzt weniger wichtige (Fett- und Muskelgewebe) als Brennstoff.

Obwohl das Fasten wahrscheinlich eine der ältesten bekannten Therapien ist, hat die Wissenschaft es lange ignoriert. Erst vor kurzem hat sich die »Internationale Vereinigung ärztlicher Gesundheitspraktiker« gebildet, eine Organisation von Ärzten, die Anhänger der natürlichen Gesundheitslehre (Natural Hygiene) sind und das Fasten als integralen Bestandteil der ganzheitlichen Gesundheitsfürsorge ansehen. Hier sind auch eine Reihe von Büchern über das Fasten erschienen z. B. *Dr. Herbert M. Shelton* »Fasten kann Ihr Leben retten«, *Prof. Arnold Ehret* »Vom kranken zum gesunden Menschen durch Fasten«, *Dr. Paul C. Bragg* »Wunder des Fastens«.

Forschungsberichte über das Fasten gibt es seit 1880. Seitdem erscheinen in Ärztezeitschriften immer wieder Artikel über das Fasten als Therapie bei Übergewicht, Vergiftung mit Chemikalien, Arthritis, Allergien, Schuppenflechte, Ekzemen, Thrombophlebitis (entzündliche Venenthrombose, Venenentzündung mit Bildung von Blutgerinseln), Beingeschwüren, Reizdarm, Appetitstörungen, Bronchialasthma, Depressionen, Neurosen und Schizophrenie.[7]

Einen äußerst ermutigenden Bericht über das Fasten veröffentlichte 1984 das »American Journal of Industrial Medicine«. Es handelt sich um eine Studie über Patienten, die Reisöl verzehrt hatten, das mit PCBs verunreinigt war. Allen Patienten ging es besser, nachdem sie sieben bis zehn Tage lang gefastet hatten, und einige berichteten von einer »drastischen Linderung der Symptome«.[8] Diese Arbeit bestätigt frühere Studien über PCB-Vergiftungen und ist ein Beweis für die therapeutische Wirkung des Fastens. Vorsicht ist jedoch geboten, wenn nach einer erheblichen Vergiftung mit fettlöslichen Toxinen – z. B. Pestiziden – gefastet wird. Man hat nachgewiesen, daß das Pestizid DDT während des Fastens freigesetzt wird und sich derart im Blut anreichern kann, daß es das Nervensystem vergiftet.[9] Es ist daher ratsam, beim Fasten die folgenden Richtlinien zu beachten und die Entgiftungsreaktionen zu unterstützen.

Kurzfasten oder die Säfte-Ausscheidungsdiät

Streng genommen dürften Sie während des Fastens nur Wasser trinken. Wenn Sie frischen Obst- oder Gemüsesaft trinken, handelt es sich eher um eine Ausscheidungsdiät als um Fasten; aber wir wollen es »Säftefasten« nennen. Die meisten gesunden Menschen brauchen nicht streng zu fasten, um die Entgiftung zu fördern. Bei ihnen ist ein drei- bis fünftägiges Säftefasten sogar wirksamer. Beachten Sie aber, daß Sie nur frische Obst- und Gemüsesäfte trinken dürfen, um die Ausscheidung zu unterstützen. Wie bereits erwähnt, liefert frischer Saft dem Körper wertvolle Enzyme.

Wenn Sie frischen Saft trinken, um den Organismus zu reinigen, reduzieren Sie dadurch einige Nebenwirkungen des Wasserfastens, zum Beispiel Benommenheit, Müdigkeit und Kopfschmerzen. Während des Säftefastens berichten die meisten Menschen von größerem Wohlbefinden, zunehmender Energie, klarerem Denken und dem Gefühl, sauber zu sein.

Sie können zwar jederzeit mit einem kurzen Säftefasten beginnen; aber es ist am besten, wenn Sie an einem Wochenende oder in einer ruhigen Woche anfangen. Je mehr Ruhe Sie haben, desto besser sind die Resultate; denn der Organismus soll seine Energie zum Heilen verwenden, nicht für andere Körperfunktionen.

Bereiten Sie sich auf das Fasten vor, indem Sie am Vortag als letzte Mahlzeit nur frisches Obst und Gemüse essen. Einige Fachleute empfehlen, vor dem Fasten – auch vor dem Säftefasten – einen ganzen Tag lang nur Rohkost zu essen.

In den nächsten drei bis fünf Tagen sollten Sie nur frische Obst- und Gemüsesäfte (am besten aus organisch angebauten Produkten) trinken, etwa viermal 230 – 350 Gramm über den Tag verteilt. Fast alle frischen Säfte fördern die Ausscheidung. Am besten zum Säftefasten geeignet sind allerdings folgende Säfte: Ginger Ale, Preiselbeer-Apfel-Saft, Grüner Drink, Entschlackungscocktail, Kohl-Überraschung und Kalium-Tonikum. Neben den Säften sollten Sie auch reines Wasser trinken. Lassen Sie sich dabei vom Durst leiten; trinken Sie aber wenigstens vier Gläser Wasser zu je 230 Gramm am Tag.

Weitere wichtige Tips

Verzichten Sie während der Fastenkur auf Kaffee, Limonaden, Zigaretten und jede feste Nahrung. Kräutertees können recht nützlich sein, sofern Sie weder Zucker noch Honig verwenden.

In der Regel ist Körpertraining während des Fastens nicht zu empfehlen. Sie sollten Energie sparen, um eine optimale Heilung zu ermöglichen. Kurze Spaziergänge oder leichte Dehnübungen sind nützlich; aber hartes Training belastet den Organismus und stört den Heilungs- und Ausscheidungsprozeß.

Waschen Sie die Haut mit lauwarmem Wasser, aber meiden Sie extreme Temperaturen – sie können müde machen. Verzichten Sie auch auf Deodorants, Seifen, Sprays, Waschmittel, künstliche Shampoos und den Kontakt mit anderen Chemikalien. Sie behindern nur die Ausscheidung und sind für den Körper eine zusätzliche Belastung.

Sonnenlicht ist unerläßlich, damit die Zellen gesund bleiben; doch übermäßiges Sonnenbaden belastet das Abwehrsystem des Körpers. Mindestens zehn bis zwanzig Minuten direkte Sonnenbestrahlung am Tag sind während des Fastens nützlich.

Einer der wichtigsten Faktoren beim Fasten ist Ruhe. Ein oder zwei Nickerchen am Tag sind zu empfehlen. Nachts kommen Sie vermutlich mit weniger Schlaf aus, weil Sie tagsüber weniger aktiv sind.

Einläufe sind gewöhnlich nicht notwendig; aber das hängt von Ihrem Gesundheitszustand ab. Wenn Sie Probleme mit Verstopfung haben, fördern frisches Obst und Gemüse einige Tage vor dem Fasten die Ausscheidung.

Gewöhnlich fällt während des Fastens die Körpertemperatur, ebenso der Blutdruck, der Puls und die Atemfrequenz. Ursache dafür ist der langsamere Stoffwechsel. Es ist daher wichtig, sich warmzuhalten.

Wenn Sie das Fasten brechen, sollten Sie langsam essen, gründlich kauen, kleine Mengen zu sich nehmen und das Essen auf Zimmertemperatur erwärmen. Es ist sehr nützlich, wenn Sie am Tag des Fastenbrechens und in den folgenden Tagen sorgfältig notieren, was Sie essen und wie Sie darauf reagieren. Viele Gesundheitsprobleme der heutigen Zeit sind auf Nahrungsmittelallergien und Überessen zurückzuführen.

Das Fastenbrechen

1. Tag

Frühstück: Melone oder Nektarine oder Ananas
Mittagessen: Eine andere Frucht aus der obigen Liste
Abendessen: 230 Gramm von einer anderen Frucht

2. Tag

Frühstück: 350 Gramm von einer Obstsorte
Mittagessen: 400 Gramm ganze Birnen oder Papayas oder Zitrusfrüchte
Abendessen: Salat aus rohem Gemüse (Blattgemüse, Tomate, Sellerie und Gurke) oder 2 Birnen, 2 Äpfel und ½ Avocado.

3. Tag

Behalten Sie eine gesunde Ernährung bei: rohe, frische Früchte, rohes oder gedünstetes Gemüse, Vollkorngerichte, Nüsse, Samen und Hülsenfrüchte.

Fördern Sie die Entgiftung während des Fastens

Wenn Ihr Körper stark mit Giftstoffen belastet ist, sollten Sie die Entgiftung während des Fastens unterstützen. Das können Sie zum Teil dadurch erreichen, daß Sie zuerst streng fasten (nur Wasser ist erlaubt) und dann zum Säftefasten übergehen. Viele Menschen müssen allerdings ein übriges tun. Der Grund dafür ist, daß während des Fastens Giftstoffe freigesetzt werden, die in den Fettzellen gespeichert sind. Hier sind einige Empfehlungen, die Sie aber mit einem in der Naturheilkunde bewanderten Arzt abstimmen sollten:

1. Nehmen Sie zur allgemeinen Unterstützung ein hochdosiertes Multivitamin-Mineralstoff-Präparat ein.
2. Nehmen Sie ein leberstärkendes Präparat ein, das viel Cholin und Methionin, zwei wichtige Nährstoffe für die Leber, enthält. Sie erhalten es in Reformhäusern. Sie sollten täglich jeweils ein Gramm von diesen Nährstoffen zu sich nehmen.

3. Nehmen Sie dreimal täglich ein Gramm Vitamin C.
4. Nehmen Sie ein bis zwei Eßlöffel Ballaststoffe vor dem Zubettgehen. Am besten geeignet sind wasserlösliche Fasern wie Psylliumsamen, Guar und Weizenkleie.
5. Wenn Ihre Leber zusätzliche Hilfe braucht, können Sie einen speziellen Extrakt aus Mariendisteln (Silymarin) einnehmen. Die Dosis beträgt 75 – 200 Milligramm dreimal am Tag.

Wie geht es weiter?

Die Ausscheidung schädlicher Substanzen ist ein unaufhörlicher Vorgang im Körper. Die Entgiftung braucht nicht unangenehm zu sein, und sie beschränkt sich nicht aufs Fasten. Die beste Methode besteht darin, sich allmählich zu entgiften.

Sie können die Entgiftung des Körpers durch drei- bis fünftägiges Säftefasten und durch längere Fastenkuren unter fachkundiger Aufsicht fördern. Um den Entgiftungsprozeß nachhaltig zu unterstützen, ist jedoch ein langfristiges Entgiftungsprogramm angezeigt. Dazu gehören

1. eine gesunde Ernährung, die sich hauptsächlich auf frisches Obst, Salate und Gemüse, Vollkorngerichte (am besten in Form von Getreidekeimlingen), Hülsenfrüchte, Nüsse und Samen stützt;
2. eine gesunde Lebensweise, die auch regelmäßiges Körpertraining einschließt;
3. eine gesunde Einstellung und positives Denken.

Die wichtigsten Helfer im Kampf gegen Schwermetalle und andere Umweltgifte sind Nährstoffe wie schwefelhaltige Verbindungen, Vitamine, Mineralien und Antioxidantien.[10] Je besser Ihre Ernährung ist, desto besser wird Ihr Körper mit Umweltbelastungen fertig.

Zusammenfassung

Regelmäßige Entgiftung ist eine der wichtigsten Voraussetzungen für eine gute Gesundheit. Es ist erstaunlich, wie gut der menschliche Körper mit den ständigen Belastungen des modernen Lebens zurechtkommt. Gelegentliches Säftefasten und gesunde Lebens- und Ernährungsweise unterstützen die Ausscheidung.

Kapitel 10
Abnehmen mit Säften

Warum nehmen manche Menschen so leicht zu, während andere alles essen, was sie wollen, und dennoch kein Gramm mehr auf die Waage bringen? Und warum fällt es manchen Menschen so schwer abzunehmen, während andere Mühe haben, ihr Gewicht zu halten? Welche Methode verspricht den größten Erfolg? Welche Ernährung ist am besten? Wissenschaftler arbeiten seit Jahrzehnten daran, der wachsenden Zahl übergewichtiger Menschen Antworten auf diese Fragen zu geben. Wie viele Menschen wiegen zuviel? Die Schätzungen reichen von 30 % bis 50 % der erwachsenen Bevölkerung.[1]

Es gibt zahlreiche Märchen und Irrtümer, die das Übergewicht betreffen. Viele Menschen, darunter auch Ärzte, glauben fälschlich, Übergewicht sei nur die Folge schlechter Eßgewohnheiten oder mangelnder Kenntnisse über Ernährung. Andererseits werden die seelischen Aspekte des Übergewichts seit einigen Jahren überbewertet. Die Folge ist, daß Übergewichtige unter Schuldgefühlen leiden.

Immer mehr Forschungsergebnisse sprechen für eine biologische Grundlage des Übergewichts. Die Signale, die uns sagen, wann wir essen sollen, sind offenbar direkt mit der biochemischen Aktivität der Fettzellen selbst verbunden. Das bessere Verständnis der Ursachen des Übergewichts bringt jenen Menschen neue Hoffnung, die ohne großen Erfolg Diäten, Verhaltenstherapien und zahllose andere Methoden ausprobiert haben. Es gibt heute bessere Methoden, um abzunehmen **und** sein Idealgewicht zu halten.

Was ist Fettleibigkeit?

Genau genommen müssen wir zwischen Fettleibigkeit und Übergewicht unterscheiden. Das erstere ist einfach ein Übermaß an Körperfett. Das letztere bedeutet ein zu hohes Gewicht im Verhältnis zur Körpergröße. Ein muskulöser Sportler kann beispielsweise übergewichtig sein und dennoch sehr wenig Körperfett haben. Sein Übergewicht ist auf die große Muskelmasse zurückzuführen. Obwohl das Körpergewicht allein nicht immer den prozentualen Anteil des Körperfetts widerspiegelt, wird Übergewicht oft als ein Gewicht definiert, das um mehr als 20 % über dem durchschnittlichen wünschenswerten Gewicht für Männer und Frauen mit einer bestimmten Körpergröße liegt.

Viele Ärzte und Ernährungsberater benutzen genauere Verfahren, um das Körperfett zu schätzen. Sie messen zum Beispiel die Dicke der Hautfalte oder den bioelektrischen Scheinwiderstand, oder sie benutzen Ultraschall. Mit diesen verfeinerten Methoden läßt sich Fettleibigkeit besser definieren. Sie liegt dann vor, wenn bei Frauen mehr als 30 % und bei Männern mehr als 25 % der Körpermasse aus Fett bestehen.[2]

Die in den USA bekanntesten Größe-Gewicht-Tabellen sind die der Metropolitan Life Insurance Company. Die neuste Auflage dieser Tabelle stammt aus dem Jahr 1983 und gibt die Werte für Männer und Frauen und für drei verschiedene Konstitutionstypen an. Man muß allerdings darauf hinweisen, daß viele Ernährungsexperten diese Tabelle nur ungern verwenden, weil sie im Vergleich zu früheren Tabellen beim Gewicht einen größeren Spielraum einräumt.*

* In Deutschland ist es üblich Normalgewicht nach der Formel von Broca festzustellen: Körperlänge in cm minus 100 = Körpernormalgewicht in kg
Außerdem – seltener benutzt – Tabellen und Monogramme siehe Nährwertanalysen (Quelle *H. Lützner,* Aktive Diätik, Hippokrates Verlag 1993), die auf Tabellen amerikanischer Versicherungen zurückgehen. **Alle** diese Bestimmungen eines »Normalgewichts« müssen allerdings in Frage gestellt werden, da sie den **Körperbautyp** nicht berücksichtigen. Bei ein und derselben Körperlänge hat ein dünner Astheniker dasselbe »Normalgewicht« wie ein erbanlagebedingt fülliger rundlicher Pykniker, und das ist sicher falsch. (Es gibt komplizierte Formeln die in etwa den Körperbautyp mit berücksichtigen.)

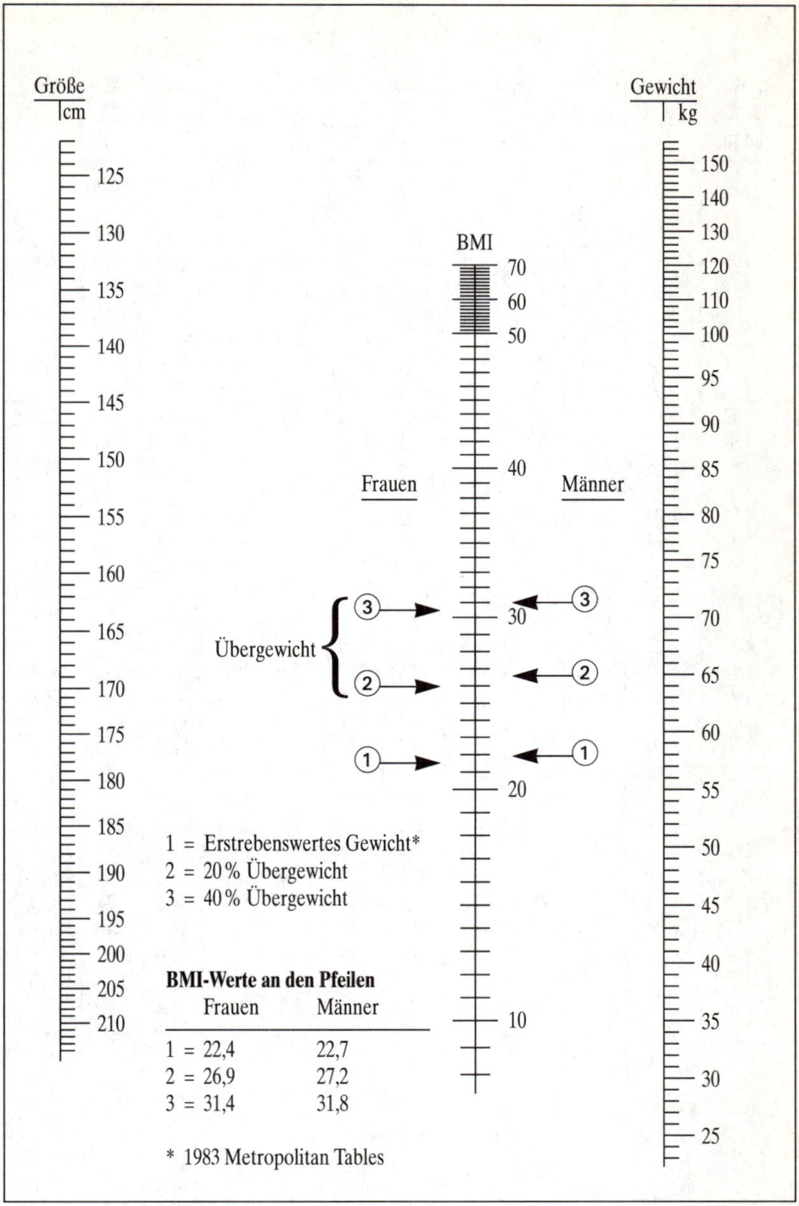

Nomogramm für den BMI (Body mass index). Gewichte und Größen ohne Kleider und Schuhe. 1983 Metropolitan Tables nach *Forster* und *Burton*.

1. Istgewicht und Istgröße mit Lineal verbinden ergibt Übergewicht ② oder ③ oder Norm ①.
2. Istgröße und ① auf BMI mit Lineal verbinden, auf Skala Gewicht Normgewicht ablesen.

Gewichtstabelle Frauen

Körpergröße in cm	Normalgewicht in kg	+ 5 %	+ 10 %	+ 15 %	+ 20 %	+ 25 %	+ 30 %	+ 35 %	+ 40 %	+ 45%	+ 50 %
148	48,9	51,3	53,8	56,2	58,6	61,1	63,5	65,9	68,3	70,8	73,2
149	49,4	51,9	54,3	56,8	59,3	61,8	64,2	66,7	69,2	71,6	74,1
150	50,0	52,5	55,0	57,5	60,0	62,5	65,0	67,5	70,0	72,5	75,0
151	50,5	53,0	55,5	58,1	60,6	63,1	65,6	68,1	70,7	73,2	75,7
152	51,0	53,6	56,1	58,7	61,2	63,8	66,3	68,9	71,4	74,0	76,5
153	51,6	54,2	56,8	59,3	61,9	64,5	67,1	69,7	72,2	74,8	77,4
154	52,2	54,8	57,4	60,0	62,6	65,3	67,9	70,5	73,1	75,7	78,3
155	52,6	55,2	57,9	60,5	63,1	65,8	68,4	71,0	73,6	76,3	78,9
156	53,2	55,9	58,6	61,2	63,8	66,5	69,1	71,8	74,5	77,1	79,8
157	53,7	56,4	59,1	61,7	64,4	67,1	69,8	72,5	75,1	77,8	80,5
158	54,3	57,0	59,7	62,4	65,1	67,9	70,6	73,3	76,0	78,7	81,4
159	54,8	57,5	60,3	63,0	65,8	68,5	71,2	74,0	76,7	79,5	82,2
160	55,3	58,1	60,9	63,6	66,4	69,2	71,9	74,7	77,5	80,2	83,0
161	56,0	58,8	61,6	64,4	67,2	70,0	72,8	75,5	78,4	81,2	84,0
162	56,8	59,6	62,5	65,3	68,2	71,0	73,8	76,7	79,5	82,4	85,2
163	57,5	60,4	63,2	66,1	68,9	71,9	74,7	77,6	80,3	83,2	86,2
164	58,2	61,1	64,0	66,9	69,2	72,8	75,7	78,6	81,5	84,4	87,3
165	58,9	61,8	64,8	67,7	70,7	73,6	76,5	79,5	82,5	85,4	88,3
166	59,9	62,9	65,9	68,9	71,9	74,9	77,8	80,8	83,8	86,8	89,8
167	60,7	63,7	66,8	69,8	72,8	75,9	78,9	81,9	84,9	88,0	91,0
168	61,5	64,6	67,6	70,7	73,8	76,9	79,9	83,0	86,1	89,1	92,2
169	62,2	65,3	68,4	71,5	74,6	77,8	80,9	84,0	87,1	90,2	93,3
170	62,9	66,0	69,2	72,3	75,5	78,6	81,7	84,9	88,0	91,2	94,3
171	63,6	66,8	70,0	73,1	76,3	79,5	82,7	85,9	89,9	92,2	95,4
172	64,3	67,5	70,7	73,9	77,1	80,3	83,6	86,8	90,0	93,2	96,4
173	65,1	68,4	71,6	74,9	78,1	81,4	84,6	87,9	91,1	94,4	97,6
174	65,8	69,1	72,4	75,7	78,9	82,3	85,5	88,8	92,1	95,4	98,7
175	66,5	69,9	73,1	76,5	79,8	83,1	86,4	89,8	93,1	96,4	99,7
176	67,2	70,6	73,9	77,3	80,6	84,0	87,4	90,7	94,1	97,4	100,8
177	67,8	71,2	74,6	78,0	81,4	84,8	88,1	91,5	94,9	98,3	101,7
178	68,8	72,0	75,5	78,9	82,3	85,8	89,2	92,6	96,0	99,5	102,9
179	69,3	72,8	76,2	79,7	83,2	86,7	90,1	93,6	97,1	100,6	104,0
180	70,1	73,6	77,1	80,6	84,1	87,7	91,2	94,7	98,2	101,7	105,2
181	70,8	74,3	77,9	81,4	85,0	88,5	92,0	95,6	99,1	102,7	106,2

Gewichtstabelle Männer

Körpergröße in cm	Normalgewicht in kg	+ 5 %	+ 10 %	+ 15 %	+ 20 %	+ 25%	+ 30 %	+ 35 %	+ 40 %	+ 45%	+ 50 %
157	58,2	61,1	64,0	66,9	69,8	72,7	75,6	78,5	81,4	84,3	87,2
158	58,9	61,8	64,7	67,6	70,5	73,4	76,3	79,2	82,1	85,0	87,9
159	59,6	62,6	65,6	68,5	71,5	74,5	77,5	80,5	83,4	86,4	89,4
160	60,3	63,3	66,2	69,4	72,4	75,4	78,4	81,4	84,4	87,4	90,5
161	60,9	63,9	67,0	70,0	73,1	76,2	79,2	82,3	85,4	88,4	91,4
162	61,4	64,5	67,5	70,6	73,7	76,7	79,8	82,8	85,9	89,0	92,1
163	61,9	65,0	68,1	71,2	74,3	77,4	80,5	83,6	86,7	89,8	92,8
164	62,5	65,6	68,8	71,9	75,0	78,2	81,3	84,4	87,5	90,7	93,8
165	63,0	66,2	69,3	72,5	75,6	78,8	82,1	85,1	88,1	91,2	94,4
166	63,7	66,9	70,1	73,2	76,4	79,6	82,8	86,0	89,1	92,3	95,5
167	64,4	67,6	70,8	74,0	77,2	80,5	83,7	86,9	90,1	93,3	96,5
168	65,1	68,4	71,6	74,9	78,1	81,4	84,6	87,9	91,1	94,3	97,6
169	65,8	69,1	72,4	75,7	79,0	82,3	85,5	88,8	92,1	95,4	98,7
170	66,6	69,9	73,3	76,6	79,9	83,3	86,6	89,9	93,2	96,6	99,9
171	67,4	70,8	74,1	77,5	80,9	84,3	87,6	91,0	94,4	97,7	101,1
172	68,3	71,7	75,1	78,5	81,9	85,4	88,8	92,1	95,6	99,0	102,4
173	69,1	72,6	76,0	79,5	82,9	86,4	89,8	93,3	96,7	100,2	103,6
174	69,9	73,4	76,9	80,4	83,9	87,4	90,9	94,4	97,8	101,3	104,8
175	70,6	74,1	77,7	81,2	84,7	88,3	91,8	95,3	98,8	102,4	105,9
176	71,3	74,9	78,4	82,0	85,6	89,2	92,7	96,3	99,9	103,4	106,9
177	72,0	75,6	79,2	82,8	86,4	90,0	93,6	97,2	100,8	104,4	108,0
178	72,8	76,4	80,1	83,7	87,4	91,0	94,6	98,2	101,9	105,5	109,0
179	73,6	77,3	81,0	84,6	88,3	92,0	95,7	99,4	103,0	106,7	110,4
180	74,5	78,2	81,9	85,7	89,4	93,1	96,8	100,5	104,3	108,0	111,7
181	75,4	79,1	82,9	86,7	90,5	94,2	98,0	101,8	105,5	109,3	113,1
182	76,3	80,1	83,9	87,7	91,5	95,3	99,1	103,0	106,8	110,6	114,4
183	77,2	81,1	85,0	88,8	92,6	95,5	100,4	104,2	108,0	111,9	115,8
184	78,1	82,0	86,0	90,0	93,9	97,9	101,8	105,8	109,7	113,7	117,6
185	79,0	83,0	86,9	90,9	94,8	98,8	102,7	106,7	110,6	114,6	118,5
186	79,9	83,9	87,9	91,9	95,9	99,9	103,8	107,8	111,8	115,8	119,8
187	80,8	84,8	88,9	92,9	97,0	101,0	105,0	109,0	113,2	117,2	121,2
188	81,7	85,8	89,9	93,9	98,0	102,1	106,2	110,3	114,3	118,4	122,5
189	82,6	86,7	90,9	95,0	99,1	103,3	107,4	111,5	115,6	119,8	123,9
190	83,5	87,7	91,8	96,0	100,2	104,4	108,5	112,7	116,7	121,0	125,2

Gewichtstabellen nach *Krebs*. Abweichungskorrigierte Gewichtstabelle in Anlehnung an Metropolitan Life Insurance Tabellen.

Welcher Konstitutionstyp sind Sie?

Sie können auf einfache Weise bestimmen, welchem Konstitutionstyp Sie angehören. Strecken Sie den Arm aus, und beugen Sie den Unterarm, bis er mit dem Oberarm einen Winkel von 90° bildet. Halten Sie die Finger gerade, und drehen Sie die Innenseite des Handgelenks vom Körper weg. Legen Sie Daumen und Zeigefinger der anderen Hand auf die zwei hervorstehenden Knochen an beiden Seiten des Ellbogens. Messen Sie mit einem Maßband den Abstand zwischen den Fingern. Vergleichen Sie das Resultat mit der folgenden Tabelle für Menschen mit mittelschwerem Knochenbau. Ein niedrigerer Wert bedeutet, daß Sie einen leichten Knochenbau haben, ein höherer Wert zeigt an, daß Sie einen schweren Knochenbau haben.

Männer

Größe in cm	*Ellbogenbreite in cm*
157,5 – 160,0	6,3 – 7,3
163,0 – 170,0	6,7 – 7,3
173,0 – 180,0	7,0 – 7,6
183,0 – 190,0	7,0 – 7,9
193,0	7,3 – 8,0

Frauen

Größe in cm	*Ellbogenbreite in cm*
147,0 – 160,0	5,7 – 6,3
163,0 – 180,0	6,0 – 6,7
183,0	6,3 – 7,0

Drei Arten der Fettleibigkeit

Fettleibigkeit wird oft in drei Hauptgruppen eingeteilt. Entscheidend sind dabei Größe und Zahl der Fettzellen.* Eine

* Fettzellen sind Zellen, in die der Körper Fett einlagern kann. Solange die Fettzellen leere Lagerzellen sind, besteht kein Übergewicht, auch nicht, wenn der Mensch sehr viele leere Fettzellen hat. Erst das Einlagern von Fett macht das Übergewicht. Natürlich kann ein Mensch mit wenig Fettzellen, auch wenn er alle Fettzellen mit Fett füllt, kein so großes Übergewicht bekommen, wie ein Mensch mit angeboren vielen Fettzellen.

hyperplastische Fettleibigkeit liegt vor, wenn die Zahl der Fettzellen erhöht ist.** Bei **hypertropher** Fettleibigkeit sind die Fettzellen vergrößert. Daneben gibt es noch eine Mischform, die **hyperplastisch-hypertrophe** Fettleibigkeit, bei der die Fettzellen größer und zahlreicher sind.

Die Zahl der Fettzellen beginnt sich gewöhnlich in der Kindheit zu vermehren. Obwohl diese Art der Fettleibigkeit einen Menschen zum lebenslangen Kampf gegen Übergewicht verurteilt, ist sie mit geringerem Gesundheitsrisiko verbunden als die hypertrophe Fettleibigkeit, die sich meist später im Leben entwickelt und im allgemeinen mit einer Gewichtszunahme des Rumpfes, der »männlichen« Fettleibigkeit einhergeht. Die hypertrophe Fettleibigkeit steht eher im Zusammenhang mit Diabetes, Bluthochdruck und hohem Cholesterin- und Triglyceridspiegel. Wenn sowohl die Größe als auch die Zahl der Fettzellen über der Norm liegt, ist es äußerst schwierig, das ideale Körpergewicht zu erlangen.

Die Begriffe männliche (androide) und weibliche (gynäkotrope) Fettleibigkeit beziehen sich auf die Fettverteilung. Bei der androiden Fettleibigkeit befinden sich die Fettpolster vor allem am Oberkörper und Bauch. Diese Fettleibigkeit ist gegeben, wenn der Taillenumfang größer ist als der Hüftumfang.

Bei der weiblichen Fettleibigkeit ist das Fett hauptsächlich am Gesäß und an den Schenkeln verteilt.[3]

Im allgemeinen geht die männliche Form der Fettleibigkeit mit schwereren Stoffwechselstörungen einher, besonders mit Diabetes. Außerdem vergrößert sie nachweislich das Risiko, an einem Herzleiden zu erkranken. Ferner geht sie oft mit hohem Blutdruck, einem hohen Cholesterinspiegel, Gallensteinen und endokrinen Krankheiten einher.[4]

Seelische Aspekte der Fettleibigkeit

Die derzeitige Theorie der Psychologen läuft darauf hinaus, daß Überessen emotionale Gründe hat und daß diese die Haupt-

** Die endgültige Anzahl an Fettzellen ist erblich festgelegt.

ursache der Fettleibigkeit sind. Danach essen Fettleibige selbst dann, wenn sie satt sind, sofern äußere Reize (Aussehen, Geruch, Geschmack) sie stimulieren.[5]

Für diese Annahme sprechen einige Befunde. Zum Beispiel gilt die Dauer des Fernsehens als sehr starkes Indiz für Fettleibigkeit. In der Tat ist der Zusammenhang zwischen der Zahl der Fernsehstunden und der Fettleibigkeit überaus stark.[6] Das paßt sehr gut zur psychologischen Theorie (erhöhte Anfälligkeit für äußere Reize), da beim Fernsehen nachweislich mehr gegessen wird. Allerdings gibt es auch mehrere biologische Faktoren, die mit dem Fernsehen zusammenhängen und Fettleibigkeit begünstigen, zum Beispiel die geringere körperliche Aktivität und der langsamere Stoffwechsel, der dem Stoffwechsel im Trancezustand ähnlich ist. Diese Gesichtspunkte stützen die biologische Auffassung.

Eine Psychotherapie verfolgt das Ziel, neue Reize zu setzen, die den Nahrungskonsum verringern. Leider ist diese Methode, wenn sie allein angewandt wird, nicht sehr erfolgreich.[7] Außerdem nehmen viele Fettleibige viel weniger Kalorien zu sich als magere Menschen und werden dennoch dicker. Dies deutet darauf hin, daß biologische Faktoren eine größere Rolle spielen, als man bisher geglaubt hat.

Ein wichtiger seelischer Faktor, den wir erörtern müssen, ist der schlechte Ruf, den die Fettleibigkeit hat. Eine Gruppe Kinder wurde einmal gefragt, ob sie lieber dick oder körperbehindert wären, und die Antwort war eindeutig: Die Kinder wollten lieber behindert sein als dick.

Fettleibige Menschen leiden oft unter Minderwertigkeitsgefühlen. Die Mode, Versicherungen, einige Arbeitgeber – alle haben etwas gegen Körperfülle einzuwenden. Infolgedessen gewöhnen sich Fettleibige eine negative Denkweise an. Man macht sie glauben, Fett sei »schlecht«, und das setzt häufig einen tückischen Kreislauf in Gang: Minderwertigkeitsgefühle, Depressionen, Überessen als »Trost«, weitere Gewichtszunahme, gesellschaftliche Ablehnung, noch stärkere Minderwertigkeitsgefühle und so weiter. Oft ist eine Beratung notwendig, um die Einstellung zur Fettleibigkeit zu ändern und das Selbstwertgefühl zu verbessern. Wenn diese seelischen Faktoren nicht berücksichtigt werden, scheitern selbst die ausgeklügeltste Diät und das beste Trainingsprogramm. Wenn Fettleibige sich nicht mehr minderwertig fühlen, fällt es ihnen leichter, ihre Eßgewohnheiten zu ändern. Dies ist das wichtigste Ziel jeder psychologischen Beratung.

Die biologische Auffassung von der Fettleibigkeit

Während die psychologische Theorie annimmt, daß Fettleibige nicht auf innere Reize wie Hunger und Sattheit reagieren, geht der biologische Ansatz beinahe vom Gegenteil aus: Übergewichtige reagieren offenbar extrem empfindlich auf innere Reize. Immer mehr Forschungsergebnisse stützen diese Auffassung.[8]

Die biologisch-biochemischen Modelle der Fettleibigkeit sind mit dem Stoffwechsel der Fettzellen verbunden. Diese Modelle stützen die Annahme, Fettleibigkeit gehe nicht nur auf Überessen zurück, und sie erklären, warum manche Menschen sehr viel essen können, ohne daß sie nennenswert zunehmen, während für Fettleibige das genaue Gegenteil gilt.

Experimente mit Tieren und Menschen belegen, daß jeder Mensch ein programmiertes Normalgewicht hat. Man nimmt an, daß die einzelnen Fettzellen dieses Gewicht regulieren: Wenn die Fettzelle kleiner wird, schickt sie eine Botschaft ans Gehirn, und Hunger stellt sich ein. Da viele Fettleibige sowohl mehr als auch größere Fettzellen haben, ist ein überwältigender Drang zu essen die Folge.

Das erklärt, warum die meisten Diäten erfolglos sind. Zwar kann der Fettleibige dem Verlangen eine gewisse Zeit widerstehen; doch schließlich wird das Signal so stark, daß er es nicht mehr ignorieren kann, und die Folge ist, daß er um so mehr Essen verschlingt und oft sogar sein ursprüngliches Gewicht übertrifft. Außerdem erhöht sich dadurch das programmierte »Normalgewicht«, und eine Gewichtsabnahme wird noch schwieriger.[9] Man nennt dies den »Jojo-Effekt«.

Das programmierte Normalgewicht hängt offenbar damit zusammen, wie empfindlich die Fettzellen auf das Hormon Insulin reagieren. Fettleibigkeit verringert diese Empfindlichkeit. Sowohl Fettleibigkeit wie auch Diabetes hängen eng mit der sogenannten westlichen Ernährung zusammen, vor allem wegen der schädlichen Wirkung des Fabrikzuckers auf das Insulin und den Blutzuckerspiegel.[10]

Um das »Programm« der Fettzellen zu überwinden, müssen wir anscheinend dafür sorgen, daß sie empfindlicher auf Insulin reagieren. Die Theorie vom programmierten Normalgewicht nimmt an, daß eine Diät, welche die Reaktion der Fettzellen auf das Insulin nicht verstärkt, sehr wahrscheinlich keinen langfristigen Erfolg hat. Diese Insulinsensitivität läßt sich verbessern und das programmierte Normalgewicht läßt sich senken – durch Körpertraining und langsamen, allmählichen Gewichtsverlust.

Wie man abnimmt

Gewichtsabnahme ist wohl eine der größten Herausforderungen der Medizin. Nur wenige Menschen möchten übergewichtig sein, aber nur 5 % der deutlich fettleibigen Menschen und nur 66 % derjenigen, die nur ein paar Pfund zuviel wiegen, können das »Normalgewicht« erreichen und beibehalten.[11]

Eine erfolgreiche und dauerhafte Gewichtsabnahme muß mit ausreichender Nährstoffzufuhr, angemessener körperlicher Bewegung und einer positiven Einstellung einhergehen. All diese Faktoren sind wichtig und voneinander abhängig. Kein einzelner Faktor ist wichtiger als ein anderer. Wenn Sie nur einen Aspekt verbessern, können Sie damit einige positive Veränderungen bewirken; aber die besten Resultate erzielen Sie, wenn Sie alle drei verbessern.

Es gibt buchstäblich Hunderte von Diäten und Programmen, die behaupten, die Antwort auf das Problem des Übergewichts zu kennen. Ständig werden wir mit Berichten über neue »Wunderdiäten« bombardiert. Doch an der Grundvoraussetzung für einen Gewichtsverlust ändert sich nichts: Die Kalorienzufuhr muß geringer sein als der Kalorienverbrauch. Das können Sie erreichen, indem Sie weniger essen und/oder sich mehr bewegen.

Um 500 Gramm Fett abzubauen, müssen Sie 3500 Kalorien weniger aufnehmen, als Sie verbrauchen. Um jede Woche 1500 Gramm Fett zu verlieren, benötigen Sie ein tägliches Defizit von mindestens 1000 Kalorien; das heißt, Sie müssen entweder die Kalorienzufuhr entsprechend einschränken oder aktiver sein. Um täglich 1000 Kalorien zu verbrennen, müssen Sie beispielsweise 90 Minuten joggen oder 2 Stunden Tennis spielen oder 2 ½ Stunden forsch spazierengehen. Am besten ist es allerdings, wenn Sie sowohl weniger essen als auch Sport treiben.

Ein erfolgreiches Programm zur Gewichtsabnahme sollte etwa 1200 bis 1500 Kalorien am Tag liefern. Wenn Sie dann noch drei- oder viermal in der Woche 15 bis 20 Minuten aerob trainieren, können Sie mit einem optimalen Gewichtsabbau rechnen, nämlich ungefähr ein bis drei Pfund wöchentlich. »Blitzdiäten« führen meist zu einem raschen Gewichtsverlust (im wesentlichen Muskelmasse und Wasser), aber auch zu einer anschließenden Gewichtszunahme (erinnern Sie sich an das »programmierte Normalgewicht«?). Wenn Sie erfolgreich abnehmen wollen, müssen Sie Ihr Gewicht allmählich reduzieren, indem Sie Ihre Lebens- und Ernährungsweise langfristig umstellen.

Vorteile frischer Säfte

Frische Obst- und Gemüsesäfte haben eine Reihe von Vorteilen, die beim Abnehmen äußerst wichtig sind. Sie liefern Ihnen konzentrierte Nährstoffe, die der Körper leicht absorbieren kann, sowie reichlich Eiweiß, Kohlenhydrate, essentielle Fettsäuren, Vitamine und Mineralien.

Wie im Kapitel 1 erwähnt, führt eine Kost, die hauptsächlich aus ungekochten Lebensmitteln besteht, zu Gewichtsabnahme, besserer Regulierung des Blutzuckerspiegels und niedrigerem Blutdruck. Die Wissenschaft hat herauszufinden versucht, warum Rohkost diese Wirkung hat, und ist zu folgenen Schlußfolgerungen gekommen:

1. Rohkost ist viel sättigender. Beim Kochen gehen bis zu 97 % der wasserlöslichen Vitamine (A, D, E und K) verloren. Da ungekochte Lebensmittel, wie z. B. Säfte, mehr Vitamine

und andere Nährstoffe enthalten, sättigen sie den Körper besser. Wenn der Organismus nicht genügend Nährstoffe bekommt, stellt er sich auf »Hunger« ein. Die Folge ist eine Verlangsamung des Stoffwechsels. Das bedeutet, daß weniger Fett verbrannt wird.

2. Die blutdrucksenkende Wirkung der Rohkost ist sehr wahrscheinlich auf gesündere Lebensmittel, Ballaststoffe und Kalium zurückzuführen. Wenn man sich jedoch von Rohkost auf Kochkost umstellt, steigt der Blutdruck rasch auf die früheren Werte an.
3. Wenn die Nahrung zu 60 % aus Rohkost besteht, sinkt die Belastung des Körpers. Vor allem die Enzyme in der Rohkost, die geringere allergene Wirkung roher Lebensmittel und ihr Einfluß auf die Darmbakterien gelten als gesundheitsfördernd.

Säfte unterstützen die Verdauung und erlauben die schnelle Absorption der hochwertigen Nährstoffe. Die Folge ist, daß die verfügbare Energie zunimmt. Das ist einer der großen Vorteile der Gewichtsabnahme durch eine bessere Ernährung. Im Gegensatz zu anderen Methoden, die Sie müde und matt machen, versorgen frische Säfte und eine vernünftige Ernährung Sie mit Energie, und mit dieser Energie können Sie Sport treiben und mehr Kalorien verbrennen.

Wer abnehmen will, braucht Ballaststoffe

Obwohl nur der Saft Nährstoffe liefert, sind Fasern ebenfalls wichtig. Es gibt Beweise dafür, daß eine ballaststoffarme Kost eine wichtige Rolle bei der Entwicklung der Fettleibigkeit spielt.[12] Pflanzenfasern können der Fettleibigkeit aus mehreren Gründen vorbeugen:

1. Sie zwingen uns, langsamer zu essen;
2. sie sorgen dafür, daß mehr Kalorien über den Darm ausgeschieden werden;
3. sie wirken auf die Sekretion von Verdauungshormonen ein;
4. sie verbessern die Glukosetoleranz;

5. sie sättigen, indem sie den Magen füllen, die Absonderung von appetithemmenden Hormonen (z. B. Cholezystokinin*) stimulieren und die Aktivität des Darmes fördern.

Die wichtigste Wirkung der Fasern aus der Sicht der Fettleibigen besteht wohl darin, daß sie den Glukosestoffwechsel verbessern. Blutzuckerprobleme (Hypoglykämie und Diabetes) hängen offenbar am stärksten mit einer ungenügenden Zufuhr von Ballaststoffen zusammen.[13] Zahlreiche klinische Studien belegen den positiven Einfluß mehrerer wasserlöslicher Fasern – z. B. Guar, Karaya und Pektin – auf die Regulierung des Blutzuckers. Die zusätzliche Verabreichung von Ballaststoffen bei Fettleibigkeit fördert nachweislich die Gewichtsabnahme.[14] Ebenso wichtig ist die Tatsache, daß die Wirkung der Fasern offenbar darin besteht, daß sie die Kalorienzufuhr reduzieren, indem sie das Sättigungsgefühl verstärken und das Hungergefühl verringern. Am besten verwenden Sie Mischungen aus verschiedenen Fasern, vor allem wasserlöslichen, um eine optimale Wirkung zu erzielen.

Vorbereitung des Körpers auf den Gewichtsverlust

Es wird oft empfohlen, den Körper während der ersten Woche des Abnehmens durch ein Säftefasten vorzubereiten. Dabei trinkt man drei- oder viermal täglich 250 bis 350 Gramm Saft. In dieser Woche fängt der Körper an, abgelagerte Giftstoffe auszuscheiden. Wenn Ihr Körper Unterstützung benötigt, befolgen Sie die im 9. Kapitel beschriebenen Empfehlungen. In den folgenden Tagen scheidet der Körper weiter gespeicherte Gifte aus und benötigt dabei die Hilfe frischer Säfte und einer ballaststoffreichen Kost.

Nach einer Woche sollten Sie zwei Saftmahlzeiten (am besten als Frühstück und Imbiß am Nachmittag) und zwei Mahlzeiten aus gesunden Lebensmitteln (einschließlich Saft) einnehmen. Wählen Sie aus den »vier neuen Grundnahrungsmitteln« (Getreide, Hülsenfrüchte, Obst und Gemüse/Salate) aus, da sie dem Körper wichtige Fasern und Nährstoffe liefern. Außerdem unterstützen sie den Organismus bei der Entgiftung. Die folgenden Ernährungsrichtlinien sind Voraussetzung für den Erfolg des Programms.

Gesunde Nahrung

Dauerhafter Erfolg erfordert dauerhafte Veränderungen der Nahrungsauswahl und der Essenszeit. Ein wirksames Programm zur Gewichtsabnahme muß sich auf die »vier neuen Grundnahrungsmittel« stützen und genügend, aber nicht zuviel Eiweiß liefern.

Ich rate Ihnen dringend, folgende gesundheitsschädliche Substanzen zu meiden: Fabrikzucker, gesättigtes Fett, Cholesterin, Salz, Nahrungsmittelzusätze, Alkohol, Pestizide und Herbizide. Die empfehlenswerten und gesunden Lebensmittel lassen sich in die folgenden Gruppen einteilen:

Gemüse/Salate
Obst
Vollkornbrot, Getreideprodukte, stärkereiches Gemüse
Hülsenfrüchte
eiweißreiche Lebensmittel
Fett
Süßstoffe

Gemüse/Salate

Gemüse und Salate sind eine hervorragende »Diätnahrung«, da sie sehr viele Nährstoffe, aber wenige Kalorien enthalten. Außerdem sind sie reich an Vitaminen, Mineralien und gesundheitsfördernden Ballaststoffen. Die folgenden Gemüse und Salate können Sie entsaften oder zusammen mit den »vier neuen Grundnahrungsmitteln« essen, und zwar roh, in Salaten oder gedünstet. Produkte mit einem Sternchen dürfen Sie in beliebiger Menge essen, da der Körper bei ihrer Verdauung mehr Kalorien verbraucht, als sie ihm liefern. Darüber hinaus tragen diese Gemüse dazu bei, daß Sie sich zwischen den Mahlzeiten satt fühlen.

Zusätzlich zu den Gemüsen und Salaten, die Sie in Form von Säften zu sich nehmen, sollten Sie täglich mindestens vier Tassen

Gemüse/Salate essen, darunter eine Tasse dunkles Blattgemüse. Weitere Gemüse dürfen Sie essen, wenn sie in der folgenden Liste mit einem Sternchen bezeichnet sind. Kaufen Sie Gemüse und Salate der Saison, und essen Sie verschiedene Sorten, um viele Nährstoffe aufzunehmen. Stärkereiche Gemüse wie Kartoffeln sind in der Kategorie »Brot, Getreide und stärkereiche Gemüse« aufgeführt.

Gemüse	**Kalorien pro Tasse**	
Alfalfa-Sprossen*	20	
Artischocken	44	(gedünstet)
Auberginen	38	gekocht
Blumenkohl*	27	
Bohnen, grün oder gelb	31	
Bok Choy*	20	
Brokkoli	40	
Brunnenkresse	7	
Endivie*	10	
Erbsen	106	
Grünkohl	37	
Gurken*	16	
Jicama	49	
Karotten	46	
Knoblauch	10	(pro Zehe)
Kohl, grün oder rot*	24	roh, 31 gekocht
Kohlrabi	40	
Kopfsalat*	10	
Kürbis, gelb	40	
Lauch	53	
Mangold	30	
Mungobohnensprossen*	21	
Okra	36	(je 8 Schoten)
Paprikaschoten*	22	
Petersilie	26	
Pilze*	20	

* Cholezystokinin regt die Verdauungstätigkeit im Dünndarm an.

Gemüse	Kalorien pro Tasse	
Rettich*	20	
Rhabarber	50	
Rosenkohl	54	
Rübenblätter	36	
Sellerie*	17	
Senfblätter	40	
Spargel	21	(6 mittelgroße Stangen)
Speiserüben	54	
Spinat*	41	
Steckrüben*	36	
Steckrübenblätter	29	
Tomaten	23	
Winterendivie*	10	
Zucchini	25	
Zwiebeln	50–60	

Früchte

Früchte sind ein ausgezeichneter Imbiß, da sie Fruchtzucker (Fruktose) enthalten, der nur langsam ins Blut aufgenommen wird, so daß der Körper Zeit hat, ihn zu verwerten. Früchte sind außerdem hervorragende Quellen für Vitamine und Mineralien sowie für gesundheitsfördernde Fasern.

Allerdings sind Früchte in der Regel kalorienreicher als Gemüse und Salate; daher sollten Sie sich ein wenig zurückhalten, wenn Sie abnehmen wollen. Sie dürfen täglich zwei Portionen der folgenden Früchte essen oder in Form von Säften trinken:

Frucht	Portion	Kalorien
Ananas	1 Tasse	80
Apfel	1 großer oder 2 kleine	125
Apfelmus (ungesüßt)	1 Tasse	100

Frucht	Portion	Kalorien
Aprikosen, frisch	4 mittelgroße	70
Aprikosen, getrocknet	8 Hälften	70
Backpflaumen	4 mittelgroße	110
Banane	1 kleine	100
Beeren		
Blaubeeren	1 Tasse	90
Brombeeren	1 Tasse	85
Erdbeeren	1 Tasse	55
Himbeeren	1 Tasse	70
Preiselbeeren	1 Tasse	90
Datteln	4	100
Feigen, frisch	2	100
Feigen, getrocknet	2	100
Grapefruit (Pampelmuse)	1	50
Kirschen	10 große	45
Mandarinen	2 mittelgroße	80
Mango	1 kleine	125
Melonen		
Honigmelone	¼ mittelgroße	110
Kantaloupe	½ kleine	80
Wassermelone	2 Tassen	110
Nektarinen	2 kleine	80
Orangen (Apfelsinen)	2 kleine	110
Papaya	1 kleine	110
Persimonen (Kaki)	2 mittelgroße	130
Pfirsiche	2 mittelgroße	80
Pflaumen	4 mittelgroße	80
Rosinen	¼ Tasse	105
Weintrauben	20	70

Brot, Getreide und stärkereiche Gemüse

Brot, Getreide und stärkereiche Gemüse enthalten komplexe Kohlenhydrate. Chemisch gesehen bestehen komplexe Kohlenhydrate aus langen Ketten einfacher Kohlenhydrate oder Zucker. Das bedeutet, daß der Körper die langen Zuckerketten in einfache Zucker zerlegen muß. Darum gelangt der Zucker aus komplexen Kohlenhydraten nur langsam in die Blutbahn. Dem Organismus fällt es somit leichter, den Blutzuckerspiegel und den Appetit zu regulieren.

Nahrungsmittel wie Brot, Getreideprodukte und stärkereiche Gemüse enthalten nicht nur komplexe Kohlenhydrate, sondern auch reichlich Fasern und Nährstoffe; außerdem sind sie kalorienärmer als Nahrungsmittel, die reich an einfachen Zuckern sind (z. B. Kuchen und Bonbons). Schränken Sie den Verzehr von Getreideprodukten so weit wie möglich ein. Weichen Sie auf gekeimtes Getreide aus. Essen Sie Vollkornprodukte, aber keine Produkte, die aus Auszugsmehl hergestellt werden (Brötchen, Weißbrot, Kuchen, Nudeln usw.).

Hülsenfrüchte

Hülsenfrüchte sind hervorragend für eine Schlankheitskur geeignet. Sie sind reich an wichtigen Nährstoffen, die den Stoffwechsel unterstützen. Sie verbessern die Leberfunktion und senken den Cholesterinspiegel. Außerdem helfen Hülsenfrüchte dem Körper, den Blutzuckerspiegel zu regulieren. Da Fettleibigkeit mit einer schlechten Regulierung des Blutzuckers zusammenhängt (die Zellen reagieren zu schwach auf das Insulin), sind Hülsenfrüchte ein äußerst wichtiger Teil einer Diät.

Sie können täglich eine Tasse der folgenden Hülsenfrüchte essen:

Langbohnen
Kichererbsen
Kidneybohnen
Linsen
Limabohnen
gefleckte Feldbohnen
halbe Erbsen
Tofu
andere getrocknete Bohnen und Erbsen

Tierische Produkte

Eine ausreichende Eiweißzufuhr während der Gewichtsabnahme ist wichtig, damit die Muskeln nicht zu sehr abgebaut werden. Die oben empfohlenen pflanzlichen Lebensmittel liefern Ihnen mehr als genug Eiweiß. Obwohl ich immer wieder darauf hinweise, wie wichtig die »vier neuen Grundnahrungsmitteln« sind, möchte ich Ihnen einige Hinweise zum Verzehr tierischer Nahrungsmittel geben, falls Sie diese – besonders in der Übergangsphase – essen möchten. Sie sollten dies auf keinen Fall öfter als zweimal in der Woche tun. Wenn Sie eines der folgenden Nahrungsmittel essen, müssen Sie fettreiche Nahrungsmittel sowie Brot, Getreide und stärkereiche Gemüse um die Hälfte reduzieren und auf Hülsenfrüchte verzichten.

Fisch:
max. 175 g Kabeljau, Seezunge, Heilbutt, Lachs, Thunfisch in Wasser, roter Barsch oder Flußbarsch.

Rindfleisch:
max. 115 g mageres Kalbfleisch, gehacktes Rindfleisch, Kamm, Steak (Flanke, Dünnung), Lendenstück, Mittelstück vom Hinterbein, Rumpsteak, magere Rippchen oder Kaldaunen.

Lamm:
175 g magere Stücke vom Bein, Rippchen, Lendenstück (Braten oder Kotelett), Haxe oder Schulter.

Geflügel:
175 g Hähnchen oder Truthahn ohne Haut.

Milchprodukte:
2 Tassen Magermilch, 1 Tasse 2%ige Milch, 1 Tasse fettarmen Joghurt oder ½ Tasse fettarmen Hüttenkäse.

Fett

Reduzieren Sie den Fettkonsum auf ein Minimum, denn Fett ist sehr kalorienreich. Am besten ist es, wenn Sie ohne Fett auskommen. Wenn Sie möchten, dürfen Sie eine der folgenden Portionen am Tag essen:

⅛ mittelgroße Avocado
1 Teelöffel Pflanzenöl (Oliven-, Mais-, Färberdistel-, Soja-, Sonnenblumenöl)
5 kleine Oliven
10 ganze Mandeln
2 große Pecanüsse
10 Erdnüsse
6 kleine Walnüsse
1 Teelöffel Butter
2 Teelöffel Salatsoße
1 Teelöffel Mayonnaise

Süßungsmittel

Schränken Sie den Konsum von Süßungsmitteln ein. Am besten ist es, wenn Sie ohne Süßungsmittel auskommen. Wenn es sein muß, können Sie täglich einen Eßlöffel Honig, Marmelade, Konfitüre oder Eingemachtes essen.

Körperliche Bewegung

Man kann den gesundheitlichen Nutzen der regelmäßigen körperlichen Bewegung gar nicht genug rühmen. Kurzfristig stellt sie zwar eine Belastung für den Organismus dar; aber an regelmäßiges Training paßt der Körper sich an – er wird stärker, arbeitet ökonomischer und hat mehr Ausdauer. Körpertraining ist ein wichtiger Bestandteil eines erfolgreichen Programms zur Gewichtsabnahme.[15]

Bewegungsmangel ist eine der Hauptursachen der Fettleibigkeit. Übergewicht in der Kindheit hängt sogar mehr mit Bewegungsmangel als mit Überessen zusammen; und es gibt Beweise dafür, daß die Fettleibigkeit Erwachsener in 80 bis 86 % aller Fälle in der Kindheit begonnen hat. Fettleibige Erwachsene sind weniger aktiv als magere.[16] Regelmäßiges Körpertraining ist aus mehreren Gründen ein notwendiger Bestandteil eines Programms zur Gewichtsabnahme:

1. Wenn Sie nur durch Diät, also ohne körperliche Bewegung abnehmen, ist ein erheblicher Teil des Gewichtsverlustes auf Wasserausscheidung zurückzuführen.[17]
2. Wenn Sie sich intensiv bewegen, nimmt die Menge des mageren Körpergewebes (vor allem der Muskelmasse) zu, während die Menge des fetten Gewebes abnimmt.[18]
3. Körpertraining wirkt der Reduzierung des Grundumsatzes entgegen, die meist mit einem reinen Diätprogramm einhergeht.[19]
4. Auch nach einem Körpertraining bleibt der Grundumsatz für längere Zeit erhöht. [20]
5. Mäßiges bis intensives Körpertraining kann den Appetit dämpfen.[21]
6. Wer während und nach der Gewichtsabnahme Körpertraining betreibt, kann sein neues Gewicht leichter halten als inaktive Menschen.[22]

Der körperliche Nutzen des Körpertrainings

Von regelmäßigem Training profitiert der ganze Körper. Das ist im wesentlichen auf die bessere Funktion des Herzens, der Gefäße und der Atemorgane zurückzuführen. Körperliche Bewegung fördert den Transport von Sauerstoff und Nährstoffen in die Zellen und den Abtransport von Kohlendioxid und Schlacken aus dem Gewebe ins Blut und letztlich zu den Ausscheidungsorganen.

Regelmäßiges Training ist vor allem deshalb wichtig, weil es das Risiko verringert, an einem Herzleiden zu erkranken. Es senkt nämlich den Cholesterinspiegel, verbessert die Versorgung des Herzens mit Blut und Sauerstoff, steigert die Herzleistung, reduziert den Blutdruck, verringert Übergewicht und wirkt Blutgerinnseln entgegen.

Psychologische und gesellschaftliche Vorteile des Trainings

Wenn Sie regelmäßig trainieren, sehen Sie nicht nur besser aus, sondern Sie fühlen sich auch besser. Spannungen, Depressionen, Minderwertigkeitsgefühle und Furcht lassen deutlich nach. Eine besonders günstige Wirkung hat die körperliche Bewegung auf depressive Menschen. Studien belegen, daß Körpertraining die Stimmung aufhellt und die Fähigkeit, mit belastenden Lebenssituationen fertig zu werden, erheblich verbessert.

Kürzlich veröffentlichte das »American Journal of Epidemiology« die Ergebnisse einer solchen Studie. Danach haben Sport und andere körperliche Aktivitäten einen günstigen Einfluß auf Depressionen, Angst, Unruhe, Spannungszustände und Schlafstörungen.[23]

So beginnen Sie mit dem Training

Bevor Sie mit einem Trainingsprogramm anfangen, sollten Sie prüfen, ob Sie fit genug sind. Wenn Sie jahrelang inaktiv waren oder wenn Sie eine Krankheit hinter sich haben, müssen Sie zuerst einen Arzt konsultieren.

Wenn Sie ausreichend fit sind, wählen Sie eine Sportart oder Aktivität aus, die Ihnen Spaß macht. Am besten geeignet ist ein Training, das die Herzfrequenz erhöht. Aerobe Sportarten wie forsches Gehen, Joggen, Radfahren, Skilanglauf, Schwimmen, Aerobics und Tennis sind gute Beispiele dafür. Halbstündiges zügiges Gehen (8 km pro Stunde) ist wohl am besten für Menschen geeignet, die abnehmen wollen. Gehen können Sie überall. Sie brauchen keine teure Ausrüstung – nur bequeme Kleider und Schuhe –, und das Verletzungsrisiko ist äußerst gering.

Die Behauptung, man könne »gezielt abnehmen«, trifft nicht zu. Körpertraining zehrt an allen Fettpolstern des Körpers, nicht an bestimmten Stellen. Während aerobes Training die Gewichtsabnahme fördert, können Sie durch Gewichttraining auch die magere Körpermasse vergrößern und Körperfett reduzieren.[25] Training mit Gewichten ist möglicherweise ebenso wirksam oder wirksamer als aerobes Training, wenn es darum geht, magere Körpermasse beizubehalten oder zu vergrößern und den Stoffwechsel anzuregen.

Intensität des Trainings

Die Intensität des Trainings können Sie messen, wenn Sie Ihre Herzschläge pro Minute zählen. Das geht am schnellsten, wenn Sie Zeige- und Mittelfinger einer Hand an die Seite des Halses knapp unterhalb des Kieferwinkels oder auf die Innenseite des anderen Handgelenks daumenseitig legen. Beginnen Sie mit »null«, und zählen Sie die Zahl der Herzschläge in sechs Sekunden. Nun brauchen Sie dieser Zahl nur noch eine Null hinzuzufügen, und Sie haben Ihren Minutenpuls. Wenn Sie beispielsweise 14 Schläge gezählt haben, beträgt Ihr Minutenpuls 140. Ist das ein guter Wert? Es hängt von Ihrem Alter und Ihrem Zustand ab.

Sie können Ihre maximale Herzfrequenz leicht und schnell bestimmen, indem Sie Ihr Alter von 185 abziehen. Wenn Sie zum Beispiel 40 Jahre alt sind, beträgt Ihre maximale Herzfrequenz 145. Um die Mindestfrequenz zu bestimmen, subtrahieren Sie einfach 20 von diesem Wert. Das Ergebnis bei einem Vierzigjährigen wäre also 125. Der Trainingspuls sollte also zwischen 125 und 145 Schlägen pro Minute liegen. Wenn Sie eine optimale Wirkung erzielen wollen, müssen Sie immer innerhalb dieses Rahmens bleiben und dürfen ihn nie überschreiten.

Dauer und Häufigkeit des Trainings

Um eine positive Wirkung zu erzielen, müssen Sie mindestens dreimal in der Woche 15 bis 20 Minuten lang trainieren und dabei Ihren Trainingspuls erreichen. Wenn Sie den unteren Wert der optimalen Herzfrequenz längere Zeit durchhalten, so ist dies besser, als wenn Sie härter, aber kürzer trainieren. Am besten ist es, Sie machen das Training zu einem Teil Ihres täglichen Lebens.

Nach dem Training

Nach dem Training braucht der Körper Wasser und Elektrolyte (Kalium, Magnesium, Natrium und Kalzium). Frische Säfte gleichen den Wasser- und Elektrolytverlust am besten aus. Praktisch alle frischen Säfte sind geeignet, besonders aber Kalium-Bowle und Kalium-Tonikum (siehe Kapitel 7).

Zusammenfassung

Dauerhafte Gewichtsabnahme ist möglich; aber sie erfordert einen umfassenden Plan, der die eigentlichen Ursachen der Fettleibigkeit berücksichtigt. Das in diesem Kapitel beschriebene Programm legt Wert darauf, daß der Körper die Nährstoffe bekommt, die er benötigt. Im Mittelpunkt des Programms stehen frische Obst- und Gemüsesäfte und eine ballaststoffreiche Ernährung. Wenn Sie hochwertigere Nahrung zu sich nehmen, können Sie die Kalorienzufuhr reduzieren, Ihre Energie nimmt zu, und Sie bekommen Lust, sich körperlich zu betätigen. Durch bessere Ernährung können Sie auch Ihre Lebensqualität verbessern. Weitere Informationen über geeignete Trainingsprogramme finden Sie in den Büchern »Gesundheit aktiv« von *Dr. John Yiamouyiannis*, »Neue Lebensgewohnheiten« von *Dr. R. Cinque* und »Fit für's Leben, Teil 2« von *Harvey* und *Marilyn Diamond*.

Kapitel 11
Säfte, Immunsystem und Krebs

Säfte sind zwar für jedermann nützlich; aber es gibt mehrere Gruppen von Menschen, für die sie geradezu unentbehrlich sind: Krebspatienten, die sich einer Chemo- oder Strahlentherapie unterziehen, und Menschen deren Immunsystem durch AIDS schwer geschädigt ist. Diese Menschen leiden nicht nur unter ihrer Krankheit, sondern oft auch unter einer gewaltigen Zunahme der freien Radikalen – eine Nebenwirkung der medizinischen Behandlung. Sie brauchen unbedingt die Unterstützung und den Schutz, die frische Obst- und Gemüsesäfte mit ihren Nährstoffen ihnen bieten. Wichtig ist, daß Säfte auch das Immunsystem stärken.

Das Immunsystem – ein kurzer Überblick

Das Immunsystem ist wohl eines der komplexesten und faszinierendsten Systeme des menschlichen Körpers. Während wir die Funktion der anderen Systeme (Atmung, Herz- und Gefäßsystem, Verdauungssystem, Muskel- und Skelettsystem) seit längerem gut kennen, verstehen Wissenschaftler und Mediziner die Grundlagen und die Funktion des Immunsystems erst seit kurzer Zeit. Die Immunologie, die Lehre vom Immunsystem, ist einer der dynamischsten Bereiche der Medizin.

Das Immunsystem besteht im wesentlichen aus den Lymphgefäßen und -organen (Thymus, Milz, Mandeln, Lymphknoten), den weißen Blutkörperchen (Lymphozyten, Neutrophile, Basophile, Eosinophile, Monozyten), speziellen Zellen in verschiedenen Geweben (Makrophagen, Freßzellen) und speziellen Serumfaktoren. Die wichtigste Aufgabe des Immunsystems ist der Schutz des Körpers vor Infektionen und Krebs.

Die Thymusdrüse – die Hauptdrüse des Immunsystems

Der Thymus besteht aus zwei weichen, graurosa Lappen, die wie ein Lätzchen knapp unterhalb der Schilddrüse und oberhalb des Herzens liegen. Die Thymusdrüse ist gleich nach der Geburt maximal entwickelt. Später schrumpft sie ein. Die Ursache für diese »Involution« ist ihre extreme Empfindlichkeit gegenüber Schäden durch freie Radikale und Oxidation, die auf Streß, Medikamente, Drogen, Strahlung, Infektionen und chronische Krankheiten zurückzuführen sind. Wenn der Thymus geschädigt ist, ist seine Fähigkeit, das Immunsystem zu regulieren, ernsthaft beeinträchtigt.

Der Thymus ist für viele Funktionen des Immunsystems verantwortlich, einschließlich der Produktion von T-Lymphozyten, weißen Blutkörperchen, die Träger der »zellvermittelten Immunität« sind. Das bezieht sich auf Immunmechanismen, die nicht von Antikörpern reguliert werden. Diese zellvermittelte Immunität ist äußerst wichtig bei der Abwehr von Infektionen durch schimmelähnliche Bakterien, Hefen (u. a. Candida albicans), Pilzen, Parasiten und Viren (einschließlich Herpes simplex und Epstein-Barr). Außerdem schützt uns die zellvermittelte Immunität vor Krebs und Allergien.

Die Thymusdrüse sondert zudem mehrere Hormone ab, zum Beispiel Thymosin, Thymopoetin und den Serum-Thymus-Faktor, der viele Immunfunktionen steuert. Wenn das Blut eine zu geringe Menge dieser Hormone enthält, ist das Immunsystem nicht voll funktionsfähig und die Anfälligkeit für Infektionen wird größer. In der Regel enthält das Blut älterer, infizierter, krebskranker und aidskranker Menschen viel weniger Thymushormone.

Eine optimale Funktion der Thymusdrüse und der zellvermittelten Immunität können wir nur sicherstellen, wenn wir

1. das Schrumpfen des Thymus aufhalten,
2. Nährstoffe zu uns nehmen, die Kofaktoren der Thymushormone sind,
3. die Thymusdrüse stimulieren.

Frische Säfte können uns helfen, diese Ziele zu erreichen. Bei ernstlich Kranken ist allerdings ein umfassenderes Vorgehen erforderlich: Kräuter, Ergänzungspräparate, spezielle Wirkstoffe und andere unterstützende Therapien.

Was schadet dem Immunsystem?

Streß

Streß erhöht die Produktion von Hormonen der Nebennieren, einschließlich der Kortikosteroide und der Catecholamine. Unter anderem hemmen diese Hormone die weißen Blutkörperchen und veranlassen den Thymus zu schrumpfen. Die Folge sind eine erhebliche Schwächung des Immunsystems und größere Anfälligkeit für Infektionen, Krebs und andere Krankheiten. Je größer der Streß ist, desto schwächer wird gewöhnlich das Immunsystem.

Streß stimuliert das sympathische Nervensystem, das für die »Flucht-oder-Kampf-Reaktion« verantwortlich ist. Das Immunsystem arbeitet unter dem Einfluß des parasympathischen Nervensystems besser. Dieser Teil des autonomen Nervensystems reguliert Körperfunktionen während des Schlafs, der Entspannung, der Visualisierung und der Meditation. In den tiefsten Phasen des Schlafs werden starke immunfördernde Verbindungen freigesetzt, und viele Teile des Immunsystems arbeiten effektiver. Daher ist es sehr wichtig, durch guten Schlaf, Körpertraining und Entspannung den Auswirkungen des Streß zu begegnen und das Immunsystem zu stärken.

Zahlreiche Studien belegen eindeutig, daß Streß, Persönlichkeit, Einstellung und Emotionen bei der Entstehung vieler Krankheiten eine Rolle spielen. Die Reaktion auf Streß ist individuell verschieden – ein Beweis dafür, daß sich die Menschen erheblich darin unterscheiden, wie sie die Ereignisse des Lebens wahrnehmen und verarbeiten. Diese unterschiedlichen Reaktionen erklären die breite Vielfalt der streßbedingten Krankheiten.

Positives Denken trägt wohl am meisten dazu bei, das Immunsystem gesund zu machen oder zu erhalten. Wie können Sie eine positive Einstellung erwerben? Meist geschieht das Schritt für Schritt durch kleine Umstellungen, die sich summieren. Der erste Schritt besteht darin, daß Sie die Verantwortung für Ihren seelischen Zustand, Ihr Leben, Ihre derzeitige Situation, Ihr Immunsystem und Ihre Gesundheit übernehmen. Danach müssen Sie handeln und die Änderungen in Ihrem Leben herbeiführen, die Sie anstreben (siehe auch *Dr. Barry Fox* »Positiv handeln durch positiv denken«).

Unterernährung

Unterernährung gilt im allgemeinen als die häufigste Ursache für Immunstörungen in der Welt. Früher haben sich die Forscher, die den Einfluß des Ernährungszustandes auf das Immunsystem untersuchten, hauptsächlich mit schweren Zuständen der Mangelernährung wie Marasmus* und Kwashiorkor** befaßt. Heute wenden sie sich immer mehr den Krankheiten zu, die durch den Mangel einzelner Nährstoffe und durch Überernährung entstehen. Es gibt viele Beweise dafür, daß jeder einzelne Nährstoffmangel das Immunsystem erheblich schwächen kann.

Unterernährung ist nicht auf die Länder der dritten Welt beschränkt. Untersuchungen in den USA haben gezeigt, daß die meisten Amerikaner mindestens an einem Nährstoffmangel leiden. Mehrere Studien schätzen, daß 19 bis 66 % der älteren Menschen in Teilen Nordamerikas nur zwei Drittel oder weniger der empfohlenen Tagesmenge an verschiedenen Nährstoffen zu sich nehmen.[1] Das hat beträchtliche Auswirkungen auf das Immunsystem; denn nahezu jeder Nährstoffmangel schwächt das Immunsystem und erhöht das Krebs- und Infektionsrisiko.

Zucker

Studien in den siebziger Jahren belegten, daß der Verzehr von 100 Gramm Glukose, Fruktose, Honig oder pasteurisiertem Orangensaft die Fähigkeit der weißen Blutkörperchen (Neutrophilen), Bakterien zu vernichten, signifikant herabsetzt.[2] Im Gegensatz dazu hat der Verzehr von 100 Gramm Stärke keine Auswirkung. Die negative Wirkung setzt in weniger als 30 Minuten nach dem Verzehr ein und hält länger als fünf Stunden an. In der Regel sank die Aktivität der Neutrophilen zwei Stunden

* Hungerendzustand, Auszehrung
** Eiweiß- und Vitaminmangelzustand (sogenannter Mehlnährschaden, d.h. Schaden durch Ernährung mit zuviel weißem Mehl und zuwenig Obst und Gemüse und Eiweiß).

nach dem Verzehr um mindestens 50 %. Da 60 bis 70 % der zirkulierenden weißen Blutkörperchen Neutrophile sind, schwächt die Abnahme ihrer Aktivität das Immunsystem.

Außerdem wurde nachgewiesen, daß der Konsum von 75 Gramm Glukose die Aktivität der Lymphozyten schwächt.[3] Auch andere Teile des Immunsystems leiden zweifellos unter dem Verzehr von Zucker. Einige Forscher nehmen an, daß die negativen Auswirkungen eines zu hohen Glukosespiegels darauf zurückzuführen sind, daß die Blutglukose mit dem Vitamin C konkurriert. Diese Annahme stützt sich auf die Tatsache, daß Vitamin C und Glukose eine gegenteilige Wirkung auf das Immunsystem haben und daß beide auf Insulin angewiesen sind, um in die Gewebe zu gelangen.

Wenn man bedenkt, daß der Durchschnittsmensch jeden Tag 150 Gramm Haushaltszucker plus andere raffinierte, einfache Zucker konsumiert, muß man daraus schließen, daß das Immunsystem der meisten Menschen chronisch geschwächt ist. Es besteht kein Zweifel daran, daß der Verzehr von raffiniertem Zucker, vor allem während einer Infektion oder einer chronischen Krankheit wie Krebs oder AIDS, dem Immunsystem schadet.

Fettleibigkeit

Es besteht ein Zusammenhang zwischen Fettleibigkeit und Arteriosklerose, Bluthochdruck, Diabetes mellitus und Gelenkschäden. Außerdem ist das Immunsystem vieler übergewichtiger Menschen geschwächt. Das heißt, die Neutrophilen vernichten weniger Bakterien, und die Betroffenen erkranken und sterben häufiger an Infektionen.[5] Zudem sind die Blutfettwerte oft erhöht, was einer der Gründe für die gestörte Immunfunktion sein könnte (siehe nächsten Abschnitt).

Blutfett

Wenn das Blut zuviel Cholesterin, freie Fettsäuren, Triglyceride und Gallensäuren enthält, ist das Immunsystem geschwächt. Unter anderem können sich die Lymphozyten nicht mehr ausreichend vermehren, und sie stellen weniger Antikörper her. Neutrophile sind dann nicht mehr in der Lage, infizierte Körperteile zu erreichen und infektiöse Mikroorganismen zu bekämpfen.[6] Das Immunsystem kann also nur dann optimal arbeiten, wenn diese Verbindungen im Serum nicht überhandnehmen.

Alkohol

Alkohol erhöht bei Tieren die Anfälligkeit für experimentell ausgelöste Infektionen. Auch von Alkoholikern ist bekannt, daß sie häufiger an Lungenentzündung und anderen Infektionen erkranken. Studien haben gezeigt, daß neutrophile weiße Blutkörperchen nach dem Genuß von Alkohol selbst bei normal ernährten Menschen wesentlich weniger aktiv sind. Wer ernstlich krank ist und jeder, der sich ein starkes Immunsystem wünscht, sollte also Alkohol meiden.

So erwerben Sie ein gesundes Immunsystem

Wenn Sie ein optimal arbeitendes Immunsystem haben möchten, müssen Sie sich aktiv darum bemühen – durch eine positive Einstellung, durch gesunde Ernährung und durch Körpertraining. Eine gesunde Ernährung ist reich an ganzen, natürlichen Lebensmitteln wie Obst, Salate, Gemüse, Getreide, Hülsenfrüchte, Samen und Nüsse; sie enthält wenig Fett und Fabrikzucker; und sie enthält genügend, aber nicht zuviel Eiweiß. Darüber hinaus sollten Sie jeden Tag 500 bis 700 Gramm frische Obst- und Gemüsesäfte und fünf- oder sechsmal 150 bis 175 Gramm reines Wasser trinken, mindestens 30 Minuten aerob trainieren, 5 bis 10 Minuten Dehnübungen sowie gelegentlich Atem- und Entspannungsübungen (zum Beispiel Meditation) machen, Zeit für Spiel und Spaß mit der Familie und Freunden haben und sechs bis acht Stunden schlafen.

Säfte und Krebs

Wahrscheinlich braucht niemand frische Obst- und Gemüsesäfte so sehr wie der Krebspatient. Oft muß der Körper nicht nur mit dem Krebs selbst, sondern auch mit den Nebenwirkungen der Therapie fertig werden. Vor allem die Chemotherapie und die Strahlentherapie setzen Krebszellen ebenso wie gesunde Zellen den schädlichen freien Radikalen aus. Die Folge ist eine große Belastung der antioxidativen Mechanismen und die Erschöpfung wertvoller Antioxidantien (Enzyme und Nährstoffe). Krebskranke brauchen Antioxidantien in größeren Mengen.

Auch die Schulmedizin räumt allmählich ein, daß man Krebspatienten mit Antioxidantien wie Koenzym Q 10 (Ubichinon), Vitamin C, Selen, Vitamin E und Schwefelverbindungen unterstützen sollte. Studien haben gezeigt, daß diese Nähr- und Wirkstoffe dazu beitragen, einige der Nebenwirkungen der Chemo- und Strahlentherapie zu mildern und dabei die Wirksamkeit der Therapie zu steigern.[7]

Säfte liefern nicht nur wichtige Antioxidantien, die vor einigen schädlichen Folgen der Chemo- und Strahlentherapie schützen, sondern auch eine breite Palette von Wirkstoffen (siehe Kapitel 3). Diese Substanzen haben unmittelbar krebshemmende Wirkungen und stimulieren zudem das Immunsystem.

Außerdem können Säfte helfen, einen Teil der Ernährungsprobleme zu lösen, die mit dem Krebs und mit der Krebstherapie einhergehen. Bei etwa zwei Dritteln aller Krebskranken entwickelt sich eine Kachexie: Appetitverlust, reduzierte Nährstoffzufuhr und infolgedessen Unterernährung, Muskelschwund und Schwächung des Immunsystems. Dieser Zustand ist ziemlich ernst, weil er die Lebensqualität stark beeinträchtigt und erheblich zur Entwicklung weiterer Krankheiten beiträgt, die zum Tod des Patienten führen können. Säfte sind ein Teil des Ernährungsprogramms für Krebskranke, sowohl in mehreren schulmedizinischen Krebskliniken wie auch in vielen alternativen Krebszentren.

Karotinreiche Säfte

Wie bereits im Kapitel 3 erwähnt, wird zur Zeit intensiv über den Zusammenhang zwischen Vitamin A und Karotin einerseits und Epithelkrebs (Krebs der Lungen, des Magen-Darm-Traktes, des Urogenitalsystems und der Haut) andererseits geforscht.

Studien belegen immer wieder, daß zwischen der Karotinzufuhr und der Krebshäufigkeit eine umgekehrte Beziehung besteht: Je höher die Karotinaufnahme ist, desto seltener tritt Krebs auf. Die meisten Forscher befassen sich mit dem Beta-Karotin.

Obwohl allgemein anerkannt ist, daß Karotine vor vielen Krebsarten schützen können, weiß man nicht, ob sie bei bereits vorhandenem Krebs eine therapeutische Wirkung haben. Es gibt jedoch viele Studien an Tieren, die dafür sprechen, Karotine – besonders Beta-Karotin – nicht nur zur Krebsvorbeugung, sondern auch zur Behandlung anzuwenden. Leider stehen entsprechende Studien am Menschen noch aus.

Es gibt jedoch Belege dafür, daß oral verabreichtes Beta-Karotin im Vorstadium des Krebses die Genesung fördern kann.[8] Man hat beispielsweise festgestellt, daß Beta-Karotin erheblich dazu beiträgt, eine Krebsvorstufe namens Leukoplakie zu heilen. Dabei handelt es sich um weiße Gewebsschäden, die wie Plaque aussehen und an den Lippen und in der Mundhöhle und am Muttermund auftreten. Im allgemeinen ist Leukoplakie eine Reaktion auf eine Reizung, zum Beispiel auf Zigarettenrauchen oder Tabakkauen. 17 von 24 Patienten mit Leukoplakie, die an einer Studie teilnahmen, reagierten innerhalb von drei Monaten positiv auf eine relativ niedrige Dosis Beta-Karotin (30 mg täglich).[9] Diese Resultate sind eine Ermutigung für Krebsforscher, weil Beta-Karotin völlig frei von Nebenwirkungen ist und darüber hinaus nachweislich einen positiven Einfluß auf das Immunsystem hat. Bei einer Studie mit normalen Versuchspersonen zeigte sich beispielsweise, daß oral verabreichtes Beta-Karotin (180 mg am Tag = etwa 300 000 I.E. oder 30 000 RE) die Zahl der T-Helferzellen nach sieben Tagen um etwa 30 % erhöht.[10] Da die T-Helferzellen (sie gehören zu den weißen Blutkörperchen) eine entscheidende Rolle bei der Bestimmung des Immunstatus spielen, können wir aus dieser Studie schließen, daß oral verabreichtes Beta-Karotin den Immunstatus selbst bei Gesunden verbessern und die Zahl der T-Helferzellen bei AIDS und Krebs erhöhen kann. Sowohl Aids- wie auch Krebskranke leiden typischerweise an einem T-Zellen-Mangel.

Die Wirkung der Karotine auf das Immunsystem geht jedoch über den Thymus und die T-Zellen hinaus. Man hat nachgewiesen, daß Karotine auch die Funktion verschiedener Typen von weißen Blutkörperchen fördern und die antivirale und krebshemmende Wirkung des Interferons und anderer körpereigener Substanzen verstärken, die innerhalb des Immunsystems eine Rolle spielen.

Karotinreiche Säfte regen also bei Krebspatienten das Immunsystem an. Sie sollten täglich mindestens 700 Gramm karotinreiche Säfte trinken, am besten verschiedene Säfte, nicht nur Karottensaft. Eine Tabelle über den Karotingehalt von gebräuchlichen Obst- und Gemüsearten finden Sie im Kapitel 3.

Vitamin C

Oft wird behauptet, Vitamin C stärke das Immunsystem und schütze vor Erkältungen. Trotz zahlreicher positiver klinischer und experimenteller Studien ist diese Wirkung aus irgendwelchen Gründen immer noch heiß umstritten.[11] Aus biochemischer Sicht gibt es klare Beweise dafür, daß Vitamin C eine große Rolle im Immunsystem spielt. Der hohe Gehalt an Vitamin C in weißen Blutkörperchen, besonders in den Lymphozyten, ist bei Infektionen rasch erschöpft, und ein relativer Vitamin-C-Mangel kann die Folge sein, wenn die Vitamin-C-Vorräte nicht regelmäßig aufgefüllt werden.

Vitamin C fördert nachweislich viele verschiedene Funktionen des Immunsystems. Dazu gehören die Aktivität der weißen Blutkörperchen, der Interferonspiegel, die Antikörperreaktion, der Antikörperspiegel, die Absonderung von Thymushormonen und die Integrität der Grundsubstanz.[12] Vitamin C hat viele biochemische Wirkungen und ähnelt darin sehr dem Interferon, der natürlichen antiviralen und krebshemmenden Substanz des Körpers.

Krebspatienten sollten ihre tägliche Kost mit zusätzlichem Vitamin C (3 – 8 g am Tag) anreichern und Säfte trinken, die reich an Vitamin C sind, vor allem Gemüsesäfte, weil diese auch gute Quellen für Karotine sind. Das »Hohe C« (siehe Kapitel 7) ist reich an natürlichem Vitamin C und anderen Antioxidantien.

Kohlgemüse

Die krebshemmende Wirkung der Kohlfamilie (Weißkohl, Rosenkohl, Brokkoli, Blumenkohl) wurde bereits in den Kapiteln 3 und 8 erörtert. Die Amerikanische Krebsgesellschaft empfiehlt den regelmäßigen Verzehr dieser Gemüse, um Krebs vorzubeugen. Tierversuche haben gezeigt, daß schwefelhaltige Verbindungen in Kohlgemüsen die Entgiftung von krebserregenden Substanzen fördern und darüber hinaus einen gewissen Wert in der Krebsbehandlung haben. Insbesondere hat man nachgewiesen, daß diese Verbindungen das Wachstum vieler Tumortypen, einschließlich des Brustkrebses, hemmen. Kohl ist auch eine sehr gute Quelle für Karotine und Vitamin C. Der Krebspatient sollte versuchen, täglich zwei Tassen Kohlgemüse zu essen oder als Saft zu trinken. Das Rezept »Kohl-Überraschung« (siehe Kapitel 7) liefert Ihnen ein ausgezeichnetes Getränk.

Knoblauch

Hippokrates, der Arzt des antiken Griechenlands, verordnete Knoblauch als Mittel gegen Krebs. Nach Tierversuchen und einigen Studien am Menschen zu urteilen, war diese Empfehlung äußerst klug. Mehrere im Knoblauch enthaltene Verbindungen haben eine deutliche krebshemmende Wirkung, und man weiß, daß sie die Bildung krebserregender Substanzen hemmen und das Immunsystem stärken.

Studien am Menschen über die krebshemmende Wirkung von Knoblauch stützen sich weitgehend auf Bevölkerungsstudien. Sie deuten darauf hin, daß es einen umgekehrten Zusammenhang zwischen der Krebshäufigkeit und dem Knoblauchverzehr gibt; das heißt, Krebs kommt am seltensten vor, wo am meisten Knoblauch gegessen wird. Eine Studie, die Bevölkerungsgruppen in verschiedenen Regionen Chinas verglich, fand beispielsweise heraus, daß in Gegenden mit hohem Knoblauchkonsum signifikant weniger Menschen an Magenkrebs starben als in Gebieten, wo weniger Knoblauch gegessen wurde.[13] Viele therapeutisch wirksame Verbindungen sind im gekochten und verarbeiteten Knoblauch sowie in Knoblauchpräparaten nicht nachweisbar. Am besten ist es also, wenn Sie frischen, rohen Knoblauch essen. Die wirksamste Substanz im Knoblauch ist das Allicin*. Leider ist diese Verbindung auch für den Geruch verantwortlich. Wenn Sie Knoblauch mit chlorophyllhaltigen Pflanzen wie Petersilie oder Grünkohl entsaften, können Sie den Geruch mildern. Das Rezept »Gemüse macht immun« (siehe Kapitel 7) liefert Ihnen ein ausgezeichnetes Getränk für das Immunsystem.

Säfte und AIDS

Auch für Aidskranke sind Säfte wichtig; denn ihr Immunsystem ist erheblich geschwächt und benötigt Hilfe. HIV-Infizierte sind in einer unangenehmen Lage, weil es derzeit keine wirksame Therapie gibt. Sie brauchen mehr Antioxidantien, da bei ihnen die Oxidation die Oberhand gewonnen hat.[14] Im Organismus eines Aidspatienten befinden sich mehr Pro-Oxidanzien als Antioxidantien. Ob sich bei einem symptomlosen HIV-Infizierten Aids entwickelt, kann davon abhängen, wie groß die Schäden durch Oxidation insgesamt sind. Wenn das richtig ist, dürfen wir von der antioxidativen Therapie noch viel erwarten.

Bestimmte Antioxidantien, zum Beispiel N-Acetylcystein, werden in der Aidstherapie bereits angewandt, und die Resultate sind vielversprechend. Am sinnvollsten ist aber ein umfassender Ansatz, der auch frische Obst- und Gemüsesäfte einschließt. Geeignet sind die Säfte, die im vorigen Abschnitt Krebspatienten empfohlen wurden.

Säfte und andere chronische Viruskrankheiten

Säfte können bei chronischen Viruskrankheiten (Herpes, Epstein-Barr und anderen) von großem Nutzen sein, weil sie den

* Siehe Seite 142

Patienten mit Antioxidantien versorgen, die das Immunsystem stärken.

Zusammenfassung

Das Immunsystem hat die Aufgabe, Infektionen und Krebszellen abzuwehren. Die wichtigste Drüse des Immunsystems ist die Thymusdrüse; sie reguliert große Teile der Immunreaktion. Die Gesundheit des Thymus hängt weitgehend davon ab, wie stark unsere Streßbelastung und wie gut unsere Ernährung ist. Antioxidantien sind notwendig, um die Thymusdrüse vor Schäden zu schützen und ihre Funktion zu fördern. Alkohol, Fabrikzucker, Streß und ein hoher Cholesterinspiegel hemmen das Immunsystem. Frische Obst- und Gemüsesäfte unterstützen das Immunsystem, weil sie Antioxidantien wie Vitamin C, Karotine und Spurenelemente in großen Mengen enthalten. Krebs- und Aidspatienten brauchen unbedingt Unterstützung durch frische Obst- und Gemüsesäfte.

Kapitel 12
Antworten auf häufig gestellte Fragen

Ich hoffe, ich habe alle Ihre Fragen über Säfte bereits beantwortet. Warum also nehme ich dieses Kapitel in meinem Buch auf? Nun, ich habe bei meinen Vorträgen festgestellt, daß mir in der »Fragestunde« am Schluß immer wieder die gleichen Fragen gestellt werden, einerlei, wie ausführlich ich sie behandelt habe. Manchmal müssen wir eine Antwort eben zweimal hören oder sie unter einem anderen Blickwinkel sehen, ehe sie uns klar wird. Im Folgenden werde ich aber auch auf einige Fragen eingehen, die ich in den vorangegangenen Kapiteln nicht erörtert habe.

*F: Wenn ich Obst und Gemüse entsafte, werfe ich die **Fasern** weg. Aber sind diese Fasern nicht ein wichtiger Bestandteil des Essens?*

A: Selbstverständlich. Sie sollten Ballaststoffe zu sich nehmen und außerdem Säfte trinken. Aber vergessen Sie nicht: Fasern sind der unverdauliche Teil der Pflanzen; Säfte liefern uns Nährstoffe. Unser Körper wandelt alles, was wir essen, in »Säfte« um, damit er es absorbieren kann. Säfte erleichtern die Verdauung und ermöglichen die rasche Aufnahme hochwertiger Nährstoffe. Die Folge ist, daß wir mehr Energie haben.

Aber auch in Säften sind einige Fasern, vor allem wasserlösliche, enthalten. Und gerade von diesen wasserlöslichen Fasern wissen wir, daß sie den Cholesterinspiegel senken und neben der Unterstützung des Darmes noch andere nützliche Wirkungen haben.

*F: Kann ich mit dem **entsafteten Brei** etwas anfangen?*

A: Ja. Dieser Faserbrei, zum Beispiel »Salat im Glas« und »Gemüse macht immun« (siehe Kapitel 7), ist eine vorzügliche Grundlage für Suppen. Karotten- oder Apfelbrei können Sie einem Vollkornteig beimischen, um den Fasergehalt zu erhöhen. Was Sie nicht verbrauchen, geben Sie dem Boden in Form von Kompost zurück.

*F: Wie unterscheiden sich **Entsafter und Mixer**?*

A: Ein Entsafter trennt den Saft von den Fasern. Ein Mixer verflüssigt Lebensmittel, indem er sie bei hoher Geschwindigkeit zerkleinert. Er trennt nicht den Saft von den Pflanzenfasern, und darum ist das Ergebnis ein matschiger Brei, der meist nicht gut schmeckt.

Ein Mixer kann Ihren Entsafter sinnvoll ergänzen. Zum Beispiel enthalten Bananen sehr wenig Saft, aber sie schmecken in Getränken köstlich. Sie können frischen Saft, zum Beispiel Ananassaft, mit Bananen oder ungesüßten gefrorenen Früchten mixen und daraus einen wohlschmeckenden dicken Saft herstellen.

*F: Ich habe gehört, man solle **Obst und Gemüse nicht mischen**. Warum?*

A: Es gibt keine wissenschaftlichen Befunde, die diese Behauptung stützen. Sie hat eher eine philosophische als eine physiologische Basis. Allerdings gibt es Menschen, die über Blähungen klagen, wenn sie Obst und Gemüse mischen. Eine Ausnahme scheinen Karotten und Äpfel zu sein, die man offenbar mit allen anderen Früchten und Gemüsen kombinieren kann. Ich rate Ihnen, sich von Ihren Geschmacksknospen und von Ihrem Körper leiten zu lassen.

*F: **Wieviel Saft** soll ich am Tag trinken?*

A: Ich empfehle bis zu 500 Gramm frischen Obstsaft und bis zu 700 Gramm frischen Gemüsesaft am Tag. Das gilt für die meisten Menschen. Außerdem rate ich Ihnen, verschiedene Säfte zu trinken. Es gibt immer mehr Beweise dafür, daß die Farbstoffe in Früchten und Gemüsen – Karotine, Flavonoide und Chlorophyll – die Ursache vieler nützlicher Wirkungen sind. Versuchen Sie also, alle Regenbogenfarben zu essen und zu trinken!

*F: Ich bin verwirrt. Ich weiß, daß **Vitamin A** in der Leber gespeichert wird, wo sich eine giftige Menge ansammeln und die Leberfunktion stören kann. Zuviel Vitamin A kann außerdem schwere Kopfschmerzen, Übelkeit und Erbrechen auslösen und die Haut austrocknen. Nun wird Beta-Karotin im Körper in Vitamin A umgewandelt – warum ist es dann ungiftig?*

A: Vitamin A kommt in der Nahrung als »fertiges« Vitamin (in Produkten tierischer Herkunft) und als »Prävitamin« (in Pflanzen) vor. Bisher hat man mehr als 400 solche Vorstufen oder Karotine nachgewiesen; aber nur 30 bis 40 davon haben eine Vitamin-A-Wirkung. Beta-Karotin gilt als das aktivste Karotin, weil es eine stärkere Vitamin-A-Wirkung entfaltet. Allerdings sind andere Karotine viel wirksamere Antioxidantien und Anti-Krebs-Faktoren.

Die Umwandlung eines Provitamins in Vitamin A hängt von mehreren Faktoren ab: vom Vitamin-A-Gehalt des Körpers, vom Eiweißstatus, von den Schilddrüsenhormonen und von der Versorgung mit Zink und Vitamin C. Die Umwandlung läßt nach, wenn die Karotinzufuhr steigt und wenn die Vitamin-A-Vorräte ausreichen. Einfach ausgedrückt: Wenn genügend Vitamin A vorhanden ist, wandelt der Körper kein Karotin in Vitamin A um. Statt dessen lagert er es im Gewebe ab.

Vitamin A und Karotine werden vom Organismus auf unterschiedliche Weise absorbiert und an verschiedenen Orten gespeichert. Vitamin A bewahrt er hauptsächlich in der Leber auf, Karotine in Fettzellen, Organen (vor allem in den Nebennieren, Hoden und Eierstöcken) und Epithelzellen. Epithelzellen befinden sich in der Haut und in der Schleimhaut der inneren Organe (in den Atemorganen, im Magen-Darm-Trakt und im Urogenitalsystem).

Es gibt keinerlei Berichte über Vitamin-A-Vergiftungen durch den Verzehr karotinreicher Lebensmittel oder Präparate. Außerdem hat Beta-Karotin noch nie eine Vergiftung ausgelöst, obwohl man es bei zahlreichen Krankheiten in sehr hohen Dosen verabreicht. Im Gegensatz zum Vitamin A ist Karotin auch für Schwangere ungefährlich. Es schützt sogar nachweislich vor Genschäden.

Es gibt zwar keine Berichte über Vergiftungen durch Beta-Karotin, aber gewisse Anhaltspunkte dafür, daß zuviel Karottensaft über einen langen Zeitraum hinweg (jahrelang ein bis zwei Liter frischer Karottensaft am Tag) die Zahl der weißen Blutkörperchen verringern und die Menstruation zum Stillstand bringen kann. Die Ursache hierfür kann eine andere Substanz im Essen oder in den Karotten selbst sein. Keine dieser Folgen und auch keine anderen nachteiligen Wirkungen wurden bei Menschen beobachtet, die extrem empfindlich gegen Sonnenstrahlen sind und lange Zeit reines Karotin in sehr hohen Dosen einnehmen (z.B. 300000 – 600000 I.E. am Tag; das entspricht 3 ½ bis 7 Pfund rohen Karotten).

Sie können den möglichen negativen Folgen großer Mengen Karottensaft vorbeugen, indem Sie Karottensaft mit anderen Säften mischen. Essen und entsaften Sie viele verschiedene karotinreiche Lebensmittel. Das verschafft Ihnen den größten Nutzen.

F: Warum wird die Haut orange, wenn ich ***viel Karottensaft*** *trinke? Ist das ein Zeichen für eine Vergiftung?*

A: Der Körper speichert Karotin unter anderem in der Haut. Das ist kein Grund zur Beunruhigung, und es hat nichts mit Vergiftung zu tun. Wahrscheinlich ist es sogar ein sehr gutes Zeichen. Es ist einfach ein Indiz dafür, daß der Körper gut mit Karotinen versorgt ist. Wenn sich die Haut allerdings nicht unter dem Einfluß von Karotin verfärbt, kann ein Mangel an Schilddrüsenhormonen, Zink, Vitamin C oder Eiweiß vorliegen.

F: Sind Säfte nützlicher als ***Beta-Karotin-Präparate*** *oder ganze karotinreiche Lebensmittel?*

A: Eindeutig ja. Durch das Entsaften werden die Zellwände aufgebrochen und wichtige Substanzen wie Karotine freigesetzt, so daß der Körper sie leichter absorbieren kann. Beta-Karotin-Kapseln können zwar nützlich sein; aber sie liefern Ihnen nur ein einziges Karotin. Wenn Sie dagegen verschiedene karotinreiche Obst- und Gemüsesäfte trinken, nehmen Sie eine breite Palette von Karotinen zu sich, von denen viele wirksamer sind als Beta-Karotin.

F: Wenn ich Säfte trinke, brauche ich dann noch ***Vitamin- oder Mineralstoffpillen?***

A: Es ist sehr umstritten, ob solche Ergänzungspräparate notwendig sind oder nicht. Viele Experten sagen ja; andere meinen, die Nahrung enthalte genügend Nähr- und Wirkstoffe. Wer hat recht? In gewissem Umfang beide. Es kommt darauf an, was man als »Optimum« betrachtet.

Ein Experte, der glaubt, das Fehlen von sichtbaren Mangelsymptomen und Krankheiten sei bereits ein Beweis für optimale Ernährung, wird Ihnen andere Antworten geben als Fachleute, die unter einer optimalen Ernährung jene Ernährung verstehen, die Ihnen die größtmögliche Vitalität, Energie und Lebensfreude schenkt.

Kann sich der Organismus alle Nährstoffe, die Sie brauchen, allein aus der Nahrung holen? In den letzten Jahren hat die US-Regierung einige umfangreiche Studien subventioniert, die den Ernährungszustand der Bevölkerung untersuchten. Diese Studien deuten darauf hin, daß die Chance, sich sämtliche Nährstoffe in der empfohlenen Tagesmenge aus der Nahrung zu beschaffen, für die meisten Menschen gering sind. Das gilt besonders für Kinder und ältere Menschen. Diese Studien lassen darauf schließen, daß Ergänzungspräparate nützlich sein können. Ich bin davon überzeugt, daß die meisten Menschen zusätzliche Vitamine und Mineralien brauchen. Selbst wer (wie ich) gesundheitsbewußt lebt, kann seinen enormen Nährstoffbedarf nicht allein aus der Nahrung decken. Meiner Meinung nach sind Beigaben unerläßlich.

Es gibt viele Daten, die meine Auffassung stützen. Zum Beispiel hat eine neuere Studie, veröffentlicht in einer großen Ärztezeitschrift, den Beweis erbracht, daß ein Multivitamin-Mineralstoff-Präparat die Intelligenz von Kindern steigert, selbst wenn sie unterernährt sind. Eine andere Studie, über die eine angesehene Ärztezeitschrift berichtete, wies nach, daß ein Präparat mit Vitaminen, Mineralien, Kohlenhydraten, Eiweiß und Fett eine extrem günstige Wirkung auf das Immunsystem hat. Das sind nur zwei von zehntausend Artikeln in der medizinischen Literatur, die den gesundheitlichen Nutzen von Ergänzungspräparaten belegen.

Es gibt immer mehr Forschungsergebnisse, die das bestätigen. Allerdings kann es noch Jahre dauern, bis alle Wissenschaftler davon überzeugt sind. Doch angesichts der heute verfügbaren Informationen sind viele Experten der Meinung, daß Ergänzungspräparate nützlich sind, vor allem in Verbindung mit einer gesunden Lebens- und Ernährungsweise. Ich stimme mit dieser Auffassung überein. Auf Erfahrung und etliche Untersuchungen gegründet vertritt die natürliche Gesundheitslehre die Auffassung, daß eine optimale Versorgung mit allen Nährstoffen zur Erlangung größtmöglicher Vitalität, Energie und Lebensfreude mit Säften und roher, sonnengereifter Pflanzenkost möglich, ja sogar garantiert ist und auf jeden Fall damit besser möglich ist, als mit Ergänzungspräparaten, welcher Art auch immer. Da wir noch längst nicht alle biologisch wichtigen und notwendigen Inhaltsstoffe natürlicher Lebensmittel kennen, können Ergänzungspräparate auch nicht alle diese Inhaltsstoffe enthalten. Alle diese Inhaltsstoffe liegen in natürlichen Lebensmitteln im biologischen Verbund vor, das heißt nach Menge, Qualität und Verbindungsart kombiniert, wie es für eine optimale Verdauung und Resorption im Magen-Darm-Kanal und für eine vollwertige Wirkung im Körperinnern erforderlich ist. In Ergänzungspräparaten hingegen sind die einzelnen Bestandteile aus diesem biologischen Verbund herausgenommen.

*F: Wann darf ein **Baby** beginnen, Säfte zu trinken?*

A: Ich empfehle Ihnen, Ihrem Baby Säfte zu geben, wenn es etwa sechs Monate alt ist. Viele Experten sind der gleichen Meinung. Nach dem sechsten Lebensmonat können Sie allmählich beginnen, Säfte zu füttern. Achten Sie aber auf mögliche Unverträglichkeitssymptome wie Durchfall oder Blähungen. Am besten verdünnen Sie die Säfte mit einer gleichen Menge Wasser. Für Kinder sind süße Säfte geeignet, zum Beispiel Karotten-, Apfel-, Kantaloupe-Melonen- und Orangensaft. Legen Sie Ihr Baby nie mit einer Flasche Saft im Mund ins Bett, und lassen Sie es nie längere Zeit an einem Saft nuckeln. Zuviel Zucker – auch Zucker in Säften – kann zu Zahnproblemen führen.

*F: Kann man **Säfte einfrieren**?*

A: Ja. Dabei gehen zwar einige Nährstoffe und Enzyme verloren; aber es ist besser, als den Saft verderben zu lassen. Außerdem können Sie selbst köstliches Eis am Stiel herstellen. Versuchen Sie einmal, den »Liebling der Kinder« (siehe Kapitel 7) einzufrieren. Servieren Sie das Eis mit Zahnstochern.

*F: Muß ich mich ganz genau an die **Rezepte** halten?*

A: Keineswegs! Entsaften soll Spaß machen. Die Rezepte sollen lediglich eine Anregung für Sie sein. Komponieren Sie selbst Ihre Lieblingssäfte!

*F: Ich habe **Hypoglykämie**. Soll ich dennoch Säfte trinken?*

A: Zuviel einfache Zucker – auch Zucker im Obst und Gemüse – kann die Organe belasten, die den Blutzucker regulieren, vor allem wenn Sie Hypoglykämie oder Diabetes haben. Die natürlichen einfachen Zucker in Früchten und Gemüsen haben gegenüber dem Fabrikzucker den Vorteil, daß viele Nährstoffe sie begleiten und dem Körper bei ihrer Verwertung helfen. Die eigentlichen Probleme beginnen, wenn Kohlenhydrate raffiniert und dieser Nährstoffe beraubt werden. Fabrikzucker, Weißbrot, Gebäck und viele Frühstücksflocken enthalten keinerlei Vitamine und Mineralien. Trotzdem wird oft empfohlen, daß Menschen mit mangelhafter Regulation des Blutzuckers nicht mehr als 250 Gramm Saft auf einmal trinken. Am besten ist es, wenn Sie Gemüsesäfte bevorzugen und während einer Mahlzeit trinken, um die Absorption des Zuckers zu verzögern.

*F: Ich leide immer wieder an **Nierensteinen**. Soll ich auf Säfte verzichten, weil sie viel Kalzium enthalten?*

A: Meiden Sie Spinatsaft, weil er reich an Kalzium und Oxalaten ist. Trinken Sie aber andere frische Säfte, einige davon sogar regelmäßig.

Daß so viele Menschen an Nierensteinen leiden, wird mit folgenden Merkmalen ihrer Ernährung in Verbindung gebracht: wenig Ballaststoffe, viel Fabrikzucker, Alkohol, viel tierisches Eiweiß, viel Fett, viel Kalzium, Salz und Nahrungsmittel (z.B. Milch), die mit Vitamin D angereichert wurden. Wer für Nierensteine anfällig ist, sollte sich auf vegetarische Kost umstellen. Bei Vegetariern ist das Risiko, Nierensteine zu bekommen, nachweislich geringer. Studien haben zudem gezeigt, daß Nierensteine auch bei Fleischessern, die reichlich frisches Obst und Gemüse essen, seltener vorkommen. Die Beigabe von Ballaststoffen und der Verzicht auf Weißbrot zugunsten von Vollkornbrot reduziert die Kalziumausscheidung im Urin.

Wenn Sie zu Nierensteinen neigen, ist Preiselbeersaft für Sie besonders geeignet. Er verringert bei Patienten mit Nierensteinen die Menge des ionisierten Kalziums im Urin um mehr als die Hälfte. Ein hoher Kalziumgehalt des Urins erhöht die Gefahr, Nierensteine zu bekommen, erheblich.

*F: Ich mache mir Sorgen wegen der **Osteoporose**. Bekomme ich das Kalzium, das meine Knochen brauchen, wenn ich keine Milch trinke?*

A: Der Begriff Osteoporose bedeutet, wörtlich übersetzt, »poröse Knochen«. An dieser Krankheit leiden allein in den

USA mehr als 20 Millionen Menschen, 1983 in der BRD geschätzt: 10 Millionen (das wäre prozentual viel höher als in den USA). Für den übermäßigen Verlust von Knochenmasse gibt es viele Gründe, und es gibt verschiedene Krankheitsbilder. Am häufigsten tritt die Osteoporose nach der Menopause auf.

Osteoporose schädigt sowohl die mineralischen (anorganischen) wie auch die nichtmineralischen (organischen) Verbindungen des Knochens (die nichtmineralische Matrix besteht hauptsächlich aus Eiweiß). Dies ist der erste Hinweis darauf, daß mehr hinter der Osteoporose steckt als Kalziummangel in der Nahrung. Seit einiger Zeit wird mit gewaltigem Aufwand dafür geworben, mehr Kalzium aufzunehmen, um dem Knochenschwund vorzubeugen. Viele halten das für einen vernünftigen medizinischen Rat. Aber Osteoporose ist eine komplexe Störung, die mit Hormonen, der Lebensweise, der Ernährung und der Umwelt zu tun hat.

Statt in Kalziumfanatismus zu verfallen, sollten wir uns lieber mit anderen Aspekten der Lebens- und Ernährungsweise befassen, zum Beispiel mit Körpertraining, Fabrikzucker, Eiweiß und frischen Obst- und Gemüsesäften.

In Wirklichkeit ist die Dichte der Knochen mehr von der körperlichen Bewegung als von der Kalziumzufuhr abhängig. Man hat nachgewiesen, daß mäßige, einstündige Aktivität dreimal in der Woche dem Knochenschwund vorbeugt.

Körpertraining kann bei Frauen nach der Menopause sogar die Knochenmasse vergrößern. Wahrscheinlich ist es am besten, wenn Sie mit zügigem Gehen anfangen. Bewegungsmangel verdoppelt die Menge des ausgeschiedenen Kalziums und vergrößert das Risiko, an Osteoporose zu erkranken.

Kaffee, Alkohol und Rauchen führen zu einer negativen Kalziumbilanz (d. h. Sie verlieren mehr Kalzium, als Sie aufnehmen) und macht Knochenschwund wahrscheinlicher. Diese Ursachen müssen Sie beseitigen.

Es gibt viele mögliche Ursachen für Osteoporose: Kalziummangel und Phosphorüberschuß, zuviel Eiweiß, säurebildende Kost und Mineralstoffmangel, um nur einige zu nennen. Oft werden kalziumreiche Nahrungsmittel empfohlen, um den Verlust an Knochenmasse zu bremsen. Sie müssen aber keine Milchprodukte essen, um Ihren Kalziumbedarf zu decken. Viele grüne Blattgemüse und andere pflanzliche Lebensmittel enthalten reichlich Kalzium (siehe die folgende Tabelle auf Seite 286).

Vegetarische (sowohl ovo-lacto-vegetarische wie vegane) Kost senkt das Risiko, an Osteoporose zu erkranken. Veganer essen keine Eier und Milchprodukte, und dennoch erkranken sie selten an Osteoporose. Wie ist das möglich?

Wahrscheinlich gibt es mehrere Gründe für den geringen Knochenschwund bei Vegetariern. Am wichtigsten ist wohl der reduzierte Eiweißkonsum. Eine eiweiß- und phosphatreiche Kost steigert die Kalziumausscheidung im Urin. Wenn die tägliche Eiweißzufuhr von 47 auf 142 Gramm steigt, verdoppelt sich die Menge des im Urin ausgeschiedenen Kalziums. Eine derart eiweißreiche Ernährung ist in den USA und in den meisten westeuropäischen Ländern üblich, und sie kann einer der Gründe dafür sein, daß immer mehr Menschen an Osteoporose erkranken.

Fabrikzucker ist eine Mitursache für den Knochenschwund. Nach dem Verzehr von Zucker wird mehr Kalzium im Urin ausgeschieden. Wenn man bedenkt, daß der Durchschnittsmensch täglich 150 Gramm Fabrikzucker (und dazu noch weitere einfache Zucker), ein Glas phosphatreiche Limonade sowie zuviel Eiweiß konsumiert, braucht man sich nicht darüber zu wundern, daß so viele Menschen an Knochenschwund leiden. Wenn man dann noch die Lebensweise in Betracht zieht, ist es ganz offensichtlich, warum die Osteoporose zu einem der größten medizinischen Probleme geworden ist.

Säfte können entscheidend zur Vorbeugung beitragen. Frische Obst- und Gemüsesäfte liefern zahlreiche Vitamine und Mineralien, zum Beispiel Kalzium, Vitamin K_1 und Bor. Die beiden letzteren sind für die Gesundheit der Knochen nachweislich ebensowichtig wie Kalzium.

Vitamin K_1 ist eine Form des Vitamin K, die in grünem Blattgemüse (Grünkohl, Petersilie, Kopfsalat usw.) vorkommt. Eine oft übersehene Aufgabe dieses Vitamins besteht darin, inaktives Osteokalzin in seine aktive Form umzuwandeln. Osteokalzin ist das wichtigste nichtkollagene Eiweiß in den Knochen. Es »verankert« die Kalziummoleküle in den Knochen.

Kalziumgehalt ausgewählter Lebensmittel
in Milligramm pro 100 Gramm eßbare Teile

Algen	1093	Artischocken	51
Cheddarkäse	750	Backpflaumen	51
Johannisbrotmehl	352	Kürbiskerne	51
Speiserotalge	296	gekochte, getrockn. Bohnen	50
Wintergrünkohl	250	Weißkohl	49
Grünkohl	249	Sojasprossen	48
Steckrübenblätter	246	Winterhartweizen	46
Mandeln	234	Orangen	41
Bierhefe	210	Sellerie	41
Petersilie	203	Cashewnüsse	38
Löwenzahnblätter	187	Roggen	38
Paranüsse	186	Karotten (Gelbe Rüben)	37
Brunnenkresse	151	Gerste	34
Ziegenmilch	129	Süßkartoffeln	32
Tofu	128	brauner Reis	32
getrocknete Feigen	126	Knoblauch	29
Buttermilch	121	Sommerkürbis	28
Sonnenblumenkerne	120	Zwiebeln	27
Joghurt	120	Zitronen	26
Weizenkleie	119	frische grüne Erbsen	26
Vollmilch	118	Blumenkohl	25
roher Buchweizen	114	Gurken	25
enthülste Sesamsamen	110	gekochte Linsen	25
reife Oliven	106	Süßkirschen	22
Brokkoli	103	Spargel	22
Walnüsse	99	Winterkürbis	22
Hüttenkäse	94	Erdbeeren	21
gekochte Sojabohnen	73	Hirse	20
Pecanüsse	73	Ananas	17
Weizenkeime	72	Weintrauben	16
Erdnüsse	69	Speiserüben	15
Miso	68	Kantaloupe-Melonen	14
Lattich	68	Tomaten	13
getrocknete Aprikosen	67	Auberginen	12
Steckrüben	66	Huhn	12
Rosinen	62	Avocados	10
schwarze Johannisbeeren	60	Rindfleisch	10
Datteln	59	Bananen	8
grüne Bohnen	56	Äpfel	7

Quelle: »Nutritive Values of American Foods in Common Units«

Vitamin-K-Mangel stört die Mineralisierung der Knochen, weil der Osteokalzingehalt sinkt. Sehr niedrige Vitamin-K_1-Mengen im Blut fand man bei Patienten mit osteoporotischen Knochenbrüchen. Dabei war die Korrelation zwischen der Schwere der Brüche und der Menge des zirkulierenden Vitamins K_1 sehr hoch. Je weniger Vitamin K das Blut enthielt, desto schwerer waren die Knochenbrüche. Da Vitamin K in grünem Blattgemüse enthalten ist, kann dieses einer der Schutzfaktoren gegen Osteoporose in einer vegetarischen Kost sein.

Neben dem Vitamin K_1 kann auch der hohe Gehalt an vielen Mineralien, zum Beispiel Kalzium und Bor, in pflanzlichen Lebensmitteln, besonders in grünem Blattgemüse, ein Grund für diese Schutzwirkung sein. Bor ist ein Spurenelement, das immer mehr Beachtung als Schutzfaktor gegen Osteoporose findet. Es hat nachweislich einen positiven Einfluß auf die Menge des Kalziums und des aktiven Östrogens im Körper von Frauen nach der Menopause, der Gruppe von Frauen, die am häufigsten an Osteoporose erkranken. In einer Studie verabreichte man Frauen, die die Menopause hinter sich hatten, täglich 3 Milligramm Bor. Daraufhin verringerte sich die Kalziumausscheidung im Urin um 44 %, und der Gehalt am biologisch aktivsten Östrogen stieg drastisch an. Offenbar wird Bor benötigt, um bestimmte Hormone zu aktivieren, welche die Knochen gesund erhalten. Dazu gehören Östrogen und Vitamin D. Da Obst und Gemüse die Hauptquellen für Bor sind, kann eine Kost, die wenig Obst und Gemüse enthält, zu Bormangel führen. Borzusätze sind nicht notwendig, wenn Sie genügend Früchte und Gemüse essen.

F: Ich habe ***viele Jahre lang geraucht,*** *und obwohl ich vor vier Jahren damit aufgehört habe, fällt mir das Atmen immer noch schwer. Können frische Säfte mir helfen?*

A: Vielleicht. Wie Sie wissen, müssen Raucher damit rechnen, an Emphysem und anderen chronischen Lungenleiden, zum Beispiel Asthma und chronischer Bronchitis, zu erkranken. Am gefährlichsten ist das Emphysem. Zigarettenrauchen ruft ein Emphysem hervor, weil es wichtige Enzyme blockiert, die Lungenschäden verhindern können, und weil es die Antioxidantien verbraucht, die im Gewebe gespeichert sind, zum Beispiel Vitamin C.

Mehrere Studien in Großbritannien und in den USA haben gezeigt, daß Raucher weniger frisches Obst und Gemüse essen als Nichtraucher. Dadurch steigt ihr Risiko, ein Emphysem, eine Herzkrankheit, Krebs oder einen Schlaganfall zu bekommen.

Eine britische Forschergruppe untersuchte, wie frisches Obst und frische Obstsäfte sich bei Rauchern und Nichtrauchern auf die Atmung auswirken. Sie fragten 1502 lebenslange Nichtraucher und 1357 Raucher im Alter zwischen 18 und 69 Jahren nach ihrem Obst- und Obstsaftkonsum. Die Teilnehmer an der Studie litten nicht an chronischen Krankheiten der Atemwege. Mit einem Spirometer stellten die Wissenschaftler fest, wieviel Luft die Versuchspersonen in einer Sekunde gewaltsam ausatmen konnten. Der Verzehr von Früchten im Winter galt als Maßstab für das ganze Jahr. Bei den Rauchern fielen die Resultate wie erwartet aus. Diejenigen, die frische Früchte aßen oder frische Säfte tranken, hatten viel gesündere Atemwege als jene, die nie frischen Saft tranken oder seltener als einmal wöchentlich frisches Obst aßen. Bei den letzteren war zudem das Volumen der ausgeatmeten Luft pro Sekunde um 78 Milliliter kleiner. Eine Beobachtung bei den Nichtrauchern kam unerwartet: Die Atmung war bei denjenigen am leistungsfähigsten, die regelmäßig frisches Obst aßen oder frische Obstsäfte tranken.

Die Forscher waren der Ansicht, diese Wirkung sei eher auf die Ernährungsgewohnheiten in der Kindheit als auf einen unmittelbaren Einfluß der Ernährung auf die Atmung zurückzuführen. Sie glaubten, frisches Obst sei bei Kindern noch wirksamer als bei Erwachsenen, weil es möglicherweise das Lungenwachstum und die Lungenkapazität fördere.

Diese Studie läßt darauf schließen, daß frisches Obst und frische Obstsäfte nicht nur vor chronischen Erkrankungen der Atemwege – zum Beispiel Asthma und Emphysem – schützen, sondern auch bei Gesunden die Lungenfunktion verbessern und das Wachstum und die Leistungsfähigkeit der Lungen erhöhen, wenn sie in der Kindheit konsumiert werden. Ich schließe aus dieser Studie, daß frische Obst- und Gemüsesäfte Ihnen bei der Wiederherstellung Ihrer Gesundheit von großem Nutzen sein können.

F: Ich habe gehört, daß man einen ***Kropf*** *bekommen kann, wenn man Kohl ißt. Trotzdem raten mir alle, Kohl zu essen. Muß ich mir Sorgen machen?*

A: Kohlgemüse enthalten tatsächlich Verbindungen, welche die Verwertung des Jods und dadurch die Funktion der Schilddrüsenhormone stören können. Es gibt jedoch keine Beweise dafür, daß diese Substanzen Probleme hervorrufen, wenn Sie genügend Jod zu sich nehmen. Ich rate Ihnen, darauf zu achten, wenn Sie viel Kohl essen. Jod ist in Algen und anderen Meerespflanzen, in Gemüse, das in Meeresnähe angebaut wurde, in jodiertem Salz und in Ergänzungspräparaten enthalten.

F: Kann man ***Sprossen*** *entsaften?*

A: Ja. Sie können fast jede eßbare Pflanze entsaften, sofern sie einen hohen Wassergehalt hat. Sprossen liefern eine breite Palette von Nährstoffen und machen jeden Gemüsesaft aromatisch.

F: Warum soll ich ***Säfte trinken****?*

A: Um diese Frage zu beantworten, habe ich dieses Buch geschrieben. Lassen Sie mich die Vorzüge frischer Säfte noch einmal zusammenfassen:

- Sie spenden Energie.
- Sie sind reich an Nähr- und Wirkstoffen.
- Sie schmecken köstlich, und ihre Zubereitung macht Spaß.

Noch eine abschließende Bemerkung. Als ich dieses Buch beendet hatte, stieß ich in der Ärztezeitschrift »Nutrition and Cancer« auf einen Artikel mit dem Titel »Glutathion in Nahrungsmitteln«.[1] Glutathion ist ein wichtiges Antioxidans im Körper. Außerdem wirkt es krebshemmend und fördert die Ausscheidung von Schwermetallen (z.B. Blei), Pestiziden und Lösemitteln. Wenn Forscher den Glutathiongehalt von Nahrungsmitteln messen – was glauben Sie, was sie dabei feststellen? Frisches Obst und Gemüse ist überaus reich an Glutathion!

Der Glutathiongehalt frischer und konservierter Säfte

Nahrungsmittel	frisch	in Dosen oder Flaschen
Äpfel	21	0
Karotten	74,6	0
Grapefruits	70,6	0
Spinat	166	27,1
Tomaten	169	0

Dies ist ein weiterer Beweis dafür, daß wir unsere Nahrung frisch essen sollten, um den größten Nutzen daraus zu ziehen.

Persönliches Schlußwort

Ich hoffe, dieses Buch hat Sie davon überzeugt, daß Säfte ein wesentlicher Bestandteil einer gesunden Lebens- und Ernährungsweise sind. Und ich hoffe, es hat Sie inspiriert, selbst Säfte zu bereiten. Wenn Sie gesund sein wollen, müssen Sie etwas dafür tun. Der Lohn ist oft schwer zu sehen oder zu spüren. Erst wenn der Körper uns in irgendeiner Weise im Stich läßt, merken wir, daß wir ihn vernachlässigt haben. *Ralph Waldo Emerson* sagte: *»Gesundheit ist der größte Reichtum.«* Warten Sie also nicht, bis Sie Ihre Gesundheit verloren haben. Fangen Sie noch heute an, gesund zu leben!

Wenn Sie positiv denken, sich gesund ernähren und sich regelmäßig bewegen, dürfen Sie mit einem Leben voller Energie, Freude, Vitalität und Begeisterung rechnen. Das alles wünsche ich Ihnen.

Über den Autor

Dr. Michael T. Murray ist einer der angesehensten Fachleute auf dem Gebiet der Naturheilkunde. Er studierte am Bastyr College in Seattle im Bundesstaat Washington und ist heute Mitglied der Fakultät. Neben seiner privaten naturheilkundlichen Praxis betätigt er sich als Schriftsteller und hält Vorträge und Seminare. Er ist Mitverfasser eines »Lehrbuchs der Naturheilkunde« und einer »Enzyklopädie der Naturheilkunde« sowie Autor des Buches »Die Heilkraft der Kräuter«.

Dr. Murray ist Mitglied vieler Redaktionen und Beratungsgremien sowie Berater der Reformkosthersteller. Seit 1985 ist er Leiter der wissenschaftlichen Abteilung eines führenden Herstellers von Nährstoff- und Kräuterpräparaten.

Quellennachweis (englisch)

Kapitel 1
Warum Säfte?

1. *Block G.*, »Dietary guidelines and the results of food consumption surveys« (Ernährungsrichtlinien und die Resultate von Gutachen über den Verzehr von Nahrungsmitteln), Am J Clin Nutr 53:356S–7S, 1991
2. National Research Council, »Diet and health: Implications for reducing chronic disease risk« (Ernährung und Gesundheit – Folgerungen für die Verringerung des Krankheitsrisikos), Washington, DC: National Academy Press, 1988; *Trowell H., Burkitt D., Heaton K.*, »Dietary fibre, fibre-depleted foods and disease« (Fasern in der Nahrung, faserlose Nahrungsmittel und Krankheit), New York: Academic Press, 1985
3. *Resnicow K., Barone J., Engle A.* et al., »Diet and serum lipids in vegan vegetarians: A model for risk reduction« (Ernährung und Serumlipide bei Veganern, ein Modell für die Reduzierung des Risikos), »I Am Diet Soc« 91:447–53, 1991; *Phillips R. L.*, »Role of lifestyle and dietary habits in risk of cancer among Seventh-Day Adventists« (Der Einfluß der Lebensweise und der Ernährung auf das Krebsrisiko bei Sieben-Tage-Adventisten), Cancer Res 35:3513–22, 1975
4. *Robbins J.*, »Diet for a new America« (Ernährung für ein neues Amerika), Walpole, NH: Stillpoint Publishing, 1987
5. Physicians Committee for Responsible Medicine, P. O. Box 6322, Washington, DC, 20015, USA
6. American Cancer Society, »Nutrition and cancer: Cause and prevention« (Ernährung und Krebs, Ursachen und Vorbeugung), New York: American Cancer Society, 1984
7. *Wald N. J., Thompson S. G., Densem J. W.* et al., »Serum beta-carotene and subsequent risk of cancer: Results from the BUPA study« (Serum-Beta-Karotin und das nachfolgende Krebsrisiko, Ergebnisse der BUPA-Studie), Br J Cancer 57:428–33, 1988; *Harris R. W. C., Key T. J. A., Silcocks PB* et al., »A case-control study of dietary carotene in men with lung cancer and in men with other epithelial cancers« (Kontrollierte Fallstudie zum Karotin im Essen bei Männern mit Lungenkrebs und bei Männern mit anderen Krebsarten des Epithels), Nurtr Canc 15:63–68,

1991; *Peto R., Doll R., Buckley J. D.* et al., »Can dietary beta-carotene materially reduce human cancer rates?« (Kann das Karotin in der Nahrung die Zahl der Krebserkrankungen bei Menschen wesentlich verringern?), Nature 290:201–8, 1981; *Rogers A. E., Longnecker M. P.*, »Biology of disease: Dietary and nutritional influences on cancer: A review of epidemiologic and experimental data« (Biologie der Krankheit – Einflüsse der Ernährung und der Nährstoffe auf Krebs, Überblick über die epidemiologischen und experimentellen Daten), Lab Invest 59:729–59, 1988

8. *Konowalchuk J., Speirs J. I.*, »Antiviral Effect of apple beverages« (Antivirale Wirkung von Apfelgetränken), Appl Envir Microbiol 36:798–801, 1978
9. *Shils M. E., Young V. R.*, »Modern nutrition in health and disease« (Moderne Ernährung in Gesundheit und Krankheit), Philadelphia: Lea and Febiger, 1988
10. *White P. L., Selvey N.*, »Nutritional qualities of fresh fruits and vegetables« (Nährwert von frischem Obst und Gemüse), Mount Kisco, Ny: Futura Publishing, 1974
11. *Douglass J. M., Rasgon I. M., Fleiss P. M.* et al., »Effects of a raw food diet on hypertension and obesity« (Einfluß einer Rohkost auf Bluthochdruck und Fettleibigkeit), Southern Med J, 78:841–44, 1985
12. *Chow C. K.*, Hrg., »Cellular antioxidant defense mechanisms« (Zelluläre antioxidative Abwehrmechanismen), Bd. 1, 2, 3, Boca Raton, FL.: CRC Press, 1988
13. *Rosa G. D., Keen C. L., Leach R. M., Hurley L. S.*, »Regulation of superoxide dismutase activity by dietary manganese« (Regulierung der Superoxiddismutase-Aktivität durch Mangan in der Nahrung), J Nutri 110:795–804, 1980; *Levine M.*, »New concepts in the biology and biochemistry of ascorbic acid« (Neue Auffassungen in der Biologie und Biochemie der Ascorbinsäure), New Eng J Med 314:892–902, 1986; *Burton G., Ingold K.*, »Beta-carotene: An unusual type of antioxidant« (Beta-Karotin – ein ungewöhnliches Antioxidans), Science 224:569–73, 1984; *Cody V., Middleton E., Harborne J. B.*, »Plant flavonoids in biology and medicine: Biochemical, pharmacological, and structure-activity relationships« (Pflanzenflavonoide in der Biologie und Medizin, biochemische, pharmakologische und strukturelle Zusammenhänge), New York: *Alan R. Liss,* 1986

Kapitel 2
Was ist in den Säften enthalten? Nährstoffe

1. American Medical Association, »Drinking water and human health« (Trinkwasser und die Gesundheit des Menschen), Chicago: American Medical Association, 1984
2. Siehe Kap. 1 Nr. 2
3. »Nutritive value of foods« (Nährwert der Nahrungsmittel), Home and Garden Bulletin, *Nr. 72*, Washington, DC: US-Landwirtschaftsministerium, 1981
4. *Hart J. P., Shearer M. J., Klenerman L.* et al., »Electrochemical detection of depressed circulating levels of vitamin K_1 in osteoporosis« (Elektrochemischer Nachweis eines verminderten Gehalts an zirkulierendem Vitamin K1 bei Osteoporose), J Clin Endocrinol Metabol 60:1268-69, 1985; *Bitensky L., Hart J. P., Catterall A* et al., »Circulating vitamin K levels in patients with fractures« (Gehalt an zirkulierendem Vitamin K bei Patienten mit Knochenbrüchen), J Bone Joint Surg 70-B:663–64, 1988
5. Siehe Nr. 3
6. *Nielsen F. H., Boron:* »An overlooked element of potential nutrition importance« (Bor – ein übersehenes Element von potentieller Bedeutung als Nährstoff), Nutrition Today, Jan./Feb.:4–7, 1988
7. Siehe Nr. 3
8. *Khaw K. T., Barrett-Connor E.,* »Dietary potassium and stroke-associated mortality« (Kalium in der Nahrung und Sterblichkeit durch Schlaganfälle), N Engl J Med 316:235–40, 1987; *Jansson B.,* »Dietary, total body, and intracellular potassium-to-sodium ratios and their influence on cancer« (Der Kalium-Natrium-Quotient im gesamten Körper und im Interzellularraum und sein Einfluß auf Krebs), Cancer Detect Prevent 14:563–65, 1991
9. *Iimura O., Kijima T., Kikuchi K.* et al., »Studies on the hypotensive effect of high potassium intake in patients with essential hypertension« (Studien zum blutdrucksenkenden Einfluß einer hohen Kaliumzufuhr bei Patienten mit essentiellem Bluthochdruck), Clin Sci 61 (Ergänzungsband 7): 77s–80s, 1981
10. Siehe Nr. 8; Kap. 1 Nr. 2, 9

Kapitel 3
Was ist in Säften enthalten? Wirkstoffe

1. *Steinmetz K. A., Potter J. D.,* »Vegetables, fruit, and cancer II. Mechanisms« (Gemüse, Obst und Krebs, II: Mechanismen), Cancer Causes Control 2:427–42, 1991. Siehe auch Kap. 1 Nr. 2, 6, 7
2. Siehe Nr. 1 oben und Kap. 1 Nr. 2
3. Siehe Nr. 1 oben
4. Siehe Kap. 1 Nr. 6
5. *Howell E.,* »Enzyme nutrition« (Enzyme in der Nahrung), *Wayne, N.J.:* Avery Publishing, 1985; *Grossman M. I., Greengard H., Ivy A. C.,* »The effect of diet on pancreatic enzymes (Der Einfluß der Ernährung auf die Enzyme der Bauchspeicheldrüse), Am J Physiol 138:676–82, 1943
6. *Kenton L., Kenton S.,* »Raw energy« (Energie aus Rohkost), London: Century Publishing, 1984
7. *Taussig S., Batkin R.,* »Bromelain: The enzyme complex of pineapple (Ananas comosus) and its clinical application. An update« (Bromelin – der Enzymkomplex der Ananas und seine klinische Anwendung. Der neuste Stand), J Ethnopharmacol 22:191–203, 1988
8. *Murray, M. T.* »Healing power of herbs« (Heilkraft der Kräuter), Rocklin, CA: Prima, 1991
9. *Miller J., Opher A.*, »The increased proteolitic activity of human blood serum after oral administration of bromelain« (Die erhöhte proteolytische Aktivität des menschlichen Blutserums nach oraler Verabreichung von Bromelin), Exp Med Surg 22:277–80, 1964; *Izaka K., Yamada M., Kawano T., Suyama T.,* »Gastrointestinal absorption and anti-inflammatory effect of bromelain« (Die Absorption des Bromelins im Magen und Darm und seine entzündungswidrige Wirkung), Jap J Pharmacol 22:519–34, 1972; *Seifert J., Ganser R., Brendel W.*, »Absorption of a proteolytic enzyme of plant origin from the gastrointestinal tract into the blood and lymph of adult rats« (Absorption eines proteolytischen Enzyms pflanzlichen Ursprungs aus dem Magen-Darm-Trakt ins Blut und in die Lymphe erwachsener Ratten), Z Gastroenterol 17:1–18, 1979
10. *Olson J. A.,* Kapitel 11, Vitamin A in: *Brown M. B.,* Hrg., »Present knowledge in nutrition« (Das heutige Wissen über Ernährung), 6. Aufl., Washington, DC: Nutrition Foundation, 1990, S. 96–107
11. *Bendich A., Olson J. A.*, »Biological actions of carotenoids« (Biologische Wirkungen von Karotinoiden), FASEB J 3:1927–32, 1989; siehe auch Nr. 10 oben

12. Siehe Nr. 10 oben
13. *Ziegler R. G.,* »A review of epidemiologic evidence that carotenoids reduce the risk of cancer« (Überblick über die epidemiologischen Beweise dafür, daß Karotinoide das Krebsrisiko verringern), J Nutr 119:116–22, 1989; siehe auch Nr. 10 oben und Kap. 1 Nr. 2
14. *Krinsky N. I.*, »Carotenoids and cancer in animal models« (Karotinoide und Krebs in Tiermodellen), J Nutr 119:123–6, 1989; *Bendich A.,* »Carotenoids and the immune response« (Karotinoide und die Immunreaktion), J Nutr 119:112–15, 1989; *Alexander M., Newmark H., Miller R. G.*, »Oral beta-carotene can increase the number of OKT4+ cells in human blood (Oral verabreichtes Beta-Karotin kann die Zahl der OKT-4-Zellen im menschlichen Blut erhöhen), Immunol Letters 9:221–24, 1985; siehe auch Nr. 10, 11 oben
15. *Cutler R. G.*, »Carotenoids and retinol; Their possible importance in determining longevity of primate species« (Karotinoide und Retinol, ihre mögliche Bedeutung bei der Bestimmung der Lebensdauer von Primaten), Proc Natl Acad Sci 81:7627–31, 1984
16. Siehe Nr. 11 oben
17. *Bendich A.,* »The safety of beta-carotene« (Die Ungefährlichkeit des Beta-Karotins), Nutrition and Cancer, 11:207–14, 1988
18. *Kuhnau J.,* »The flavonoids: A class of semi-essential food components: Their role in human nutrition« (Flavonoide – eine Gruppe halb-essentieller Nahrungsbestandteile, ihre Rolle in der Ernährung des Menschen), Wld Rev Nutr Diet 24:117–91, 1976
19. *Cody V., Middleton E., Harborne J. B., Beretz A.*, »Plant flavonoids in biology and medicine II: Biochemical, pharmacological, and structure-activity relationships« (Pflanzenflavonoide in der Biologie und Medizin, biochemische, pharmakologische und strukturelle Zusammenhänge), New York: *Alan R. Liss,* 1988; *Havsteen B.*, »Flavonoids, a class of natural products of high pharmacological potency« (Flavonoide, eine Gruppe natürlicher Produkte von hoher pharmakologischer Wirksamkeit), Biochem Pharmacol 32:1141–48, 1983; siehe auch Nr. 18 oben und Kap. 1 Nr. 13, *Cody*
20. *Blau L. W.*, »Cherry diet control for gout and arthritis« (Kirschdiät bei Gicht und Arthritis), Texas Report on Biology and Medicine 8:309–11, 1950; *Wegrowski J., Robert A. M., Moczar M.,* »The effect of procyanidolic oligomers on the composition of normal and hypercholesterolemic rabbit aortas« (Der Einfluß von Procyanidol-Oligomeren auf die Zusammensetzung von normalen und hypercholesterinämischer Hasenaorten), Biochem Pharmacol 33:3491–97, 1984

21. *Amella M., Bronner C., Briancon F.* et al., »Inhibition of mast cell histamine release by flavonoids and biflavonoids« (Hemmung der Freisetzung von Mastzellenhistaminen durch Flavonoide und Biflavonoide), Planta Medica 51:16–20, 1985; *Busse W. W., Kopp D. E., Middleton E.*, »Flavonoid modulation of human neutrophil function« (Einfluß von Flavonoiden auf die Funktion der Neutrophilen beim Menschen), J Aller Clin Immunol 73:801–9, 1984; siehe auch Kap. 1 Nr. 13, *Cody*
22. *Rafsky H. A., Krieger C. I.,* »The treatment of intestinal diseases with solutions of water-soluble chlorophyll« (Die Behandlung von Darmkrankheiten mit Lösungen aus wasserlöslichem Chlorophyll), Rev Gastroenterol 15:549–53, 1945; *Smith L., Livingston A.,* »Chlorophyll: An experimental study of its water soluble derivatives in wound healing« (Chlorophyll – eine experimentelle Studie seiner wasserlöslichen Derivate bei der Wundheilung), Am J Surg 62:358–69, 1943
23. *Nahata M. C., Sleccsak C. A., Kamp J.,* »Effect of chlorophyllin on urinary odor in incontinent geriatric patients« (Einfluß von Chlorophyll auf den Geruch des Urins bei inkontinenten geriatrischen Patienten), Drug Intel Clin Pharm 17:732–34, 1983; *Young R. W., Beregi J. S.,* »Use of Chlorophyllin in the care of geriatric patients« (Anwendung von Chlorophyllin in der Behandlung geriatrischer Patienten), J Am Ger Soc 28:46–47, 1980
24. *Patek A.,* »Chlorophyll and regeneration of the blood« (Chlorophyll und Regeneration des Blutes), Arch Int Med 57:73–76, 1936; *Gubner R., Ungerleider H. E.,* »Vitamin K therapy in menorrhagia« (Vitamin-K-Therapie bei Menorrhagie), South Med J 37:556–58, 1944
25. *Ong T., Whong W. Z., Stewart J., Brockman H. E.*, »Chlorophyllin: A potent antimutagen against environmental and dietary complex mixtures« (Chlorophyllin – ein wirksames Antimutagen gegen komplexe Verbindungen in der Umwelt und in der Nahrung), Mutation Research 173:111–15, 1986
26. *Ohyama S., Kitamori S., Kawano H.* et al., »Ingestion of parsley inhibits the mutagenicity of male human urine following consumption of fried salmon« (Der Verzehr von Petersilie hemmt die Mutagenität des Urins von Männern nach dem Verzehr von gebratenem Lachs) Mutation Research 192:7–10, 1987

Kapitel 4
Wie Sie entsaften

1. *Sterling T., Arundel A. V.,* »Health effects of phenoxy herbicides« (Einfluß von Phenolat-Herbiziden auf die Gesundheit), Scand J Work Environ Health 12:161–73, 1986; *Fan A. M., Jackson R. J.,* »Pesticides and food safety« (Pestizide und Ungefährlichkeit der Nahrung), Regulatory Toxicol Pharmacol 9:158–74, 1989; *Mott L., Broad M.,* »Pesticides in Food« (Pestizide in der Nahrung), San Francisco: National Resources Defense Council, 1984; siehe auch Kap. 3 Nr. 25, 26 und Kap. 5 Nr. 2
2. Siehe Kap. 4 Nr. 1, *Sterling*
3. Siehe Kap. 4 Nr. 1, *Sterling, Fann, Mott*
4. Siehe Kap. 4 Nr. 1, *Mott*
5. Siehe Kap. 4 Nr. 1, *Fan*

Kapitel 5
Das Entsaften von Früchten

1. Siehe Kap. 3 Nr. 18
2. *Smart R. C., Huang M. T., Chang R. L.* et al., »Effect of ellagic acid and 3-O-decylellagic acid on the formation of benzo[a]-pyrene in mice« (Einfluß von Ellagsäure und 3-O-Decylellagsäure auf die Bildung von Benzpyren bei Mäusen), Carcinogenesis 7:1669–75, 1986
3. *Majid S., Khanduja K. L., Gandhi R. K.* et al., »Influence of ellagic acid on antioxidant defense system and lipid peroxidation in mice« (Einfluß von Ellagsäure auf das antioxidative Abwehrsystem und die Lipidperoxidation bei Mäusen), Biochem Pharmacol 42:1441–45, 1991
4. *Best R., Lewis D. A., Nasser N.,* »The anti-ulcerogenic activity of the unripe plantain banana (Musa species)« (Die geschwürhemmende Wirkung der unreifen Plantainbanane), Br J Pharmacol 82:107–16, 1984
5. *Murray,* »Herbs« (Kräuter), siehe Kap. 3 Nr. 8
6. *Pinski S. L., Maloney J. D.,* »Adenosine: A new drug for acute termination of supraventricular tachycardia« (Adenosin – ein neues Medikament zur akuten Beendigung einer supraventrikularen Tachykardie), Clev Clin J Med 57:383–88, 1990
7. *Sobota A. E.,* »Inhibition of bacterial adherence by cranberry juice: Potential use for the treatment of urinary tract infections« (Hemmung von Bakterienansiedlungen durch Preiselbeersaft, potentieller Nutzen in der Behandlung von Krankheiten der Harnwege), J Urology 131:1013–16, 1984
8. *Ofek I., Goldhar J.* et al., »Anti-escherichia activity of cranberry and blueberry juices« (Anti-Escherichia-Wirkung von Preiselbeer- und Blaubeersaft), New England Journal of Medicine 324, 1599, 1991
9. *Masquelier J.,* »Pycnogenols: Recent advances in the therapeutic activity of procyanidins« (Pycnogenole – jüngste Fortschritte in der therapeutischen Anwendung von Procyanidinen) in: »Natural Products as medicinal agents« (Natürliche Produkte als Heilmittel), Bd. 1, Stuttgart: Hippokrates-Verlag, 1981, S. 243–56
10. *Robbins R. C., Martin F. G., Roe J. M.*, »Ingestion of grapefruit lowers elevated hematocrits in human subjects« (Der Verzehr von Grapefruit senkt erhöhte Hämatokritwerte bei Menschen), Int J Vit Nutr Res 58:414–17, 1988
11. *Kodama R., Yano T., Furukawa et al.*, »Studies on the metabolism of d-limonene« (Studien zum Stoffwechel des d-Limonins), Xenobiotica 6:377–89, 1976; *Wattenberg L. W.*, »Inhibition of neoplasia by minor

dietary constituents« (Hemmung von Neubildungen durch geringfügige Nahrungsbestandteile), Cancer Res 43 (Ergänzungsbd.): 2448s–53s, 1983

12. *Carper J.,* »The food pharmacy« (Die Nahrungsapotheke), New York: Bantam, 1989
13. *Leung A.*, »Encyclopedia of common natural ingredients used in food, drugs, and cosmetics« (Enzyklopädie natürlicher Zutaten, die häufig in Nahrungsmitteln, Medikamenten und Kosmetika benutzt werden), New York: *John Wiley,* 1980
14. *Taussig S. J., Szekerczes J., Batkin S.*, »Inhibition of tumour growth in vitro by bromelain, an extract of the pineapple plant (Ananas comosus)« (Hemmung des Tumorwachstums in vitro durch Bromelin, einen Ananasextrakt), Planta Medica 52: 538–39, 1985

Kapitel 6
Das Entsaften von Gemüse

1. *Manousos O., Day N. E., Trichopoulus D.* et al., »Diet and colorectal cancer: A case-control study in Greece« (Ernährung und Dickdarm-Mastdarm-Krebs, eine kontrollierte Fallstudie in Griechenland), Int J Cancer 32:1–5, 1983
2. *Welihinda J., Karunanaya E. H., Sheriff M. H. R., Jayasinghe K. S. A.*, »Effect of Momardica charantia on the glucose tolerance in maturity onset diabetes« (Einfluß des Balsamapfels auf die Glukosetoleranz beim Erwachsenendiabetes), J Ethnopharmacol 17:277–82, 1986; *Welihinda J., Arvidson G., Gylfe E.* et al., »The insulin-releasing activity of the tropical plant Momordica charantia« (Die insulin-freisetzende Wirkung der tropischen Pflanze Momordica charantia), Acta Biol Med Germ 41:1229–40, 1982; *Jifka C., Strifler B., Fortner G. W.* et al., »In vivo antitumor activity of the bitter melon« (Momordica charantia [Die in vivo tumorhemmende Wirkung des Balsamapfels]), Acta Biol Med Germ 41:5151–55, 1983
3. American Cancer Society, Nutrition and Cancer (Ernährung und Krebs), siehe Kap. 1 Nr. 6
4. Siehe Kap. 1 Nr. 2, 7; Kap. 3 Nr. 1; Kap. 5 Nr. 12
5. *Cheney G.*, »Rapid healing of peptic ulcers in patients receiving fresh cabbage juice« (Rasche Heilung von Magen-Darm-Geschwüren bei Patienten, die frischen Kohlsaft trinken), Cal Med 70:10–14, 1949; »Antipeptic ulcer dietary factor« (Ein gegen Magen-Darm-Geschwüre wirksamer Nahrungsbestandteil), J Am Diet Assoc 26:668–72, 1950
6. Siehe Kap. 1 Nr. 7; Kap. 3 Nr. 13; Kap. 5, Nr. 12
7. *Sainani G. S., Desai D. B., Gohre N. H.* et al., »Effect of dietary garlic and onion on serum lipid profile in Jain community« (Einfluß des Knoblauch- und Zwiebelkonsums auf die Serumlipidwerte bei Jainisten), Ind I Med Res 69:776–80, 1979
8. *Mowrey D., Clayson D.*, »Motion sickness, ginger, and psychophysics« (Bewegungskrankheit, Ingwer und Psychophysik), Lancet i:655–57, 1982; *Grontved A., Brask T., Kambskard J., Hentzer E.*, »Ginger root against seasickness: A controlled trial in the open sea« (Ingwerwurzel gegen Seekrankheit, eine kontrollierte Studie auf offener See), Acta Otolaryngol 105:45–49, 1988
9. *Fischer-Rasmussen W., Kjaer S. K., Dahl C., Asping U.*, »Ginger treatment of hyperemesis gravidarum« (Behandlung des Schwanger-

schaftserbrechens mit Ingwer), Eur J Ob Gyn Reproductive Biol 38:19–24, 1990

10. *Srivastava K. C., Mustafa T.,* »Ginger (Zingiber officinale) and rheumatic disorders« (Ingwer und rheumatische Beschwerden), Med Hypothesis 29:25–28, 1989
11. *Cooper P. D., Carter M.,* »The anti-melanoma activity of inulin in mice« (Die Wirksamkeit des Inulins gegen Melanom bei Mäusen), Molecular Immunol 23:903–18, 1986
12. *Keswani M. H., Vartak A. M., Patil A., Davies J. W. L.,* »Histological and bacteriological studies of burn wounds treated with boiled potato peel dressings« (Histologische und bakteriologische Studien über Brandwunden, die mit abgekochten Kartoffelschalen verbunden wurden), Burns 16:137–43, 1990

Kapitel 8
Säfte als Medizin

1. Siehe Kap. 6 Nr. 5
2. »Physicians' desk reference« (Nachschlagewerk für Ärzte), 45. Aufl., Medical Economics Company, Oradell, NJ: Medical Economics Company 1991
3. Siehe Kap. 4 Nr. 1, *Sterling, Fan, Mott*
4. *Darlington L. G., Ramsey N. W., Mansfield J. R.,* »Placebo-controlled, blind study of dietary manipulation therapy in rheumatoid arthritis« (Placebokontrollierte Blindstudie über eine Ernährungs- und Manipulationstherapie bei rheumatoider Arthritis), Lancet i: 236–38, 1986; *Hicklin J. A., McEwen L. M., Morgan J. E.,* »The effect of diet in rheumatoid arthritis« (Der Einfluß der Ernährung auf die rheumatoide Arthritis), Clinical Allergy 10:463–67, 1980; *Panush R. S.,* »Delayed reactions to foods: Food allergy and rheumatic disease« (Verzögerte Reaktionen auf Nahrungsmittel, Nahrungsmittelallergien und rheumatische Krankheiten), Annals of Allergy 56:500–3, 1986; *Kjeldsen-Kragh J., Haugen M., Borchgrevink C. F.* et al., »Controlled trial of fasting and one-year vegetarian diet in rheumatoid arthritis« (Kontrollierte Studie über Fasten und einjährige vegetarische Ernährung bei rheumatoider Arthritis), Lancet 338:899–902, 1991; *Ziff M.,* »Diet in the treatment of rheumatoid arthritis« (Ernährung in der Behandlung der rheumatoiden Arthritis), Arthritis Rheumatism 26:457–61, 1983
5. Siehe Nr. 4, *Kjeldsen-Kragh* et al.
6. *Lindahl O., Lindwall L., Spangberg A.* et al., »Vegan diet regimen with reduced medication in the treatment of bronchial asthma« (Veganische Diäten bei reduzierter Einnahme von Medikamenten in der Behandlung des Bronchialasthmas), J Asthma 22:45–55, 1985; siehe auch Nr. 4, *Kjeldsen-Kragh* et al. und *Ziff*
7. *Dausch J. G., Nixon D. W.,* »Garlic: A review of its relationship to malignant disease« (Knoblauch – ein Überblick über seinen Einfluß auf bösartige Krankheiten), Preventive Medicine 19:346–61, 1990; *Lau B. H., Adetumbi M. A., Sanchez A.,* »Allium sativum (garlic) and atherosclerosis: A review« (Knoblauch und Arteriosklerose, ein Überblick), Nutri Research 3:119–28, 1983

Kapitel 9
Das Säftefasten

1. *Passwater R. A., Cranton F. M.,* »Trace elements, hair analysis and nutrition« (Spurenelemente, Haaranalyse und Ernährung), New Canaan, CT: Keats, 1983; *Rutter M., Russell-Jones R.* (Hrg.), »Lead versus health: Sources and effects of low level lead exposure« (Blei kontra Gesundheit – Ursachen und Wirkungen einer leichten Bleibelastung), New York: *John Wiley,* 1983; *Yost K. J.*, »Cadmium, the environment and human health: An overview« (Cadmium, Umwelt und Gesundheit des Menschen, ein Überblick), Experentia 40:157–64, 1984; *Gerstner B. G., Huff J. E.*, »Clinical toxicology of mercury« (Klinische Toxikologie des Quecksilbers), J Toxicol Environ Health 2:471–526, 1977; Leitartikel: »Toxicologic consequences of oral aluminium« (Toxikologische Folgen einer oralen Aluminiumzufuhr), Nutrition Reviews 45:72–74, 1987
2. Siehe Nr. 1, *Passwater, Cranton*
3. Siehe Nr. 1
4. *Marlowe M., Coissairt A., Welch I., Errera J.*, »Hair mineral content as a predictor of learning disabilities« (Der Haarmineralgehalt als Vorhersage für Lernschwierigkeiten), J Learn Disabil 17:418–21, 1977; *Pihl R., Parkes M.*, »Hair element content in learning disabled children« (Haarmineralgehalt bei Kindern mit Lernschwäche), Science 198:204–6, 1977; *David O., Clark J., Voeller K.*, »Lead and hyperactivity« (Blei und Hyperaktivität), Lancet ii: 900–3, 1972; *David O, Hoffman S., Sverd J.*, »Lead and hyperactivity: Behavioral response to chelation: a pilot study« (Blei und Hyperaktivität – Verhaltensreaktionen auf Gelierung, eine Pilotstudie), Am J Psychiatry 133:1155–88, 1976; *Benignus V., Otto D., Muller K., Seipple K.*, »Effects of age and body lead burden on CNS function in young children: EEG spectra« (Die Auswirkung des Alters und der Belastung des Körpers mit Blei auf die ZNS-Funktion bei kleinen Kindern, EEG-Spektren), EEG and Clin Neurophys 52:240–48, 1981; *Rimland B., Larson G.*, »Hair mineral analysis and behavior: An analysis of 51 studies« (Haarmineralanalyse und Verhalten, eine Analyse von 51 Studien), J Learn Disabil 16:279–85, 1983
5. *Hunter B.*, »Some food additives as neuroexcitors and neurotoxins« (Einige Nahrungsmittelzusätze als Neurostimulanzien und Neurotoxine), Clinical Ecology 2:83–89, 1984; *Cullen M. R.* (Hrg.), »Workers with multiple chemical sensitivities« (Arbeiter mit mehreren Überempfindlichkeiten gegen Chemikalien), Philadelphia: Hanley and Belfus, 1987; *Stayner L. T., Elliott L., Blade L.* et al., »A retrospective cohort mortality

study of workers exposed to formaldehyde in the garment industry« (Rückblickende Gruppenstudie über die Sterblichkeit von Arbeitern in der Bekleidungsindustrie, die Formaldehyd ausgesetzt waren), Am J Ind Med 13:667–81, 1988; *Lindstrom K., Riihimaki H., Hanninen K.,* »Occupational solvent exposure and neuropsychiatric disorders« (Kontakt mit Lösungsmitteln am Arbeitsplatz und neuropsychiatrische Störungen), Scan J Work Environ Health 10:321–23, 1984

6. *Donovan P.*, »Bowel toxemia« (Darmtoxämie) in: *Pizzorno J. E., Murray M. T.*, »A textbook of natural medicine« (Lehrbuch der Naturheilkunde), Seattle: JBC Publications, 1985
7. *Salloum T. K.*, »Therapeutic fasting« (Therapeutisches Fasten) in: *Pizzorno J. E., Murray M. T.*, »A textbook of natural medicine«; *Duncan G. G., Duncan T. G., Schless G. L., Cristofori F. C.*, »Contraindications and therapeutic results of fasting in obese patients« (Gegenanzeigen und therapeutische Ergebnisse des Fastens bei fettleibigen Patienten), *Ann NY Acad Sci 131:632–36, 1965; Sorbis R., Aly K. O., Nilsson-Ehle P.* et al., »Vegetarian fasting of obese patients: A clinical and biochemical evaluation« (Vegetarisches Fasten bei fettleibigen Patienten, eine klinische und biochemische Bewertung), Scand J Gastroenterol 17:417–24, 1982; *Suzuki J., Yamauchi Y., Horikawa M., Yamagata S.*, »Fasting therapy for psychosomatic disease with special reference to its indications and therapeutic mechanism« (Fastentherapie bei psychosomatischen Beschwerden mit besonderer Berücksichtigung ihrer Indikationen und therapeutischen Wirkungsweise), Tohoku J Exp Med 118 (Ergänzungsbd.): 245–59, 1976; *Imamura M., Tung A.,* »A trial of fasting cure for PCB poisoned patients in Taiwan« (Studie über Fastenkuren bei PCB-vergifteten Patienten in Taiwan), Am J Ind Med 5:147–53, 1984; *Lithell H., Bruce A., Gustafsson I. B.* et al., »A fasting and vegetarian diet treatment trial on chronic inflammatory disorders« (Eine Studie über die Behandlung entzündlicher Beschwerden durch Fasten und vegetarische Ernährung), Acta Derm Venereol 63:397–403, 1983; *Boehme D. L.,* »Preplanned fasting in the treatment of mental disease: Survey of the current Soviet literature« (Im voraus geplantes Fasten in der Behandlung von Geisteskrankheiten, Überblick über die sowjetische Literatur), Schizophr Bull 3:2:388–96, 1977
8. Siehe Nr. 7, *Imamura, Tung*
9. *Shakman R. A.,* »Nutritional influences on the toxicity of environmental pollutants: A review« (Einflüsse der Ernährung auf die Toxidität von Umweltgiften, ein Überblick), Arch Env Health 28:105–33, 1974

10. *Flora S. J. S, Jain V. K., Behari J. R., Tandon S. K.*, »Protective role of trace metals in lead intoxination« (Die schützende Wirkung von Spurenmetallen bei Bleivergiftung), Toxicology Letters 13:51–56, 1982; *Papaioannou R., Sohler A., Pfeiffer C. C.*, »Reduction of blood lead levels in battery workers by zinc and vitamin C« (Verringerung des Bleigehalts im Blut bei Batteriearbeitern durch Zink und Vitamin C), J Orthomol Psychiatry 7:94–106, 1978; *Flora S. J. S., Singh S., Tandon S. K.*, »Role of selenium in protection against lead intoxication« (Die Rolle des Selens beim Schutz vor Bleivergiftung), Acta Pharmacol et Toxicol 53:28–32, 1983; *Tandon S. K., Flora S. J. S., Behari J. R., Ashquin M.*, »Vitamin B complex in treatment of cadmium intoxication« (Der Vitamin-B-Komplex in der Behandlung der Cadmiumvergiftung), Annals Clin Lab Sci 14:487–92, 1984; *Bratton G. R., Zmudzki J., Bell M. C., Warnock L. G.*, »Thiamin (vitamin B_1) effects on lead intoxication and deposition of lead in tissue: Therapeutic potential« (Einfluß des Thiamins auf eine Bleivergiftung und auf die Ablagerung von Blei im Gewebe – therapeutisches Potential), Toxicol Appl Pharmacol 59:164–72, 1981; *Flora S. J. S., Singh S., Tandon S. K.*, »Prevention of lead intoxication by vitamin B complex« (Vorbeugung gegen Bleivergiftung durch Vitamin-B-Komplex), Z Ges Hyg 30:409-11, 1984; *Ballatori N., Clarkson T. W.*, »Dependence of biliary excretion of inorganic mercury on the biliary transport of glutathione« (Die Abhängigkeit der Ausscheidung anorganischen Quecksilbers vom Glutathion-Transport in der Galle), Biochem Pharmacol 33:1093–98, 1984; *Murakami M., Webb M. A.*, »A morphological and biochemical study of the effects of L-cysteine on the renal uptake and nephrotoxicity of cadmium« (Eine morphologische und biochemische Studie der Wirkungen des L-Cysteins auf die Cadmium-Aufnahme der Nieren und die Nephrotoxität [Giftwirkung auf die Nieren] des Cadmiums), Br J Exp Pathol 62:115–30, 1981; *Cha C. W.*, »A study on the effect of garlic to the heavy metal poisoning of rat« (Eine Studie über den Einfluß des Knoblauchs auf eine Schwermetallvergiftung bei Ratten), J Korean Med Sci 2:213–23, 1987

Kapitel 10
Abnehmen mit Säften

1. *Shils M. E., Young V. R.,* »Modern nutrition in health and disease« (Moderne Ernährung in Gesundheit und Krankheit), 7. Aufl., Philadelphia: Lea and Febiger, 1988; *Bray G. A.*, »Obesitiy: Definition, diagnosis and disadvantages« (Fettleibigkeit – Definition, Diagnose und Nachteile), Med J Australia 142:52–58, 1985; *Raymond C. A.*, »Biology, culture, dietary changes conspire to increase incidence of obesity« (Biologie, Kultur und Ernährung verschwören sich, um die Zahl der Fettleibigen zu erhöhen), JAMA 256:2157–58, 1986; *Bjorntorp P.*, »Classification of obese patients and complications related to the distribution of surplus fat« (Einteilung fettleibiger Patienten und Komplikationen aufgrund der Verteilung des überflüssigen Fetts), Am J Clin Nutr 45:1120–25, 1987
2. Siehe Nr. 1, *Shils, Young; Bray*
3. *Ashwell M., Cole T. J., Dixon A. K.*, »Obesity: New insight into the anthropometric classification of fat distribution shown by computed tomography« (Fettleibigkeit – neue Einsichten zur anthropometrischen Einteilung der Fettverteilung, wie die Computertomographie sie zeigt), Br Med J 290:1692–94, 1985; siehe auch Nr. 1, *Bjorntorp*
4. *Gillum R. F.,* »The association of body fat distribution with hypertension, hypertensive heart disease, coronary heart disease, diabetes and cardiovascular risk factors in men and woman aged 18–79 years« (Zusammenhang zwischen der Verteilung des Körperfetts und Bluthochdruck, hypertensiven Herzkrankheiten, Krankheiten der Herzkranzgefäße, Diabetes und Risikofaktoren für das Herz und die Gefäße bei Männern und Frauen im Alter zwischen 18 und 79 Jahren), J Chron Dis 40:421–28, 1987; *Contaldo F., di Biase G., Panico S.* et al., »Body fat distribution and cardiovascular risk in middle-aged people in southern Italy« (Die Verteilung des Körperfetts und das Risiko für Herz und Gefäße bei Menschen mittleren Alters in Süditalien), Atherosclerosis 61:169–72, 1986; *Williams P. T., Fortmann S. P., Terry R. B.* et al., »Associations of dietary fat, regional adiposity, and blood pressure in men« (Zusammenhänge zwischen Nahrungsfett, regionaler Fettleibigkeit und Blutdruck bei Männern), JAMA 257:3251–56, 1987; *Haffner S. M., Stern M. P., Hazuda H. P.* et al., »Role of obesity and fat distribution in non-insulin-dependent diabetes mellitus in Mexican Americans and non-Hispanic whites« (Die Rolle der Fettleibigkeit und der Fettverteilung bei nicht insulinabhängigem Diabetes mellitus bei Amerikanern mexikanischer Herkunft und bei nicht-hispanischen Weißen), Diabetes Care 9:153–61, 1986

5. Siehe Nr. 3
6. *Dietz W. H., Gortmaker S. L.,* »Do we fatten our children at the television set?« (Machen wir unsere Kinder vor dem Fernsehgerät dick?), Pediatrics 75:807–12, 1985
7. *Foreyt J. P., Mitchell R. E., Garner D. T.* et al., »Behavioral treatment of obesity: Results and limitations« (Verhaltenstherapie bei Fettleibigkeit, Ergebnisse und Grenzen), Behavioral Therapy 13:153–61, 1982
8. *Kolata G.*, »Why do people get fat?« (Warum werden Menschen dick?), Science 227:1327–28, 1985
9. *Bennett W., Gurin J.*, »The dieter's dilemma« (Das Dilemma des Diätpatienten), New York: Basic Books, 1982
10. *Anderson J. W., Bryant C. A.*, »Dietary fiber: diabetes and obesity« (Ballaststoffe in der Nahrung – Diabetes und Fettleibigkeit), Am J Gastroenterol 81:898–906, 1986
11. Siehe Nr. 1
12. Siehe Kap. 1 Nr. 2
13. Siehe Nr. 10
14. *Rossner S., Zweigbergk D. V., Ohlin A., Ryttig K.,* »Weight reduction with dietary fibre supplements: Results of two double-blind studies« (Gewichtsabnahme mit Ballaststoff-Beigaben zur Nahrung, Ergebnisse zweier Doppelblindstudien), Acta Med Scand 222:83–88, 1987; *Shearer R. S.,* »Effect of bulk producing tablets on hunger intensity and dieting pattern« (Der Einfluß ballaststoffproduzierender Tabletten auf die Stärke des Hungers und auf die Ernährungsgewohnheiten), Curr Ther Res 19:433–41, 1976; *Hylander B., Rossner S.,* »Effects of dietary fiber intake before meals on weight loss and hunger in a weight-reducing club« (Der Einfluß der Ballaststoffzufuhr vor der Nahrungsaufnahme auf Gewichtsabnahme und Hunger in einem Reduktions-Club), Acta Med Scand 213:217–20, 1983; siehe auch Nr. 10
15. *Thompson J. K., Jarvie G. J., Lahey B. B., Cureton K. J.,* »Exercise and obesity: Etiology, physiology, and intervention« (Körpertraining und Fettleibigkeit – Ätiologie, Physiologie und Intervention), Psychol Bull 91:55–79, 1982
16. *Pollack M. L., Wilmore J. H., Fox S. M.,* »Exercise in health and disease« (Körpertraining in Gesundheit und Krankheit), Philadelphia: *W. B. Saunders,* 1984, S. 131, 141–47, 219–21, 228–34, 378, 382, 384–85, 457–58
17. »American College of Sports Medicine, Position statement on proper and improper weight loss programs« (Positionspapier zu geeigneten und ungeeigneten Gewichtsabnahmeprogrammen), Med Sci Sports and Exerc 15:ix–xiii, 1983

18. *Oscai L. B., Holloszy J. O.,* »Effects of weight changes produced by exercise, food restriction or overeating on body composition« (Der Einfluß von Gewichtsveränderungen durch Training, Einschränkung der Nahrungsaufnahme oder Überessen auf die Zusammensetzung des Körpers), J Clin Invest 48:2124–28, 1969
19. *Lennon D., Nagle F., Stratman F.* et al., »Diet and exercise training effects on resting metabolic rate« (Der Einfluß der Ernährung und des Körpertrainings auf den Ruhestoffwechsel), Int J Obes 9:39–47, 1988
20. »American College of Sports Medicine, Guidelines for graded exercise testing and prescription« (Richtlinien für abgestufte Belastungstests und -verordnungen), 3. Aufl., Philadelphia: Lea and Febiger, 1986, S. 1–4, 22, 36, 48–49, 74–78, 80–83, 456–59
21. Siehe Nr. 20
22. *Hill J. O., Schlundt D. G., Sbrocco T.* et al., »Evaluation of an alternating-calorie diet with and without exercise in the treatment of obesity« (Bewertung einer Diät mit wechselndem Kaloriengehalt mit oder ohne Körpertraining in der Behandlung der Fettleibigkeit), Am J Clin Nutr 50:238–54, 1989
23. *Farmer M. E., Locke B. Z., Mosciki E. K.* et al., »Physical activity and depressive symptomatology: The NHANES 1 epidemiologic follow-up study« (Körperliche Bewegung und Symptomatologie der Depression – die weiterführende NHANES-1-Studie), Am J Epidemiol 1328:1340–51, 1988
24. *Gwinup G., Chelvam R., Steinberg T.,* »Thickness of subcutaneous fat and activity of underlying muscles« (Dicke des subkutanen Fetts und Aktivität der darunter liegenden Muskeln), Am Int Med 74:408–11, 1971
25. *Wilmore J. H.,* »Alterations in strength, body composition and anthropometric measurements consequent to a 10-week training program« (Veränderungen der Kraft, der Körperzusammensetzung und der anthropometrischen Maße nach einem zehnwöchigen Trainingsprogramm), Med Sci Sports 6:133–8, 1974; *Ballor D. L., Katch V. L., Becque M. D., Marks C. R.,* »Resistance weight training during calorie restriction enhances lean body weight maintenance« (Widerstands-Gewichttraining während einer eingeschränkten Kalorienzufuhr fördert die Aufrechterhaltung des mageren Körpergewichts), Am J Clin Nutr 47:19–25, 1988

Kapitel 11
Säfte, Immunsystem und Krebs

1. *Leevy C., Cardi L., Frank O.* et al., »Incidence and significance of hypovitaminemia in a randomly selected municipal hospital population« (Häufigkeit und Schwere von Vitaminmangelzuständen bei einer willkürlich ausgewählten Patientengruppe eines städtischen Krankenhauses), Am J Clin Nutr 17:259–71, 1965
2. *Sanchez A., Reeser J., Lau H.* et al., »Role of sugars in human neutrophilic phagocytosis« (Die Rolle des Zuckers bei der neutrophilen Phagozytose), Am J Clin Nutr 26:1180–84, 1973; *Ringsdorf W., Cheraskin E., Ramsay R.,* »Sucrose, neutrophil phagocytosis and resistance to disease« (Zucker, neutrophile Phagozytose und Widerstandskraft gegen Krankheiten), Dent Surv 52:46–48, 1976
3. *Bernstein J., Alpert S., Nauss K., Suskind R.,* »Depression of lymphocyte transformation following oral glucose ingestion« (Unterdrückung der Lymphozytentransformation nach dem Verzehr von Glukose), Am J Clin Nutr 30:613, 1977
4. *Mann G., Newton P.*, »The membrane transport of ascorbic acid« (Membrantransport von Ascorbinsäure), Ann NY Acad Sci 258:243–51, 1975
5. *Palmblad J., Hallberg D., Rossner S.,* »Obesity, plasma lipids and polymorphonuclear (PMN) granulocyte functions« (Fettleibigkeit, Plasmalipide und Funktionen der polymorphkernigen Granulozyten), Scand J Hematol 19:293–303, 1977
6. Siehe Nr. 5
7. *Sundstrom H., Korpela H., Sajanti E., Kauppila A.,* »Supplementation with selenium, vitamin E and their combination in gyneacological cancer during cytotoxic chemotherapy« (Selen- und Vitamin-E-Zusätze und ihre Kombination bei gynäkologischem Krebs während einer zytotoxischen Chemotherapie), Carcinogenesis 10:273–78, 1989; *Hoffman F. A.*, »Micronutrient requirements of cancer patients« (Der Mikronährstoffbedarf von Krebspatienten), Cancer 55:295–300, 1985; *Judy W. V., Hall J. H., Dugan W.* et al., »Coenzyme Q 10 reduction of adriamycin cardiotoxicity« (Verringerung des Coenzym-Q-10-Gehaltes bei einer Vergiftung des Herzgewebes durch Adriamycin) in: *Folkers K., Yamamura Y.* (Hrg.), »Biomedical and clinical aspects of coenzyme Q« (Biomedizinische und klinische Aspekte des coenzyms Q), Bd. 4, Amsterdam: Elsevier Science, 1984, S. 231–44
8. *Stich H., Stich W., Rosin M., Vallejera M.,* »Use of the micronucleus test to monitor the effect of vitamin A, beta-carotene and canthaxanthin on

the buccal mucosa of betal nut/tobacco chewers« (Anwendung des Mikronukleus-Tests zur Überwachung der Wirkung von Vitamin A, Beta-Karotin und Canthaxanthin auf die Wangenschleimhaut von Personen, die Betelnüsse oder Tabak kauen), Int J Cancer 34:745–50, 1984; *Garewal H. S.*, »Potential role of beta-carotene in prevention of oral cancer« (Die mögliche Bedeutung des Beta-Karotins bei der Vorbeugung gegen Mundkrebs), Am Clin Nutr 53:294S–7S, 1991; *Garewal H. S., Meyskens F. L., Killen D.* et al., »Response of oral leukoplakia to beta-carotene« (Reaktion der Mundleukoplakie auf Beta-Karotin), J Clin Oncol 8:1715–20, 1990

9. Siehe Nr. 8, *Stich* et al.
10. Siehe Kap. 3 Nr. 14, *Alexander* et al.
11. *Baird I., Hughes R., Wilson H.* et al., »The effects of ascorbic acid and flavonoids on the occurrence of symptoms normally associated with the common cold« (Die Wirkung der Ascorbinsäure und der Bioflavonoide auf Symptome, die gewöhnlich dem Schnupfen zugeordnet werden), Am J Clin Nutr 32:1686–90, 1979; *Anderson T., Reid D., Beaton G.,* »Vitamin C and the common cold: A double blind trial« (Vitamin C und Schnupfen, eine Doppelblindstudie), Can Med Assoc J 107:503–8, 1972; *Cheraskin E., Ringsdorf W. M., Sisley E. L.,* »The vitamin C connection« (Alles über Vitamin C), New York: Bantam Books, 1983; *Anderson T. W.*, »Large scale trials of vitamin C« (Großangelegte Studien über Vitamin C), Ann NY Acad Sci 258:494–505, 1975
12. *Scott J.,* »On the biochemical similarities of ascorbic acid and interferon« (Über die biochemischen Ähnlichkeiten zwischen Ascorbinsäure und Interferon), J Theor Biol 98:235–38, 1982; *Schwerdt P., Scherdt C.,* »Effect of ascorbic acid on rhinovirus replication in WI-38 cells« (Einfluß der Ascorbinsäure auf die Vermehrung von Rhinoviren in WI-38-Zellen), Proc Soc Exp Biol Med 148:1237–43, 1975
13. Siehe Kap. 8 Nr. 7, *Dausch, Nixon*
14. *Fuchs J., Ochsendorf F., Schofer H.* et al., »Oxidative imbalance in HIV infected patients« (Oxidatives Ungleichgewicht bei HIV-infizierten Patienten), Med Hypothesis 36:60–64, 1991
15. *Wu J., Levy E. M., Black P. H.,* »2-mercaptoethanol und n-acetylcysteine enhance T cell colony formation in AIDS and ARC« (2-Mercaptoäthanol und n-Acetylcystein fördern die Bildung von T-Zellen-Kolonien bei AIDS und ARC), Clin Exp Immunol 77:7–10, 1989

Kapitel 12
Antworten auf häufig gestellte Fragen

1. *Jones D. P., Coates R. J., Flagg E. W.* et al., »Glutathione in foods listed in the National Cancer Institute's health habits and history food frequency questionnaire« (Glutathion in Nahrungsmitteln, die im Fragebogen des Nationalen Krebsinstituts über die derzeitige und frühere Lebensweise und die Häufigkeit des Verzehrs bestimmter Nahrungsmittel aufgezählt sind), Nutr Cancer 17:57–75, 1992

Literaturhinweise (deutsch)

Dr. Paul C. Bragg
»Wunder des Fastens«
Dr. R. Cinque
»Neue Lebensgewohnheiten«
Harvey und *Marilyn Diamond*
»Fit für's Leben« – Teil I und II
Prof. Arnold Ehret
»Vom kranken zum gesunden Menschen durch Fasten«
Dr. Arnold Fox und *Dr. Barry Fox*
»Positiv handeln durch positiv denken«
Dr. Max Gerson
»Eine Krebstherapie«
Dr. Zane R. Kime
»Sonnenlicht und Gesundheit«
Udo Pollmer
»Prost Mahlzeit«
Dr. Herbert M. Shelton
»Fasten kann Ihr Leben retten«
Dr. Norman W. Walker
»Frische Frucht- und Gemüsesäfte«
Dr. Norman W. Walker und *Manfred G. Langer*
»Zurück aufs Land zur Selbstversorgung«
Dr. John Yiamouyiannis
»Gesundheit aktiv«

Stichwortverzeichnis

Rezepte Seite 170–290

Unsere Buchempfehlungen

Harvey und Marilyn Diamond

Fit für's Leben

Gesund und schlank ein Leben lang

Der Gesundheits- und Fitneßplan ist ein Muß für alle, die Probleme haben, eine strenge Diät durchzuhalten. Das Geheimnis der vorgestellten Kost heißt Ernährung in der richtigen Zusammenstellung, damit die Verdauungszyklen ihre Arbeit leisten können. Wer diese einfache Methode befolgt, kann essen, was ihm schmeckt, und dabei nicht nur an Gewicht verlieren, sondern dieses Gewicht auch halten und sich dabei bester Gesundheit erfreuen. Dieses Buch enthält einen vierwöchigen Plan zur Gewichtsabnahme und zeigt, wie dieses Gewicht zu halten ist. Es bietet Menüs, Rezepte und Einkaufstips, die mehr Lebensmittel erlauben als je zuvor. **Weltauflage 12 Millionen Bücher!**

Das neue **»Fit für's Leben« Teil II** behandelt neben der Ernährung Fragen über Wasser, Luft, Schlaf und Ruhe, Sonnenschein, Bewegung und Sexualität.

Marilyn Diamond

Neue Eßkultur mit SonnenKost

Nach »Fit für's Leben« I und II werden Sie dieses Rezeptbuch willkommen heißen, das die Ernährungsgrundsätze der »natürlichen Gesundheitslehre« unterstützt, die dem »Fit fürs Leben Programm« zugrunde liegen. Dieses Buch macht es Ihnen leicht, Ihre Ernährung auf SonnenKost umzustellen, denn es enthält auch Rezepte für Übergangskost, so daß Sie sich langsam auf reine SonnenKost umstellen können. Hier finden Sie Rezepte für frische Säfte, Obstsalate, knackige grüne Salate, Suppen, Sandwiches und auch Festtagsmenüs, die obendrein noch Spaß bei der Zubereitung machen. Es werden keine Kalorien mehr gezählt. Mit diesem neuen Eßvergnügen essen Sie natürlich und gesund.

Waldthausen Verlag · 27718 Ritterhude